DISCURSOS, POLÍTICAS E AÇÕES: PROCESSOS DE INDUSTRIALIZAÇÃO DO CAMPO CINEMATOGRÁFICO BRASILEIRO

Lia Bahia

Centro de Documentação e Referência Itaú Cultural

Bahia, Lia.
  Discursos, políticas e ações : processos de industrialização do campo cinematográfico brasileiro / organização da coleção Lia Calabre. – São Paulo : Itaú Cultural : Iluminuras, 2012.
  228 p. – (Rumos Pesquisa)

  ISBN 978-85-7979-031-7
  1. Indústria cinematográfica. 2. Cinema nacional. 3. Audiovisual. 4. Televisão. 5. Indústria cultural. 6. Políticas públicas. I. Título.

CDD 791.40681

DISCURSOS, POLÍTICAS E AÇÕES: PROCESSOS DE INDUSTRIALIZAÇÃO DO CAMPO CINEMATOGRÁFICO BRASILEIRO

Lia Bahia

São Paulo, 2012

AGRADECIMENTOS

Agradeço sempre e para sempre meu querido orientador, Tunico Amancio, pelos encontros e troca de reflexões, experiências, saberes e questionamentos sobre o campo audiovisual, elementos que se tornaram vitais para este trabalho.

Agradeço imensamente aos meus amigos e companheiros de trabalho da Ancine e da Secretaria de Estado da Cultura. Especialmente Carla Sobrosa, Marcos Rezende, Vera Zaverucha, Julia Levy, Gustavo Menezes, Daniela Fernandes, Joana Peregrino, Angélica de Oliveira, Clarisse Goulart, Tatiana Leite, Adriana Rattes, Bia Caiado e tantos outros que, em uma combinação de afeto e profissionalismo, abriram-me os olhos e tornaram-se fundamentais para o desenvolvimento deste trabalho.

Agradeço às amigas e professoras Ana Enne e Mariana Baltar, por quem tenho apreço imenso. Elas me despertaram para a assertiva escolha do percurso acadêmico. Agradeço ainda mais a colaboração permanente em meus estudos e em minha felicidade.

Agradeço o Programa de Pós-Graduação de Comunicação da Universidade Federal Fluminense (PPGCOM/UFF) e todos os professores que tornaram a atividade de estudo prazerosa: Marildo Nercolini e Maurício de Bragança pelas discussões sobre América Latina, João Luiz Vieira pela paixão dedicada ao cinema, Dênis de Moraes pelo pensamento crítico, Simone Sá e Marialva Barbosa pelo carinho e Fernando Resende pelas narrativas infinitas.

Agradeço os meus colegas e amigos da UFF e, em especial, Marina Caminha, Amilcar Bezerra, Pedro Curi, Lucas Waltenberg, Marcel Vieira e Hadija Chalupe pela amizade e companheirismo.

Agradeço o professor Luiz Gonzaga Assis De Luca, que acompanhou pacientemente minha pesquisa desde o início, pela grande generosidade e pelos inúmeros e permanentes ensinamentos sobre mercado e audiovisual no Brasil.

Agradeço ao professor João Guilherme Barone, que durante os encontros acadêmicos inspirou minha trajetória e me fez querer tê-lo como interlocutor.

Agradeço a Hernani Heffner a generosidade de dividir seus infinitos e mágicos conhecimentos sobre o campo audiovisual.

Agradeço a Gustavo Dahl a entrevista, por compartilhar seus saberes e também por sua trajetória política. Suas contribuições tornaram este trabalho possível.

Agradeço a Capes, instituição de fomento à pesquisa, pelo financiamento do trabalho ao longo dos dois anos.

Agradeço o Itaú Cultural pelo prêmio, a Selma Cristina Silva, a Josiane Mozer e a Lia Calabre pela atenção e colaboração.

Agradeço aos meus amigos de toda hora Flavia Ribeiro, Tatiana Paiva, Bianca Serpa, Mariana Beti, Andrey Marques, Rafael Pimenta, Ani Cuenca, Lucas Teixeira, Pedro Estarque, Bia Paes, Taís Bastos, André Dickstein e Rodrigo Capistrano – amigos que me enchem de alegria e carinho.

Agradeço toda minha família pelo apoio incondicional. Minha mãe e meu pai pelas loucuras que fazem pela minha felicidade, meu irmão pela cumplicidade, minha avó pelos colos e mimos, Samuel pelo incentivo permanente à vida acadêmica e Mariana Elia pela cuidadosa revisão do texto.

Agradeço, todos os dias, a Daniel Elia, meu grande amor, que constrói e divide comigo a mais importante das realizações: a amorosa.

Esta investigação é uma arquitetura do encontro, da contribuição e do afeto de cada um de vocês. Muito obrigada!

SUMÁRIO

PREFÁCIO 14

INTRODUÇÃO 18

I – OUTRA HISTÓRIA DO CINEMA NACIONAL: CULTURA, INDÚSTRIA, DESENVOLVIMENTO E MERCADO 27

    1.1 – Ensaios de uma indústria e de um mercado cinematográfico no Brasil: anos 1930, 1940 e 1950 31

    1.2 – Um novo projeto em disputa: Estado, cinema e mercado nos anos 1960 e 1970 no Brasil 42

    1.3 – Embrafilme: uma política de Estado integrada 48

    1.4 – Cinema dos anos 1990: um momento de euforia da cinematografia nacional 60

    1.5 – Globalização e indústria cultural no Brasil: mediações e disputas culturais 72

II – MERCADO DE CINEMA NO BRASIL SOB A ÉGIDE DO ESTADO REGULADOR: DESENCAIXES CULTURAIS E ECONÔMICOS 81

2.1 – Políticas públicas para o audiovisual nacional: uma negociação entre o local e o global 86

2.2 – Um grito de socorro: repolitização do cinema nacional com o III Congresso Brasileiro de Cinema 94

2.3 – A institucionalidade da política nacional de cinema dos anos 2000: contradições com a natureza das agências reguladoras 102

2.4 – Plano Nacional de Cultura nos anos 2000 e as contradições do cinema brasileiro 114

2.5 – Imagens transnacionais do mercado de cinema no Brasil nos anos 2000 122

2.6 – Cenas do processo produtivo do audiovisual no Brasil: produção-distribuição-exibição 128

III – POLÍTICAS PARA O DESENVOLVIMENTO DO CAMPO AUDIOVISUAL NACIONAL: REFLEXÕES SOBRE A RELAÇÃO ENTRE CINEMA E TELEVISÃO NO BRASIL **145**

    3.1 – Rede Globo e a força do conteúdo nacional **151**

    3.2 – Cinema e televisão no Brasil: o caso de sucesso da Globo Filmes **164**

    3.3 – Globo Filmes e o cinema nacional dos anos 2000: reflexões mercadológicas **171**

    3.4 – Novos produtos, formatos e recepções: impressões sobre *O Auto da Compadecida* e *A Pedra do Reino* **178**

CONSIDERAÇÕES FINAIS **188**

REFERÊNCIAS BIBLIOGRÁFICAS **193**

POSFÁCIO **201**

ANEXOS **212**

    Entrevista com Gustavo Dahl **214**

COLEÇÃO RUMOS PESQUISA

O campo cultural como objeto de pesquisa apresenta uma singularidade: de um lado, há escassez de coleta de dados e de análises consistentes sobre dados já coletados; de outro, são poucos os canais para a circulação de resultados, trocas e reflexões.

Com o intuito de colaborar para a mudança desse cenário e visando ampliar o acesso à produção de conhecimento em torno de dados coletados por pesquisadores do campo cultural, o edital 2010-2011 do programa Rumos Pesquisa está organizado em duas categorias de premiação: uma voltada para pesquisa desenvolvida por estudiosos ligados a programas de pós-graduação – Pesquisa Acadêmica Concluída; outra voltada para o financiamento a projetos de estudo independentes, sem a obrigatoriedade de o pesquisador estar vinculado a programas acadêmicos de pós-graduação – Pesquisa Aplicada.

Ao todo foram inscritos 706 trabalhos. Uma comissão independente e autônoma, formada por pesquisadores, gestores e professores universitários, reuniu-se ao longo de um mês, em vários encontros presenciais, e leu e avaliou minuciosamente as propostas. Dos trabalhos premiados, as quatro pesquisas acadêmicas concluídas agora são publicadas em forma de livro, numa linguagem mais acessível ao amplo conjunto de leitores a que se destinam, constituindo a *Coleção Rumos Pesquisa Gestão Cultural*.

Neste volume, apresentamos o título *Discursos, Políticas e Ações: Processos de Industrialização do Campo Cinematográfico Brasileiro*, de Lia Bahia. O tema é a inter-relação entre cultura e a indústria no Brasil a partir da análise das dinâmicas do campo cinematográfico brasileiro. O trabalho enfoca a ligação do Estado com a industrialização do cinema brasileiro nos anos 2000 e discute as conexões e desconexões entre os discursos, práticas e políticas regulatórias para o audiovisual nacional.

Os outros três títulos que compõem a série são: *A Proteção Jurídica de Expressões Culturais de Povos Indígenas na Indústria Cultural*, de Victor Lúcio Pimenta de Faria; *Os Cardeais da Cultura: O Conselho Federal de Cultura na Ditadura Civil-Militar (1967-1975)*, de Tatyana de Amaral Maia; e *Por uma Cultura Pública: Organizações Sociais, Oscips e a Gestão Pública Não Estatal na Área da Cultura*, de Elizabeth Ponte.

O Observatório Itaú Cultural elabora o programa Rumos Pesquisa como um instrumento de incentivo à investigação e coleta de informações culturais e de divulgação de resultados provenientes dessas ações. E, segundo seu ideário, a ampla visibilidade dos estudos é o caminho para fortalecer debates e consolidar conhecimentos.

Milú Villela

PREFÁCIO

Outro dia, em um seminário, percebi que as discussões em torno de alguns temas de interesse do setor audiovisual se repetem a cada ciclo. A cada ciclo se repete a necessidade de discutir o papel do Estado, as instituições governamentais e as questões relacionadas à industrialização e ao imaginário. Essa discussão está presente ao longo deste livro.

Lia Bahia explica claramente as propostas do governo e do setor quanto aos rumos das políticas públicas. Segundo ela, a criação do Grupo de Estudos da Indústria Cinematográfica (Geic), em 1956, e do Grupo Executivo da Indústria Cinematográfica (Geicine), em 1961, revela dois pensamentos que até hoje permeiam os discursos do Estado e dos agentes do setor: o cinema como atividade privada, que precisa do Estado para regular o mercado, e o cinema claramente comprometido com a reflexão sobre o país e com questões culturais, que necessita do Estado para sua sobrevivência dentro do mercado. Essa mesma pauta política, também por várias vezes discutida durante os anos 1970 na Embrafilme, apostava no desenvolvimento nacional com base na intervenção do Estado. Uma pauta que também clamava pela proteção do mercado para que a identidade nacional fosse preservada como bem cultural de desenvolvimento. Nacionalismo e desenvolvimentismo.

A industrialização do cinema brasileiro poderia ser feita desde que com capital nacional. E assim foi na Embrafilme. A busca por um cinema que ocupasse o lugar da cinematografia hegemônica concedia a essa empresa uma força que, por um longo período, justificou a injeção de recursos capazes de produzir de 30 a 40 filmes por ano.

Proclamava-se a atividade cinematográfica como atividade industrial e comercial e se reivindicava sua permanência sob a supervisão do Ministério da Indústria e Comércio. Ao mesmo tempo, os eternos aumentos de capital da Embrafilme eram justificados diante da necessidade de afirmação cultural do Brasil por meio de uma estratégia que considerava as imagens o veículo mais apropriado.

Em sua história de mais de cem anos, o cinema brasileiro não conseguiu se tornar uma atividade autossustentável. Cada ciclo se encerrava sem que fosse garantida a continuidade da produção cinematográfica.

A época da Cinédia (década de 1930), do Instituto Nacional de Cinema Educativo (Ince) (1936-1967), da Atlântida Cinematográfica (1940-1950), da Vera Cruz (1950-1960), do Cinema Novo (1960-1970), do Instituto Nacional de Cinema (Inc) (1966-1975), da Em-

PREFÁCIO

brafilme (1969-1990) e da Retomada do Cinema Brasileiro (1995-2002) foram ciclos que terminaram com questionamentos sobre a possibilidade de o cinema ser uma atividade autossustentável no Brasil e sobre a relação de dependência com o Estado.

A partir do período da Retomada do Cinema Brasileiro – quando o neoliberalismo do governo Collor incluiu o cinema entre as "atividades de mercado" –, deu-se início à implantação de uma política cinematográfica baseada na renúncia fiscal.

Esse período também pode ser caracterizado como momento de desinstitucionalização do setor. Ou melhor, da despolitização do setor. Uma luta individual pela sobrevivência se impunha numa época caracterizada pelo neoliberalismo.

Como bem lembra Lia em seu livro, os incentivos fiscais foram criados para ser temporários. A previsão de dez anos de duração pressupunha que, com os mecanismos da Lei do Audiovisual, o cinema brasileiro poderia acessar o mercado, recriar o hábito na população e assim estabelecer um lugar para o filme brasileiro.

Segundo o artigo 1º da Lei do Audiovisual, o início de relações com investidores privados por meio dos incentivos fiscais os convenceria de que o cinema seria uma atividade rentável. Conforme o artigo 3º, os incentivos concedidos aos distribuidores internacionais poderiam fortalecer as ligações entre produtores e distribuidores, o que possibilitaria a afirmação de uma cinematografia voltada ao mercado.

No entanto, embora a retomada tenha alcançado públicos e prêmios pelo mundo e reafirmado a sua vitalidade, continuou a existir a necessidade de proteger o mercado, ou seja, de construir um *locus* estatal que desse conta do desenvolvimento, da regulação e da proteção do mercado para o cinema brasileiro.

Essa necessidade repolitizou o setor e o reinstitucionalizou dentro do Estado, o que se demonstra pela criação, no ano 2000, do Grupo Executivo da Indústria Cinematográfica (Gedic). Ele trouxe de volta as questões antes debatidas e não solucionadas ao longo dos anos.

A criação de um modelo institucional – que nem muito novo era – a partir do relatório do Gedic apontava para o atendimento das duas vertentes. A política industrial ficaria a cargo da Ancine dentro do Ministério da Indústria e Comércio e atenderia desse modo a um anseio desenvolvimentista. Por outro lado, a Secretaria do Audiovisual (SAv), no

Ministério da Cultura, responderia por reivindicações culturais maiores. Na Presidência da República, com o Conselho Superior de Cinema, estariam as articulações interministeriais que se materializariam nas políticas públicas formuladas pelo governo e pela sociedade.

A fragilidade institucional evidenciada a partir da extinção da Embrafilme (1990) mais uma vez se revelou. Com a criação da Ancine (2001), tal fragilidade, então dada por resolvida, na verdade, reapareceu rapidamente. A vinculação da agência ao Ministério da Indústria e Comércio foi questionada por interesses particulares de algumas correntes da corporação e também por fortes setores do governo. Assim, o tripé montado dentro de uma lógica se rompeu. Os três vértices desse tripé passaram a se situar dentro de um mesmo ministério pobre, o que determinou a tônica da política governamental para o setor.

A televisão, por outro lado, é um capítulo à parte, como sempre. O espaço nas telinhas cobiçado pelo setor cinematográfico parecia finalmente conquistado com o Gedic. A Ancine deveria não apenas fomentar e regular o conteúdo para as salas, mas também o conteúdo para a televisão. Mas não foi nesse momento. A aproximação com o setor de TV por assinatura foi conquistada por um diálogo entre a Ancine e esse setor no final de 2001, embora tal diálogo tenha gerado apenas incentivos específicos para a criação de conteúdos brasileiros a se veicular nesses canais. Questões acerca da garantia da presença de conteúdos nas TVs e de recursos para sua produção foram adiadas. De lá para cá, a Ancine se legitima cada vez mais como agência reguladora e, com a nova legislação das TVs por assinatura, acaba chegando ao ponto inicial desejado.

Simultaneamente, voltam os questionamentos sobre sua posição e competência institucional, o que demonstra a sua ainda grande fragilidade.

Um trabalho que contextualiza a legislação sobre a atividade desde os tempos do Ince até hoje tem papel primordial para o entendimento das políticas públicas para a cultura e especialmente para o cinema. Premiado pelo Itaú Cultural, este trabalho de Lia Bahia passa por todos os momentos importantes e se detém nos aspectos econômicos e culturais e nos momentos de maior importância dessa história que é, na verdade, a história do cinema brasileiro.

Vera Zaverucha

PREFÁCIO

INTRODUÇÃO

Este trabalho é resultado da minha dissertação de mestrado defendida no Programa de Pós-Graduação de Comunicação da Universidade Federal Fluminense (PPGCOM/UFF) em 2009, originalmente sob o título "Uma Análise do Campo Cinematográfico sob a Perspectiva Industrial". O texto foi revisado para dar origem ao livro *Discursos, Políticas e Ações: Processos de Industrialização do Campo Cinematográfico Brasileiro*.

O estudo trata da relação entre cultura e indústria no Brasil com base na análise das dinâmicas do campo cinematográfico brasileiro e enfoca a relação do Estado com a industrialização do cinema brasileiro nos anos 2000. Para tanto, a releitura dos principais marcos históricos da industrialização do cinema nacional subsidia a elaboração de uma moldura propícia à compreensão dos padrões de intervenção estatal no campo cinematográfico. Por meio desse referencial, exploram-se as conexões e desconexões entre discursos, práticas e políticas regulatórias para o audiovisual nacional nos anos 2000.

Discursos, Políticas e Ações: Processos de Industrialização do Campo Cinematográfico Brasileiro está circunscrito nos limites do tempo e apresenta uma reflexão do campo cinematográfico contemporâneo entre os anos 2000 e 2007. Esse campo é vivo e se transforma diariamente, por meio de criação de leis, discussões entre os agentes do mercado, inovações e apropriações das tecnologias e mudanças de hábitos culturais. Acredito, portanto, que as informações e análises sistematizadas na pesquisa servirão de referência para futuras investigações sobre o audiovisual brasileiro. Não pretendo solucionar ou encerrar nenhuma das discussões; pelo contrário, meu objetivo, como o de outros estudos contemporâneos sobre o tema, é atentar para o percurso industrial do campo cinematográfico brasileiro e torná-lo permanente e atual.

O estudo é inspirado em minha experiência profissional na Agência Nacional do Cinema (Ancine) e em posterior passagem pela Secretaria de Estado da Cultura do Rio de Janeiro. Nessas instituições públicas, entrei em contato com informações e dados reveladores do mercado de cinema e mergulhei em debates e disputas travados pela classe cinematográfica. A partir de uma inquietação profissional, senti a necessidade de refletir sobre o campo cinematográfico nacional através de aportes teóricos do cinema, da comunicação e da cultura. Essas leituras, expandidas e aprofundadas, permitiram-me elaborar um olhar mais amplo e consistente a respeito do lugar do cinema no Brasil e suas interfaces com o projeto de Estado para a cultura. Com base nos referenciais empíricos e conceituais sistematizados ao longo do curso de mestrado, o cinema neste trabalho foi enfocado simultaneamente como indústria e mercado cultural. Assim, procuro compreender suas múltiplas dimensões e a mescla de questões simbólicas, econômicas e políticas essenciais à sua inserção no mundo contemporâneo. Para tanto, o estudo busca trabalhar conjuntamente as diferentes variáveis que compõem a atividade cinematográfica – política, econômica e cultural –, tendo por objetivo oferecer uma análise crítica sobre o cinema brasileiro na época da transnacionalização cultural e considerando os novos desafios e possibilidades.

Essa opção decorre, por um lado, do reconhecimento da rarefação e escassez de pesquisas nacionais sobre as relações econômicas envolvidas com o cinema e, por outro, da possibilidade de sistematizar, analisar e difundir um conjunto de informações que subsidiem a inflexão de uma tradição pouco sensível à percepção do estatuto mercadológico e às condicionalidades do processo cinematográfico. Como afirma Jean Claude Bernardet (apud SIMIS, 1996), a historiografia clássica do cinema brasileiro é essencialmente relativa às narrativas sobre a arte cinematográfica: sua estética, linguagem, diretores, realizadores e atores. O mercado, a legislação, as políticas públicas, os espectadores e a relação com a produção, distribuição e exibição quase sempre ficaram à margem dos estudos sobre a cinematografia. Importante esclarecer que o cinema brasileiro é composto de vários cinemas brasileiros. Este estudo não ignora a formação múltipla da cinematografia nacional, mas irá trabalhar com a categoria-chave de cinema brasileiro para melhor atender aos objetivos da pesquisa.

Com o intuito de iluminar outra história do cinema brasileiro, isto é, o cinema como indústria e mercado, é necessário observar sua cadeia produtiva – produção-distribuição-exibição – e suas mediações com as políticas públicas. E, ao optar por compreender as interações entre os processos de idealização e execução, conceder a devida atenção ao conjunto de políticas governamentais que os modulam. Assim, o Estado, conceito polissêmico, será entendido aqui como fonte permanente de emissão de normas, convenções e valores para toda a sociedade. Mas, no que interessa a este trabalho, ele será apreendido principalmente pela ação das suas diversas instituições públicas, em especial aquelas ligadas ao campo cinematográfico. As instituições públicas brasileiras são reconhecidamente matrizes relevantes para o desenvolvimento e a articulação de um mercado de cinema nacional. Estado e cinema brasileiro, portanto, estão visceralmente imbricados historicamente. Não seria possível, entretanto, traçar uma linha reta vinculando Estado e cinema. São inúmeras, intricadas e irregulares as relações entre os elementos que compõem os elos da cadeia produtiva e as ligações entre o seu conjunto e as instituições da sociedade e do governo.

Apesar de este trabalho concentrar-se nas relações entre os interesses e projetos dos agentes setoriais e nas respostas institucionais mais recentes, não se pode deixar de levar em conta as rupturas e as continuidades da intervenção estatal que acompanham a história do cinema brasileiro, cujo percurso, consequentemente, deve ser examinado como processo histórico mais amplo.

Segundo a literatura sobre o campo, o cinema nacional esteve quase sempre atrelado à política estatal de cultura, estando mais próximo ou mais distante das ações e diretrizes governamentais. Cada momento histórico carrega em si contradições que dialogam não só com a situação política, social, econômica e cultural do país e do mundo, mas também com movimentos políticos e culturais que se articulam a cada período. Nosso principal desafio consiste em investigar o papel do Estado para a consolidação de uma indústria cinematográfica, tendo como recorte cronológico os anos 2000, momento em que se anuncia, de forma elaborada, a intensificação da participação do Estado no cinema nacional. O estudo se debruça, especificamente, sobre as relações entre o Estado, em suas diversas atuações, e a reorganização do mercado cinematográfico de longas-metragens nacionais exibidos comercialmente no Brasil nos anos 2000.

Apesar de não serem contornadas, as questões simbólicas e estéticas apenas permeiam o texto. O fio condutor que o norteia é o do estudo do cinema como indústria cultural e da sua relação com a política de Estado para a cultura. Consequentemente, procura-se escapar da armadilha reducionista de encarar o cinema só no âmbito da produção: se o objetivo é tecer reflexões sobre o papel do Estado nas tentativas de construção de um mercado e de uma indústria cinematográfica no país, a produção não pode ser desvinculada dos demais elos da cadeia produtiva (distribuição-exibição) e do consumo cultural.

Durante o percurso da pesquisa, eu me deparei com uma pluralidade de autores, em sua maioria latino-americanos, que aponta a importância da construção de um mercado de bens culturais próprios para a compreensão das múltiplas dimensões dos produtos culturais. A partir dessa literatura, procurei extrair referenciais dos estudos que trabalham cultura, política e economia de maneira integrada, como os de Néstor García Canclini, Jesús Martín-Barbero, Renato Ortiz, Stuart Hall, Douglas Kellner, George Yúdice e Armand Mattelard, e que estimulam a reflexão sobre a relevância e as especificidades do cinema nacional brasileiro no contexto contemporâneo. No século XXI, evidencia-se a impossibilidade de reconhecer o cinema no Brasil unicamente como um meio de expressão cultural. Ele extravasa esse espaço para dialogar com economia, política e outras áreas de conhecimento.

Com o advento das novas tecnologias de comunicação e da internacionalização da cultura, os bens culturais passam a ser percebidos como decisivos no campo simbólico, econômico e político nas sociedades contemporâneas. O audiovisual tornou-se o principal locus das atividades culturais, de informação e entretenimento nas últimas décadas, envolvendo produção, comercialização, exibição, investimento, consumo, exportação e geração de emprego. Os produtos, bens e serviços direta e indiretamente relacionados com o audiovisual têm impacto econômico, social, político e cultural em tempos de globalização. Nos anos 2000, a produção e o consumo de produtos audiovisuais constituem uma das atividades culturais mais importantes do mundo: são simultaneamente fontes de informação e lazer, desempenham papel estratégico na disseminação e na afirmação de culturas e se impõem política e economicamente na sociedade mundializada e espetacularizada.

A relevância cultural do cinema está associada à possibilidade de narrar as identidades culturais locais. A produção e a difusão de imagens próprias e o reconhecimento da diferença são essenciais à construção da diversidade e da democracia no mundo. No contexto de uma globalização que acirra desigualdades, o desenvolvimento de indústrias cinematográficas nacionais se mostra fundamental para a economia e a cultura locais. Orlando Senna e Nelson Pereira dos Santos, importantes cineastas e agentes políticos do campo cinematográfico, chamam a atenção para o papel da indústria cultural e lembram que a primeira maior receita direta dos Estados Unidos vem da indústria bélica e a segunda da indústria audiovisual. Os cineastas declaram:

> [...] as maiores atividades econômicas das próximas décadas estão relacionadas às indústrias culturais e à comunicação. Isso significa que o país que não desenvolver e fomentar sua expressão cultural estará condenado a um papel secundário na economia global. Alguns países, [...] antecipando essa megatendência econômica, já estão ocupando espaços vitais na circulação nacional e internacional de bens culturais. [...] O audiovisual é a maior e mais importante indústria cultural (MELEIRO, 2007, p. 67).

DISCURSOS, POLÍTICAS E AÇÕES: PROCESSOS DE INDUSTRIALIZAÇÃO DO CAMPO CINEMATOGRÁFICO BRASILEIRO

Os desafios econômicos e culturais dos cinemas nacionais foram ampliados, tanto em razão das políticas de corte neoliberal quanto em decorrência dos avanços das tecnologias audiovisuais. O século XXI caracteriza-se pelo cosmopolitismo de um mundo globalizado, no qual circulam informações e imagens por todo o planeta. Isso levaria, a princípio, ao contato e troca com diferentes culturas. Se considerados, porém, os distintos posicionamentos dos países no território global, em particular no que concerne à produção, à circulação e ao consumo dos produtos cinematográficos, percebe-se que esse processo está longe de ser tão democrático quanto faz crer o discurso neoliberal. O lobismo das empresas e do governo dos Estados Unidos e o monopólio da televisão brasileira têm influenciado e alterado a composição dos mercados e os modos de fazer cinema no Brasil.

O cinema brasileiro não pode ser dissociado das dinâmicas nacionais e internacionais. É preciso complexificar o fazer e o pensar cinema sob as perspectivas cultural, econômica e política no Brasil para avançar hipóteses sobre o processo de industrialização do cinema no país. A partir dessas considerações, procura-se desenvolver o conhecimento já existente e aprofundá-lo para discutir as singularidades brasileiras, tematizando e problematizando aspectos da articulação entre a produção, a distribuição, a exibição e o consumo audiovisual.

Esse processo do cinema com a indústria no âmbito interno e internacional é examinado no primeiro capítulo, a partir de uma análise da historiografia do cinema do país, focada no papel do Estado na cultura e sua articulação e compromisso para o desenvolvimento de uma indústria cinematográfica nacional. A constatação histórica da necessidade do apoio estatal ao cinema acompanha a história do pensamento industrial cinematográfico brasileiro e surge da impossibilidade de o produto nacional conseguir concorrer com o estrangeiro sem nenhum tipo de intervenção. É preciso, portanto, refletir sobre o pensamento, os discursos e as disputas dos tempos passados para entender o cenário contemporâneo.

O setor cinematográfico encerra em si mesmo a ambiguidade de ser uma atividade industrial – que requer alto investimento – e também um fenômeno cultural, estético e artístico, para o qual convergem forças simbólicas subjacentes à construção e à promoção da identidade nacional dos países na vida contemporânea. Desde sua invenção, o cinema carrega esse binômio arte-indústria. Para João Guilherme Barone: "Surge uma arte industrial por excelência, movida por grandes inversões de capital e desenvolvimento tecnológico constante" (2005, p. 73).

A transversalidade da atividade cinematográfica suscita multiplicidades de percepções, tornando-a complexa e instigante. Em razão do inerente dualismo do audiovisual, a atuação do Estado no campo cinematográfico implica a permanente reinvenção e inserção do cinema no campo cultural e econômico. Essa marca de origem das relações entre cinema e Estado no país descortina as interfaces industriais e culturais do cinema. Assim, busco, antes de compreender as múltiplas dimensões do processo contemporâneo, apreender as mudanças e permanências dos principais marcos políticos da atuação do Estado, que visaram à construção de uma indústria de cinema nacional, desde os anos 1920 e 1930 até o final dos anos 1990, com o movimento denominado Retomada do Cinema Brasileiro.

O primeiro capítulo procura encontrar os elos nos padrões das relações entre o Estado e o cinema e a organicidade do movimento do setor para o desenvolvimento de uma indústria nacional. Para chegar à configuração do cinema no Brasil dos anos 2000, foi preciso olhar para trás e fazer – a partir da literatura já existente sobre o tema – um inventário dos principais momentos da história do cinema nacional em que se deu a aproximação do Estado, através de políticas públicas para a constituição de um mercado de cinema brasileiro.

Com base nesses referenciais e pressupostos, a pesquisa mergulha na relação do Estado com a industrialização do cinema brasileiro nos anos 2000, cujas análises estão expostas ao longo do segundo capítulo. A segunda parte do trabalho expõe o objeto principal desta pesquisa – o cinema brasileiro entre os anos 2000 e 2007 – e se dedica ao exame da situação política, cultural e econômica do cinema brasileiro contemporâneo e do papel das políticas públicas do Estado para o setor. Compreender a construção da história recente do cinema nacional, enfocando as vertentes políticas, culturais e econômicas, é fundamental para detectar os aspectos simbólicos e mercadológicos do campo cinematográfico. A discussão é subsidiada pelo uso de categorias analíticas como indústria cultural, cinemas nacionais, mercado, Estado e globalização, além de avançar hipóteses sobre a recomposição e o papel da cinematografia brasileira em tempos de globalização econômica e cultural. Para Renato Ortiz, a mundialização da cultura constitui a base sobre a qual se sustenta a contemporaneidade (2003). Não é possível ignorar as transformações, os adensamentos e as contradições advindos da contemporaneidade.

Fazer políticas públicas para o audiovisual, em meio aos processos privatizantes e transnacionais, exige repensar o Estado e o mercado, bem como a relação de ambos com a criatividade cultural. Assim, como se revelou infundada e ineficaz a pretensão do Estado de controlar a criatividade cultural, também se deve questionar a afirmação de que o livre mercado favorece a liberdade dos criadores e o acesso das maiorias.

Em 2000, aconteceu o III Congresso Brasileiro de Cinema (CBC), marco político cujo discurso se pautou na repolitização do cinema brasileiro. Por repolitização, entende-se o momento de reorganização política a partir de uma mobilização do setor que suscita reorientação das políticas públicas.

Com a reunião do setor para a reflexão sobre a situação do cinema naquele momento, o apontamento de soluções e, principalmente, a sinalização da demanda do retorno do Estado para a atividade cinematográfica, o III CBC pode ser considerado um dos momentos políticos de grande relevância da história do cinema nacional. Por isso, a opção pelo recorte temporal – anos 2000 – não é aleatória. Nesse período, após a euforia da anunciada Retomada do Cinema Brasileiro, ocorre o III Congresso Brasileiro de Cinema. Esse evento é considerado um marco político importante para repensar os rumos da atividade. As reflexões desenvolvidas nesse espaço dão origem, em 2001, à Ancine e à defesa da retomada do Estado na atividade cinematográfica. A intervenção estatal, cuja expressão mais visível é a criação da agência, pauta-se por um projeto nacional para a cultura, no qual suas diretrizes – imersas no contexto e ideário da inevitabilidade da redução das atribuições do Estado perante a globalização cultural e econômica – convergem em torno da criação de uma agência reguladora.

A Ancine, fruto do III CBC, é criada para desenvolver, proteger, regular, fiscalizar e fomentar o mercado cinematográfico, almejando à construção de uma indústria nacional autossustentável. A interrogação que orienta a investigação é: qual o papel da Ancine dentro das diretrizes básicas do Plano Nacional de Cultura (PNC) dos anos 2000 e em que medida este dialoga com a construção de uma indústria cinematográfica brasileira? Para respondê-la, serão tecidas reflexões sobre as principais diretrizes da política estatal de cultura nos anos 2000 e suas dissonâncias com a construção de uma indústria e de um mercado nacional de cinema, que evidenciam insuficiências e avanços do novo modelo de relação entre cinema e Estado nos anos 2000.

Por um lado, os processos de mobilização política dos agentes e a criação da Ancine não atendem aos requerimentos para transformar em realidade o tão sonhado projeto de industrializar o cinema nacional. Por outro, impulsionaram uma ampla reflexão sobre o pensamento industrial para o cinema e o audiovisual no Brasil no contexto global. As políticas públicas para o cinema brasileiro, em meio ao processo de transnacionalização da cultura, propiciaram outras formas de fazer cinema que transitam e se sustentam na relação entre as vertentes industriais-culturais e nacionais-internacionais. O impacto da intervenção estatal incidiu na própria construção da ideia de cinema nacional pós anos 1990 e na constituição do mercado cinematográfico brasileiro. Assim, as observações sobre as articulações da Ancine com o PNC dos anos 2000 e o mercado cinematográfico revelam os debates dos agentes e as informações provenientes do mercado sobre a produção, a distribuição, a exibição e o consumo. E, ainda, subscreve a existência de uma relação direta das políticas estatais com o desenvolvimento desarticulado da cadeia produtiva do cinema e seus desdobramentos para a própria identidade cultural do cinema no país.

Durante o percurso do trabalho, tornou-se impossível isolar o cinema das demais mídias, em especial a televisão. No Brasil, a transglobalização do produto cinematográfico é precedida da interglobalização através do monopólio da Rede Globo. O cinema cede lugar à televisão, passando a um papel secundário no imaginário da sociedade brasileira. O próprio Estado investiu no setor televisivo de maneira estruturante ao elencar a televisão como instrumento moderno de construção do espírito nacional.

Tendo em vista a necessidade de cotejar esse debate, o terceiro e último capítulo analisa alguns pontos da relação entre cinema e televisão no Brasil nos anos 2000 e o projeto de constituição de um campo audiovisual brasileiro integrado. Investiga-se o papel do Estado na constituição desse campo audiovisual nacional e os paradoxos internos a esse processo. Para avançar hipóteses, tomei como objeto de estudo o caso da criação de um departamento de cinema da Rede Globo, a Globo Filmes, no final dos anos 1990, e suas implicações no mercado cinematográfico nacional nos anos 2000 e na história do cinema brasileiro. Com uma metodologia própria, a empresa, que pode ser apontada como protagonista da relação entre cinema e televisão no Brasil nos anos 2000, institui uma política de integração e interdependência entre os meios e imprime novas dinâmicas no campo cinematográfico nacional.

Meus pressupostos são que nos anos 2000 ocorre o processo de repolitização do cinema brasileiro, que, apesar do discurso, não efetivou a industrialização desse cinema nem construiu um cenário marcado pelo interculturalismo e pela diversidade cultural. Acredito que o Estado continua preso ao ideal culturalista, privilegiando uma visão pontual sobre o produto fílmico e não uma visão sistêmica, que não coaduna com as regras do mercado transnacional. Esse processo contraditório e paradoxal não é novo no Brasil, mas se reformula com a entrada de novos agentes no mercado cinematográfico e com a criação da Ancine, única agência reguladora voltada para uma atividade cultural.

Um campo de luta política e cultural em constante transformação deve ser reconstruído e problematizado combinando dados, conceitos, teorias e posicionamentos de seus agentes. As contradições e os conflitos que permeiam o estudo visam captar o rico e instigante processo de reinscrição do cinema brasileiro no país e no mundo nos anos 2000. Apresenta-se como resultado uma pesquisa que faz uma leitura do processo industrial do cinema brasileiro a partir da atuação do Estado e das disputas inerentes ao campo cinematográfico nos anos 2000 e busca entender os processos sociais que dinamizaram a relação entre o Estado e o campo cinematográfico.

I OUTRA HISTÓRIA DO CINEMA NACIONAL: CULTURA, INDÚSTRIA, DESENVOLVIMENTO E MERCADO

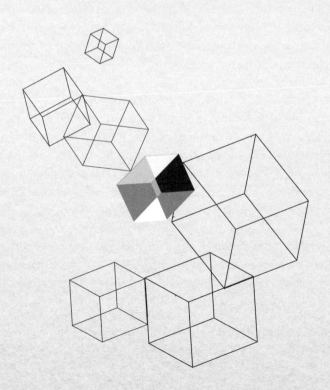

DISCURSOS, POLÍTICAS E AÇÕES: PROCESSOS DE INDUSTRIALIZAÇÃO DO CAMPO CINEMATOGRÁFICO BRASILEIRO

O acervo de conhecimentos sobre o desenvolvimento da cinematografia brasileira é uma fonte de consultas obrigatória para os estudos sobre a sua situação contemporânea. Seu processo histórico é indissociável das reflexões sobre a industrialização do setor. Vários autores se dedicaram ao exame da trajetória do cinema no Brasil, como Renato Ortiz, José Mário Ortiz Ramos, Paulo Emílio Salles Gomes, Tunico Amancio, Arthur Autran, João Guilherme Barone, Jean-Claude Bernardet, Anita Simis, entre outros. Esse tema ganha destaque nos estudos sobre a recomposição do mercado cultural na economia globalizada. Mas ainda não se dispõe de informações completas, adequadas e fidedignas sobre o mercado cinematográfico no Brasil. Tampouco as políticas públicas e as leis que condicionam o desenvolvimento industrial e cultural do cinema foram satisfatoriamente investigadas a fim de contribuir para uma reflexão crítica e integrada sobre economia e cultura.

Para entendermos a configuração do mercado brasileiro na modernidade tardia é necessário revisitar, ainda que rapidamente, os principais momentos e tentativas de construção de uma indústria de cinema nacional e suas articulações com as políticas públicas culturais[1]. Trata-se de aprofundar a compreensão sobre a inserção do cinema como indústria nas distintas conjunturas que contextualizaram os planos estatais para a cultura. Por isso, investigar a construção do lugar do cinema brasileiro na política estatal para a cultura e seu diálogo com projetos de industrialização cinematográfica e consolidação de mercado faz parte do nosso desafio.

O papel do cinema brasileiro na cultura nacional, os dispositivos estatais, a relação com o público, seus agentes, as dinâmicas do mercado e a cadeia produtiva se interpenetraram e devem ser percebidos em um mesmo processo histórico. Rupturas e continuidades podem ser observadas em uma breve retrospectiva da historiografia do cinema no Brasil, se analisada a relação entre cinema, política estatal de cultura e projeto de industrialização. Nesse sentido, torna-se importante um olhar sobre a história anterior do cinema no Brasil, a partir da literatura já existente sobre o tema.

Os ensaios sobre industrialização e consolidação de um mercado de cinema brasileiro encontram momentos de esperança e euforia, nunca chegando a se concretizar e estabelecer na historiografia clássica do cinema brasileiro. Os vários ciclos da cinema-

---

1 Este capítulo não objetiva dar conta de todo o percurso da história do cinema brasileiro nem abordar todos seus movimentos estéticos. Ele se propõe a apontar e analisar os mais importantes marcos e as discussões que acompanharam a relação com o Estado para a construção de um projeto de industrialização do cinema nacional.

I - OUTRA HISTÓRIA DO CINEMA NACIONAL: CULTURA, INDÚSTRIA, DESENVOLVIMENTO E MERCADO

tografia brasileira deslizaram entre o cinema-arte e o cinema-indústria e estiveram em relação conflitante com o cinema estrangeiro. Novidades e permanências atravessam a historiografia da indústria e do mercado de cinema no Brasil, em um diálogo mais ou menos próximo com a política pública para a cultura, fazendo desse mercado um importante campo de pesquisa a ser explorado. Para Arthur Autran:

> [...] a cinematografia nacional nunca se industrializou efetivamente, apesar das tentativas de vultos como quando se tentou copiar o modelo americano de produção com grande investimento de capitais – o caso da Vera Cruz na primeira metade dos anos 1950 – ou quando o Estado assumiu a tarefa de coordenar e financiar o processo de industrialização – o caso da Embrafilme nas décadas de 1970 e 1980 (2004, p. 8).

Até os anos 1960, algumas tentativas isoladas de aproximação entre Estado e cinema foram ensaiadas. Somente nessa época, entretanto, houve a primeira intervenção efetiva do Estado para a formulação de uma política cinematográfica, com a criação do Instituto Nacional de Cinema (INC) e, posteriormente, através da Empresa Brasileira de Filmes S.A (Embrafilme). Essa empresa foi criada dentro de um amplo plano para a cultura nacional, que varreu diversos setores culturais. Com seu fechamento, em 1990, o cinema brasileiro entrou em crise. Anos mais tarde, em 1991, foi criada pelo governo federal a Lei Rouanet e, em 1993, a Lei do Audiovisual. Essas duas leis, baseadas em renúncia fiscal, tornaram possível, em 1995, a volta do cinema brasileiro, que ganhou novos contornos culturais, políticos e econômicos. A partir de então, a denominação Retomada do Cinema Brasileiro passou a acompanhar os filmes nacionais. Não havia, no entanto, um plano nacional de cultura integrado, que vinculasse a atividade cinematográfica a um órgão especializado do aparelho estatal. Em 2000, no III CBC, setores da atividade cinematográfica conclamaram a repolitização do cinema brasileiro, enfatizando o papel do cinema nacional na cultura e na economia do país e sua importância no contexto de internacionalização cultural. Como consequência da demanda do setor audiovisual, foi criada a Agência Nacional do Cinema (Ancine), em 2001.

DISCURSOS, POLÍTICAS E AÇÕES: PROCESSOS DE INDUSTRIALIZAÇÃO DO CAMPO CINEMATOGRÁFICO BRASILEIRO

Muito já foi estudado sobre a euforia do cinema dos anos 1990. É preciso investigar o período que sucede a essa década. Novas relações do Estado, da cultura e do cinema são traçadas a partir de então, causando impacto direto no mercado de cinema no Brasil. A nova configuração do cinema brasileiro contemporâneo dialoga não somente com o tempo presente, mas com toda uma herança histórica que criou uma identidade para esse cinema.

Este capítulo sistematiza e reelabora os principais marcos históricos do processo de institucionalização da atividade cinematográfica, considerando as articulações do cinema com as políticas culturais e com as distintas acepções sobre o desenvolvimento econômico e social. Dividimos o capítulo cronologicamente por razões de metodologia, no entanto, os momentos históricos não estão isolados nem são estanques; buscaremos então mostrar como as ideias se inter-relacionam e compõem um pensamento complexo que acompanha o processo de construção do campo cinematográfico no país.

A categoria campo será aqui entendida segundo a abordagem da teoria dos campos de Pierre Bourdieu. Para o autor, a sociedade é um conjunto de campos sociais atravessados por disputas. Um campo pode ser considerado o lugar de diferenciação progressiva ou, ainda, uma configuração de relações objetivas entre posições. Bourdieu analisa os campos da produção cultural e afirma que cada linguagem cultural:

> [...] é simultaneamente um campo de forças e um campo de lutas que visa transformar ou conservar a relação de forças estabelecidas: cada um dos agentes investe a força (o capital) que adquiriu pelas lutas anteriores em estratégias que dependem, quanto à orientação, da posição desse agente nas relações de força, isto é, do seu capital específico (1990, p. 172).

Esse é o conceito-chave para compreender o campo cinematográfico, pois, como quaisquer outras áreas, se trata de uma questão de poder e de capital. É, assim, o lugar de relações de forças, internamente marcado por lutas e disputas históricas e permeado por outros campos, como o do poder, o econômico, o artístico, o político e o social.

I - OUTRA HISTÓRIA DO CINEMA NACIONAL: CULTURA, INDÚSTRIA, DESENVOLVIMENTO E MERCADO

1.1 – Ensaios de uma indústria e de um mercado cinematográfico no Brasil: anos 1930, 1940 e 1950

No período compreendido entre 1896 e 1930, a produção cinematográfica era artesanal, sendo realizada de forma dispersa e isolada. Não existia, até então, sentimento de consciência cinematográfica nacional e um projeto estatal para a atividade. Na década de 1930, o governo Vargas apresentou um conjunto de diretrizes para o cinema. O projeto de incentivo ao setor estava comprometido com o incremento da produção de filmes de curta-metragem, especialmente aqueles com fins educativos e de cunho nacionalista. Para Anita Simis, a intervenção do novo governo ocorreu no plano da produção, da distribuição, da importação e da exibição; consequentemente, o cinema deixava de ser uma atividade regulada apenas pelas leis do mercado (1996, p. 92).

O governo Vargas atribuiu ao cinema, dentro do PNC, a função de instrumento pedagógico, para auxiliar nos ensinos primário, secundário, superior e profissional e para veiculação dos valores do nacionalismo. A ideia de nação que vigorou no período foi mediada pela união plural dos povos instituída com a sua integração a partir do poder estatal. O projeto de unicidade da identidade nacional tinha por objetivo diluir as diferenças culturais e transformar a multiplicidade de desejos em um único: "participar do sentimento nacional" (GALVÃO; BERNARDET, 1983, p. 8). Esse centralismo não objetivou apenas unificar, mas também uniformizar as diferenças culturais dos povos, num tempo em que as massas começavam a afetar o conjunto das sociedades urbanas, tornando-se impossível manter a organização das diferenças e hierarquias que vigoraram até então. O Estado procurou reordenar a sociedade e instaurou a aliança com o povo – através da interpelação popular-nacional –, a fim de construir o sentimento nacional a partir de estratégias de poder.

Os meios de comunicação de massa foram decisivos para esse processo de construção de um imaginário de nação e cultura brasileiras. A cultura de massa, que ainda estava em fase embrionária no país, passou a ser percebida como o lugar no qual as diferenças podiam ser escondidas e encobertas, em razão da integração que o massivo produzia. Nesse sentido, o cinema se propunha a colaborar com o Estado e promover a união nacional. Jesús Martín-Barbero situa os meios de comunicação no âmbito das mediações, uma vez que o processo de transformação cultural não se inicia nem surge através deles, mas passam a desempenhar importante papel a partir de determinado tempo (2003).

DISCURSOS, POLÍTICAS E AÇÕES: PROCESSOS DE INDUSTRIALIZAÇÃO DO CAMPO CINEMATOGRÁFICO BRASILEIRO

Entre os anos 1930 e 1945, com o nacionalismo em destaque nos debates políticos e econômicos, o cinema poderia ser um meio "portador da ideologia nacionalista que se ocupa em identificar uma coletividade histórica em termos da nação e cuja solidariedade é garantida por meio de fatores étnicos, geográficos e culturais" (SIMIS, 1996, p. 27). Nacionalismo e educação se complementaram nesse período histórico: o cinema levaria à contribuição na formação e à integração da nação, ensinando o público a ser brasileiro e educando-o para tal. A experiência cinematográfica configurava-se como lugar de aprendizado e não de sonho.

A utilização do cinema a partir de iniciativas oficiais seria, portanto, veículo de exercício de poder. O papel do cinema era percebido como essencial para integrar, aproximar as diversas regiões e populações do extenso território do Brasil, construindo e solidificando a ideia de "homem brasileiro". O cinema se tornou instrumento de propaganda do governo e de educação popular, através de cinejornais e filmes educativos.

No plano institucional, a criação do Instituto Nacional de Cinema Educativo (Ince), em 1937, órgão vinculado ao Ministério da Educação (MEC)[2], se materializou como difusor educacional, reforçando a articulação cinema, educação e nação, ao "promover e orientar a utilização da cinematografia, especialmente como processo auxiliar do ensino, e ainda como meio de educação popular" (SIMIS, 1996, p. 34). O Ince foi responsável pela produção e distribuição de filmes educativos gratuitos, além disso, atuou nas projeções em escolas e institutos de cultura e na criação de filmotecas. "Até 1941, já haviam sido editados cerca de 200 filmes que foram distribuídos não apenas em escolas, mas também em centros operários, agremiações esportivas e sociedades culturais" (SIMIS, 1996, p. 35). No entanto, o Ince não logrou implementar ações duradouras para o estímulo da indústria cinematográfica. Na verdade, sua criação desestimulou essa visão industrial do cinema, uma vez que atendeu unicamente ao setor educativo e cultural. Embora nesse mesmo período tenha havido formulação de leis para o cinema, elas eram voltadas apenas para fortalecer o cinema educativo[3]. Menos do que medidas de industrialização, os meios massivos da época buscaram a apropriação e

---

2   O Ministério da Educação teve origem no Brasil em 14 de novembro de 1930 com o nome de Ministério da Educação e Saúde Pública. Sua criação foi um dos primeiros atos do governo provisório de Getúlio Vargas, que havia tomado posse em 3 de novembro.

3   Exemplo disso é que, em 1932, foi instituída a obrigatoriedade de exibição nas salas de cinema, mas apenas para filmes educativos.

o reconhecimento das massas populares. Para Autran: "A política ministerial não objetivou a industrialização do cinema brasileiro, mas tão somente sua utilização como instrumento deste programa de formação da nacionalidade" (2004, p. 70).

Com o fim do governo Vargas, o campo cinematográfico ganhou novas configurações e outras disputas emergiram inseridas em um contexto de desenvolvimento econômico do país. Não foi só o setor que sofreu mudanças; na verdade, o cinema nacional acompanhou as transformações da própria sociedade brasileira. As décadas de 1940 e 1950 foram marcadas pela instalação de um capitalismo frágil e uma indústria cultural e um mercado de bens simbólicos incipientes. Na esteira das ideias de modernização, progresso e civilização, o cinema se nutre do novo pensamento desenvolvimentista brasileiro.

Para Renato Ortiz, outro pilar de estruturação do cinema no Brasil nesse período foi a mudança na política de distribuição dos filmes norte-americanos, que se fez mais agressiva no mundo todo. Nas palavras do autor: "é ainda nas décadas de 1940 e 1950 que o cinema se torna um bem de consumo, em particular com a presença dos filmes americanos, que no pós-guerra dominaram o mercado cinematográfico" (2001, p. 41). Até então a indústria cinematográfica americana era pautada pela demanda do mercado interno. Com a crise de público nos cinemas americanos, a indústria do filme se voltou para o mercado mundial, procurando compensar no exterior as perdas que vinha sofrendo internamente. O desenvolvimento do cinema no Brasil se fez "estreitamente vinculado às necessidades políticas dos Estados Unidos e econômicas dos grandes distribuidores de filmes no mercado mundial" (ORTIZ, 2001, p. 42).

Em termos de cinema nacional, portanto, foi nos anos 1940 que o Brasil ingressou mais decisivamente na tentativa de construção de uma indústria cinematográfica, influenciado pelas realidades interna e externa. Nessa época, os grandes estúdios se consolidaram pelo investimento do capital privado, desvinculado do Estado, e objetivaram a construção de uma indústria e de um mercado de cinema no Brasil. Pensou-se, nesse momento, que o desenvolvimento de uma indústria cinematográfica nacional e a consequente afirmação de um mercado nacional poderiam se estabelecer independentemente das políticas estatais.

A Atlântida, criada em 1941, se voltou para a produção de chanchadas e musicais, num diálogo explícito com as rádios da época, ao realizar filmes populares, baratos e adequados ao mercado e ajudar a formar a cultura de massa no Brasil. Segundo Galvão e Bernardet, foi nos anos 1940 que o termo popular "retrato do povo" se configurou no país. Afirmam os autores: "boa parte da produção dos anos 1930 e 1940 se constituiu do que se poderia chamar de filmes 'populares' – quer porque falavam do povo, quer porque a ele se dirigiam: os melodramas e as chanchadas, sobretudo as carnavalescas" (1983, p. 34).

O estúdio produzia uma média de três chanchadas por ano. Para Paulo Emílio Salles Gomes: "Essas obras traziam, como seu público, a marca do mais cruel subdesenvolvimento" (1980, p. 91). Apesar disso, a célebre frase de que um filme brasileiro será sempre melhor do que um filme estrangeiro percorreu os anos 1950, 1960 e 1970, em contraposição às severas críticas e aos preconceitos da classe média e de intelectuais às chanchadas e, posteriormente, às pornochanchadas na década de 1970.

A respeito das chanchadas, João Luiz Vieira afirma que o cinema brasileiro se transformou numa sátira de si mesmo, através da paródia. Essa crítica ridiculariza o próprio cinema brasileiro por não poder se igualar ao cinema norte-americano; o público, por sua vez, é levado a rir de si mesmo. O autor nos lembra da importância do riso, já apontada por Mikhail Bakhtin, como um modelo alternativo àquele dominante. Por esses motivos não podemos deixar de considerar que as chanchadas eram dotadas de um sotaque popular, elaboradas técnica e artisticamente como produtos próprios da situação de dependência artística e econômica do cinema brasileiro naquele tempo.

De imediato, a paródia no cinema brasileiro surge como uma forte indicação da relação de poder existente na luta pelo mercado cinematográfico, apontando diretamente para a força dominante do filme estrangeiro nesse mercado, notadamente de procedência norte-americana (VIEIRA, 1983, p. 22).

O autor acrescenta, no entanto, que, embora esse tipo de filme tivesse indicado uma estrutura de dominação econômica e cultural, não significou uma crítica consciente com a finalidade de denúncia (idem).

Em contraposição a esse modelo de cinema popular, a Vera Cruz surgiu, em 1949, como sonho de uma burguesia que queria afirmar sua cultura e se tornar a expressão cinematográfica brasileira internacional. Por isso, ela se afastou das produções populares, buscou se aproximar do estilo clássico de Hollywood e se baseou nos moldes italianos de produção e industrialização, importando inclusive mão de obra técnica da Itália. O mito da construção de uma industrialização cinematográfica brasileira residia na ideia de grandes produções, orçamentos elevados e alta tecnologia, todos copiados da indústria hollywoodiana. Esses dois novos centros de produção, ainda que bastante diferentes entre si, tiveram impacto no mercado cinematográfico nacional. No período compreendido entre 1951 e 1955, foi realizada uma média de 27 filmes por ano. A animação provocada pelo projeto industrial – da era dos estúdios –, no entanto, não durou muito no Brasil.

Entre as razões elencadas para explicar o declínio da industrialização autônoma do cinema, devemos levar em conta o estágio primitivo da industrialização no Brasil, o surgimento da televisão no país, a consequente migração de produtos e técnicos para o novo meio e a má administração de recursos. O movimento de expansão do capitalismo se realizou somente em alguns setores, não se estendendo para a totalidade da sociedade. O processo de mercantilização cultural esbarrou nos limites do desenvolvimento econômico do país. Ortiz resume a questão: "a 'indústria cultural' e a cultura popular de massa emergente se caracterizavam mais pela sua incipiência do que pela sua amplitude" (ORTIZ, 2001, p. 45).

Exemplo disso é o desenvolvimento da televisão no Brasil na década de 1950, que em seus primeiros anos contou com uma estrutura pouco compatível com a lógica comercial. Esse modelo quase que artesanal de implantação da televisão no país, marcado pelo improviso, só seria modificado com a criação de complexos como a Excelsior e a Globo e com a ampliação do consumo de aparelhos no país na década de 1970[4]. Nos anos 1950, a televisão brasileira, como meio de comunicação de massa, era ainda pouco consumida e foi considerada um artigo de luxo pela sociedade da época. No caso do cinema, ele foi percebido como uma ação burguesa, "[...] industrialismo da burguesia, que não mais se apoia nos princípios aristocráticos de cultura nem nos moldes de um mecenato benemérito" (ORTIZ, 2001, p. 66).

Nos anos 1940 e 1950, a emergência de uma sociedade urbano-industrial conviveu com graus diferenciados de modernização. As dificuldades tecnológicas, financeiras e materiais impuseram resistência ao desenvolvimento de um mundo moderno, gerando uma esquizofrenia entre o processo de modernização e as possibilidades reais de apropriação cultural e social daquilo que se modernizava. Néstor García Canclini reflete sobre o processo:

---

4   A definitiva consolidação da televisão no cotidiano e no imaginário da sociedade brasileira só aconteceu na década de 1980.

> Modernização com expansão restrita de mercado, democratização para as minorias, renovação das ideias mas com baixa eficácia nos processos sociais. Os desajustes entre modernismo e modernização são úteis às classes dominantes para preservar sua hegemonia, e às vezes para não ter que se preocupar em justificá-la, para ser simplesmente classes dominantes (2006, p. 69).

No Brasil, o desejo de modernização e a construção de identidade nacional estiveram intimamente associadas. O projeto de modernismo foi percebido como vontade de construção nacional.

Havia uma contradição ao processo de modernização, que, em vez de dissolver o fundo arcaico do país, o reiterava por meio de formas ultramodernas, por isso, podemos afirmar que o Brasil se inseriu no processo de modernização conservadora. Para Roberto Schwarz, as transformações necessárias não seriam possíveis nos limites do capitalismo existente (2005). Para Ortiz, o modernismo é uma ideia fora do lugar que se expressa como projeto (2001). Gomes escreveu sobre a situação colonial do cinema brasileiro e afirmou que a condição de subdesenvolvimento do cinema caminha passo a passo com o subdesenvolvimento da sociedade em geral (1980). É essa condição estrutural de subdesenvolvimento que mais tarde influenciou o Cinema Novo.

Nos anos 1950, José Mário Ortiz Ramos identifica a institucionalização da atividade cinematográfica dentro de um projeto nacional para a cultura apoiado no desenvolvimentismo. A situação de marginalidade do cinema brasileiro passou a ser questionada e instrumentos de amparo do poder público começaram a ser cobrados. Somado a esse movimento, agentes do próprio setor buscaram se articular e se manifestar politicamente.

Propostas de industrialização do cinema nacional emergiram no final dessa década, junto à multiplicação dos empreendimentos culturais de cunho empresarial no país. A luta contra a situação de subdesenvolvimento do cinema brasileiro ultrapassava o campo cinematográfico; ela simbolizava a modernização do país. Surgiram no período os alicerces das futuras transformações que iriam orientar as atividades cinematográficas nos anos posteriores. Se anteriormente foram esboçadas propostas, ainda muito

I - OUTRA HISTÓRIA DO CINEMA NACIONAL: CULTURA, INDÚSTRIA, DESENVOLVIMENTO E MERCADO

frágeis, para a cinematografia nacional, nos anos 1950 a agitação de ideias e propostas invadiram a atividade cinematográfica e influenciaram todos os desdobramentos futuros (ORTIZ RAMOS, 1983).

Nessa época, aconteceram os primeiros congressos de cinema (1952-1953), nos quais se discutiram desde a conquista do mercado interno e a necessidade de formulação de uma política cinematográfica até a proposta de legislação para o setor. "Na verdade o que surgia naquele momento era a necessidade de repensar a frustrada industrialização cinematográfica, investigar as causas da crise da Vera Cruz..." e reconsiderar o modelo para desenvolver a atividade cinematográfica no país (ORTIZ RAMOS, 1983, p. 16). Os debates se estendiam para além do cinema e pensavam a questão do desenvolvimento capitalista e da concepção de cultura brasileira, que em última instância definiriam os rumos da cinematografia nacional. A reflexão e defesa de um cinema popular que representasse a realidade do povo e fosse destinado à massa de espectadores, com vistas à construção de uma indústria cinematográfica nacional, dominava o pensamento da época.

O setor cinematográfico se dividiu em dois grandes grupos de ideologias distintas, trazendo novas discussões e debates para a atividade. Embalados pelo clima de desenvolvimentismo do período, emerge uma discussão importante em torno do cinema, protagonizada pelo Grupo de Estudos da Indústria Cinematográfica (Geic), em 1956 – seus integrantes estavam subordinados ao MEC[5]. Em 1961, foi criado o Grupo Executivo da Indústria Cinematográfica (Geicine)[6], um dos protagonistas das discussões sobre os rumos do cinema brasileiro na década de 1960.

Ortiz Ramos categorizou o Geicine como "universalista-industrialista", uma vez que defendia que o cinema deveria ser produto da iniciativa privada, cabendo ao Estado apenas a tarefa de criar condições protetoras para seu crescimento. Junto a isso, propunha a atração e associação ao capital estrangeiro, numa tentativa de transformar o inimigo

---

5   Em decorrência da criação do Ministério da Saúde pela Lei nº 1.920, de 25 de julho de 1953, o Ministério da Educação passou a denominar-se Ministério da Educação e Cultura.
6   Criado pelo presidente da República pelo Decreto Nº 50.278, de 17 de fevereiro de 1961. No Artigo 1º, lemos: "Fica criado o Grupo Executivo da Indústria Cinematográfica (Geicine), diretamente subordinado à Presidência da República, a fim de dar execução às diretrizes básicas enunciadas no presente Decreto para incentivo à indústria cinematográfica brasileira".

em aliado. O grupo estava, prioritariamente, comprometido com a industrialização do cinema brasileiro. Esse pensamento pode ser entendido nas palavras de Carvalheiro Lima, membro do Geic:

> Resta formar uma consciência cinematográfica e uma ação de esclarecimento do país, em relação aos problemas específicos da nossa cinematografia, dentro da tese de que a causa profunda do nosso cinema não é estética. Ela decorre de pressões bem mais profundas, definíveis como falta de uma legislação industrial. Preconizar e cumprir uma política de liberalismo sadio e de estímulo à atração de capitais estrangeiros por via de coproduções seria o caminho (apud ORTIZ RAMOS, 1983, p. 27)[7].

Assim, os membros do grupo aspiravam à passagem de um "cinema subdesenvolvido" para um cinema nos moldes dos países desenvolvidos, tendo como base o clima de modernização capitalista que o país vivenciava na época. Algumas medidas como o decreto-lei que instituía que o distribuidor estrangeiro poderia aplicar parte do imposto de renda sobre a remessa para o exterior em filmes nacionais criada pelo Geicine em 1962 e a elevação da obrigatoriedade de exibição anual de 42 dias para 56 dias evidenciaram o pensamento desenvolvimentista do grupo.

Em outro polo, o grupo cinemanovista, categorizado por Ortiz Ramos como "nacionalista-culturalista", estava comprometido com o cinema de autor, com objetivos culturais claros. Para Cacá Diegues, a novidade do Cinema Novo é que havia um projeto para o Brasil (MUSEU DA IMAGEM E DO SOM, 2008). O cinema deveria ser um instrumento de descoberta e reflexão sobre a realidade nacional. Afirmam Galvão e Bernardet:

---

7   Interessante notar que desde os anos 1950 já se antevia a coprodução e a integração do mercado cinematográfico como solução. Esse pensamento é reelaborado nos anos 2000 e incorporado às políticas públicas através de acordos de coproduções internacionais.

I - OUTRA HISTÓRIA DO CINEMA NACIONAL: CULTURA, INDÚSTRIA, DESENVOLVIMENTO E MERCADO

> No Cinema Novo, uma preocupação marcante seria a utilização de elementos da cultura popular como ponte para atingir o povo: a ideia é que se faça um cinema popular (que se dirija ao povo) com a matéria-prima popular (que vem do povo) (1983, p. 139).

A comunicação com o povo, portanto, deveria ser estreitada, tendo por objetivo contribuir para a conscientização, através de conteúdo e linguagem "nacionais".

Inseridos no pensamento nacionalista, os cinemanovistas viam a penetração do capital estrangeiro como um grande mal imperialista que deveria ser combatido a qualquer custo. O grupo denunciava que a política cinematográfica defendida pelo Geicine adotava padrões capitalistas que aprofundavam a dependência do cinema brasileiro em relação às cinematografias estrangeiras mais desenvolvidas.

Não podemos deixar de apontar que os fatores externos foram determinantes para redefinir os rumos da cinematografia nacional. É nesse momento histórico que os grandes conglomerados de comunicação norte-americanos se impunham e se expandiam no país e no mundo, dando novas direções ao mercado de cinema e à cinematografia nacional. No Brasil houve queda quantitativa na produção dos filmes ficcionais, processo que se aprofundou a partir da Segunda Guerra Mundial, com a tomada do mercado brasileiro pelo produto norte-americano.

Como resposta à ascensão da indústria cinematográfica norte-americana, os cinemas nacionais ganharam força em todo o mundo nos anos 1960. Foi principalmente depois da Segunda Guerra Mundial que o cinema americano estendeu seu império ao conjunto do mundo e se consolidou como o grande meio de comunicação moderno. Ele se estabeleceu em bases industriais e se firmou mundialmente como produto de exportação através das majors e do próprio governo norte-americano. "Hollywood entrava na era da globalização, quando as contradições nacionalistas, ironicamente, tendem a se acirrar" (BUTCHER, 2005, p. 11).

Em contraponto, no contexto latino-americano, Octavio Getino e Fernando Solanas lançavam a teoria do Terceiro Cinema: progressista e revolucionário. No manifesto, os autores discriminam três cinemas: 1. Primeiro Cinema – o hollywoodiano: cinema espetáculo, comercial, para diversão, consumo; 2. Segundo Cinema – o de autor, de expressão: reivindicação do autor de se exprimir livremente, numa linguagem não padronizada pelos magnatas de Hollywood; 3. Terceiro Cinema – o comprometido com a luta anti-imperialista dos povos, o revolucionário: "Cinema que atice fogo", de agitação, que incite à ação revolucionária –, o coletivo.

O Terceiro Cinema se diferencia do primeiro pela recusa de falsificar a realidade e pela rejeição à espetacularização; distingue-se do segundo por se afastar da evocação pessoal e artística. O terceiro é, para Solanas e Getino, "aquele que reconhece a luta anti-imperialista dos povos do terceiro mundo e seus equivalentes nas metrópoles imperialistas como o eixo da revolução mundial, que também é 'a maior manifestação cultural, científica e artística da nossa época'" (HENNEBELLE, 1978, p. 205).

A emergência dos cinemas nacionais dos anos 1960 integrou uma ampla frente de resistência ofensiva ao imperialismo econômico e cultural dos Estados Unidos. Era um cinema contrário ao modo de produção de fábrica e estilo e à narrativa do cinema clássico norte-americano. Hennebelle afirma que "o cinema veio a transformar-se para nós – em tais circunstâncias – num instrumento de identidade e emancipação" (1978, p. 16). O cinema nacional da década de 1960 foi percebido como uma ação internacional contra o cinema hollywoodiano, a favor de um cinema de temas nacionais e populares. Para o autor, "são as cinematografias nacionais e populares a única alternativa de resposta à ocupação das telas e à uniformidade das linguagens que impõe o primeiro cinema, o cinema do grande capital, o cinema hollywoodiano" (ibid., p. 17). Os cinemas nacionais revolucionários dos anos 1960 foram considerados, portanto, verdadeiras frentes de combate anti-imperialista. O discurso da época reflete a disputa:

> Cinquenta anos depois da Revolução de Outubro, o cinema americano reina sobre o cinema nacional. [...] Atualmente fazer um filme é contar uma história tal como é contada em Hollywood. Todos os filmes se parecem. O imperialismo econômico deu origem a um imperialismo estético [...]. Nossa tarefa é libertarmo-nos dessas cadeias de imagens impostas pela ideologia imperialista por meio de seus aparelhos: imprensa, rádio, cinema, discos, livros (GODARD apud HENNEBELLE, 1978, p. 25).

I - OUTRA HISTÓRIA DO CINEMA NACIONAL: CULTURA, INDÚSTRIA, DESENVOLVIMENTO E MERCADO

Não há somente uma nova estética, o novo cinema dos anos de 1960 trabalhou com modelos alternativos de produção que apareceram ligados às novas formas de expressão da época. Para Paulo Paranaguá, "os jovens cineastas redescobrem uma dimensão artesanal de cinema, cuja técnica perde seu mistério, torna-se acessível a aficcionados e principiantes" (1985, p. 70).

Os novos cinemas nacionais dos anos 1960 instituíram dois aspectos centrais da produção audiovisual nacional contemporânea: foi, ao mesmo tempo, uma produção oficializada, reconhecida pelos poderes públicos, mediada pelas políticas públicas e leis de incentivo para o setor e uma expressão da nação (SORLIN, 1996).

Durante esse período, o cinema se tornou no Brasil uma questão de Estado. Em face à desigualdade de forças entre a cinematografia nacional e a norte-americana, não havia mais possibilidade de desenvolver o cinema brasileiro sem apoio estatal. A força de Hollywood fez com que fosse necessária uma parceria entre cinema e governo para fazer frente à indústria norte-americana e proteger e fomentar o cinema nacional.

Foi nesse cenário mais amplo que se inseriu o projeto de desenvolvimento do cinema brasileiro, seja pela vertente industrial, seja pela cultural. Ambas reconheceram a necessidade da construção de uma cinematografia nacional, como projeto político de afirmação da identidade brasileira. Segundo Gomes, ficava claro que "no mundo moderno a industrialização dos países atrasados não se processa pelo movimento espontâneo do liberalismo econômico, mas, sim, por atos de vontade do Estado, sobretudo em países de economia não capitalista, mas também em países de economia capitalista como o nosso" (GOMES apud GALVÃO; BERNARDET, 1983, p. 84). Na afirmação de Tunico Amancio, esse projeto, no entanto, ainda estava em fase inicial: "Até os anos 1960, o Estado responde a poucas demandas do setor cinematográfico, criando alguns mecanismos para sua proteção, mas é ainda no terreno da obrigatoriedade de exibição de filmes nacionais que reside a força de maior impacto" (2000, p. 18).

A perspectiva industrial do cinema só vai ser implantada por meio da participação estatal, com a instalação de órgãos culturais federais, a partir dos anos 1960, embalados pelos novos rumos econômicos e políticos do governo militar.

1.2 – Um novo projeto em disputa: Estado, cinema e mercado nos anos 1960 e 1970 no Brasil

Nos anos 1960, as duas vertentes protagonistas do campo cinematográfico, universalistas-industrialistas e nacionalistas-culturalistas, se fortaleceram e a disputa se explicitou: uma concepção que pensava o nacionalismo, "atravessando a cultura e o cinema pelo binômio 'desalienação-libertação nacional', e outra que submetia o 'nacional' a valores ditos universais, caracterizando uma postura 'universalista-cosmopolita'" (ORTIZ RAMOS, 1983, p. 39). Essas duas correntes se chocaram ao longo da década em discussões sobre os rumos do cinema no Brasil e agitaram o campo cinematográfico. Seus agentes diretos, por meio de disputas culturais, legitimaram a batalha cultural para a orientação da condução da atuação do Estado em favor do projeto de industrialização e do que deveria ser o cinema nacional.

Tanto os universalistas-industrialistas quanto os nacionalistas-culturalistas procuraram se aproximar do Estado com propostas diferenciadas: os universalistas queriam neutralidade estatal e ajuda do governo exclusivamente no desenvolvimento da indústria; os nacionalistas, por sua vez, viram a intervenção estatal como a socialização da economia em sua totalidade. O Estado foi percebido como a salvação do cinema brasileiro e principal agente para a concretização da industrialização do setor.

O campo cinematográfico foi local de interação de forças opostas, como luta entre vertentes ideológicas divergentes. Para Gomes, o cinema brasileiro do final dos anos 1950 e início dos 1960 teve, pela primeira vez, papel pioneiro no quadro da cultura nacional (1980). Esse fato esteve diretamente relacionado ao movimento e ao discurso do Cinema Novo, mas também à agitação política e cultural que dominou o setor nesse período.

Não se conseguiu, entretanto, sensibilizar o Estado para seu efetivo apoio à área cinematográfica até 1966. Apesar disso, a agitação dos agentes do campo resultou em uma produção cinematográfica nacional razoável, que oscilou e se concentrou no eixo Rio-São Paulo, polos da discussão e da disputa política pelo cinema nacional. A continuidade da produção esbarrou na falta de projeto sistêmico para o desenvolvimento de um mercado cultural nacional integrado.

Tabela 1: Produção cinematográfica (1956-1966)

ANO	NÚMERO DE FILMES
1956	25
1957	41
1958	42
1959	57
1960	29
1961	36
1962	28
1963	18
1964	45
1965	41
1966	31

Fonte: Ortiz Ramos, 1983, p. 35. Elaborada pela autora.

Em 1966, depois de muita disputa, foi criado o Instituo Nacional de Cinema (INC), autarquia federal subordinada ao MEC[8]. O INC pode ser percebido como marco regulatório inicial e linha-mestra de intervenção estatal na indústria cinematográfica adotada nos anos 2000. Com os universalistas no comando, o instituto tinha o claro desenho do que seria o novo órgão: centralização da administração do desenvolvimento cinematográfico, respeitando a "política liberal" e defendendo o cinema multinacional. Seria um órgão técnico e neutro politicamente, que seguiria as diretrizes desenvolvimentistas do governo.

A política centralizadora e capitalista do INC andava em consonância com o governo militar. "O mecanismo acionado pelo INC constituía, assim, mais do que uma diretiva

---

8   Antes da atuação do INC, o então governador do Rio de Janeiro, Carlos Lacerda, financiou a produção cinematográfica por meio da Comissão de Auxílio à Indústria Cinematográfica (Caic), o grande financiador do primeiro ciclo do Cinema Novo.

cultural explícita do Estado, uma orientação global que seguia a expansão capitalista dependente, ou seja, o cinema deveria enquadrar-se dentro do crescimento da indústria cultural como um todo" (ORTIZ RAMOS, 1983, p. 87).

Até sua extinção, em 1975, o INC atuou com resoluções que interferiram diretamente no comportamento do cinema brasileiro: modificações sucessivas na obrigatoriedade de exibição de filmes nacionais, implantação do controle de bilheteria, criação de prêmios de renda e de qualidade para produções nacionais, entre outras ações. A medida mais marcante foi a modificação na lei de remessa de lucros, que tornou obrigatório o investimento de estrangeiros na produção de filmes nacionais[9]. A produção com base na remessa de lucros adotada pelo INC, no entanto, foi tímida.

Houve crescimento considerável do número de filmes nacionais produzidos e lançados entre 1967 e 1974. Nesse último ano, foram produzidos 77 filmes e lançados 74 (ORTIZ RAMOS, 1983, p. 64). As diretrizes comerciais do INC levaram Glauber Rocha a afirmar que esse órgão tinha uma visão colonial do cinema e a defender um cinema independente, novo e brasileiro.

A luta do grupo do Cinema Novo contra o INC não foi simplesmente ideológica; ela se opunha à ideia de uma arte industrial voltada para o consumo. Enquanto os representantes do órgão advogavam uma política estatal de industrialização do cinema, percebendo o filme como um bem de consumo, os cinemanovistas concebiam o cinema como meio de reflexão estética e política. É importante ressaltar que havia desejo de industrialização por parte do Cinema Novo, mas o grupo entendia isso de forma diferente da compreendida pelos setores que penetraram no Estado. Glauber, em 1966, enfatizou: "o cinema é uma indústria, certo; mas uma indústria cultural. Uma indústria cultural tem que ser amparada pelos órgãos oficiais, tem que ter do Estado todo o incentivo possível e ao mesmo tempo toda a liberdade possível" (ROCHA apud ORTIZ RAMOS, 1983, p. 58). Ou como afirma Autran: "os cineastas esquerdistas não eram contra a industrialização, mas, sim, contra a forma pela qual ela estava se configurando" (AUTRAN, 2004, p. 30).

---

9   Essa lei foi amplamente criticada nos anos 1960 e 1970, pois se acreditava que era contrária à própria indústria cinematográfica brasileira à medida que aumentava o domínio estrangeiro sobre o mercado nacional.

I - OUTRA HISTÓRIA DO CINEMA NACIONAL: CULTURA, INDÚSTRIA, DESENVOLVIMENTO E MERCADO

Até os anos 1970, os cinemanovistas encontraram espaço de atuação considerável para desenvolver projetos artísticos e autorais, como forma de contestação individual e social, apesar de sempre esbarrarem nas dificuldades de inserção do filme autoral no mercado de cinema no Brasil.

> Os exibidores, que sempre preferiram os filmes estrangeiros, devido a seu alcance comercial, jamais foram favoráveis ao cinema brasileiro e menos ainda a filmes brasileiros complexos, intelectuais e exigentes, que jamais se apresentaram como puro espetáculo, mas como "filmes feios" (segundo a expressão de Glauber Rocha) (HENNEBELLE, 1978, p. 132).

Os filmes do Cinema Novo, com raras exceções, não conseguiram se afirmar no circuito comercial. Contudo, é verdade que as formas de produção não permitiam boa rentabilidade aos filmes fora desse circuito. Havia, entretanto, preocupação com o mercado, mas de maneira que não ferisse o processo revolucionário. Tanto foi assim que nos anos 1960 foi criada a Difilm, cooperativa distribuidora independente, ligada ao Cinema Novo. A aceitação do público era fator primordial para a própria existência e sobrevivência desse cinema "engajado". Para Alexandre Figueirôa, o grupo do Cinema Novo teve de superar a marginalização ante sua ambição política e reformular seu projeto no sentido de tornar economicamente viável o cinema brasileiro (2008).

Mais tarde, as tentativas desse grupo deixariam de existir ou seriam pensadas outras estratégias de atuação, como é o caso de Joaquim Pedro de Andrade, que utilizou o mecanismo da lei de remessa para realizar seu filme *Macunaíma* (1968). Isso tornou possível que o filme tivesse características de espetáculo, valorização do colorido, mas não abandonasse as vertentes autorais e políticas. *Macunaíma* teve êxito de público e se tornou modelo de filme popular no Brasil da época. Segundo Ortiz Ramos, "O filme vai ser um marco para o repensamento do cinema brasileiro, trazendo uma problematização da questão nacional para o campo cinematográfico, e tocando no ponto vital que sempre foi a aproximação com o público" (1983, p. 79).

Para além das diferenças entre os dois grupos, iniciou-se um debate sobre cinema brasileiro que iria perdurar até os anos 2000. Importante para este estudo é que surgiu, nesse momento, a preocupação com a ideia de industrialização do cinema nacional, seja pelo viés comercial, seja pelo autoral. A discussão sobre industrialização e construção de mercado de bens culturais invadiu o país e dominou o campo cinematográfico nacional apoiado no discurso desenvolvimentista e nacionalista.

O ideal de desenvolvimento econômico pairou sobre a concepção de nação nos anos 1960 e 1970 no Brasil. No campo da cultura, investiu-se no aumento da produção, o que levaria em tese ao crescimento de bens culturais. A comunicação e a indústria cultural foram apontadas pelo Estado como peças essenciais para alavancar o desenvolvimento do país. Assim, deveriam ser estimuladas, mas sob o controle do aparelho estatal (ORTIZ, 2006).

A televisão se apresentou nesse mesmo período como projeto de Estado tendo por objetivo a introdução do meio audiovisual, mensageiro do imaginário nacional, no cotidiano da sociedade brasileira. A estruturação da televisão no país pode ser considerada um dos principais projetos do processo desenvolvimentista. Esse meio se consolidou como organização industrial, trazendo consigo investimento econômico, independente do campo cinematográfico.

Os novos tempos avançavam na formação do mercado de bens culturais, pois havia expansão da produção, da distribuição e do consumo de cultura no país. O crescimento do setor cinematográfico, assim como dos diversos setores culturais, esteve vinculado às transformações estruturais por que passava a sociedade brasileira.

Segundo Ortiz, o advento do Estado militar no Brasil possuiu um duplo significado: de um lado, definiu-se por sua dimensão política, de outro, apontou para transformações mais profundas que se realizaram na economia. A dimensão política foi explícita: censura, repressão, prisões. A econômica esteve ligada à reorganização da economia brasileira, por meio do aprofundamento do capitalismo e da inserção no processo de internacionalização do capital. "Apreender a atuação do Estado na esfera cultural é na realidade inserir a política governamental dentro desse processo mais amplo que caracteriza o desenvolvimento brasileiro" (2006, p. 84).

Foi, portanto, o Estado militar que consolidou o país na era do capitalismo internacional e impôs o acesso econômico das massas aos benefícios da industrialização e modernização do Brasil. Essa reorientação econômica trouxe consequências imediatas para a cultura: à medida que houve crescimento do parque industrial e do mercado de bens materiais, de maneira geral, fortaleceu-se a produção de cultura e o mercado de bens culturais. Obviamente, o Estado tratou de forma diferenciada ambos os mercados, já que a dimensão simbólica dos bens culturais deveria estar inserida na lógica dos valores e políticas do Estado militar.

A ideia de "integração nacional" ressurgiu nos anos 1960, sob a diretriz de Segurança Nacional, e com o objetivo de dar unidade à diversidade social e cultural do povo, espalhada pelo país. O discurso ideológico governamental buscou integrar as diferenças regionais no interior de uma hegemonia estatal. O sincretismo do brasileiro foi reconhecido, mas foi essa mesma ideologia que se propunha a apagar os conflitos, apoiada no mito da democracia cultural da nação brasileira. Os antagonismos e conflitos da sociedade deveriam ser assim encobertos e camuflados.

Coube ao Estado a posição de guardião da memória nacional e de defesa contra as invasões estrangeiras que poderiam descaracterizar a "cultura genuinamente brasileira". Para Ortiz, "cultura brasileira significa nesse sentido 'segurança e defesa' dos bens que integram o patrimônio histórico" (2006, p. 100). O ideal de tradição e identidade nacional foi acionado como forma de diferenciação da cultura de massa que se expandia no país.

Os meios de comunicação de massa se tornaram especialmente relevantes para difundir ideias, criar estados emocionais coletivos e legitimar o projeto de cultura nacional dentro de um processo de modernização do país. O massivo representou uma nova forma de sociabilidade e novas condições de existência de lutas culturais pela hegemonia.

O Estado reconheceu que a cultura e a comunicação envolviam relações de poder. Assim, percebeu também a importância de atuar junto às esferas culturais e comunicacionais. Pela primeira vez, estabeleceu uma política cultural nacional. O surgimento da Embrafilme (1969), assim como o do Ministério de Telecomunicações (1967), da Telebras (1972), da Funarte (1975) e da Radiobras (1976), inseriu-se nesse contexto de criação de instituições culturais para a gestão de uma política para a cultura que estava em consonância com o desenvolvimento do capitalismo no Brasil. O apoio do governo militar à implantação e à consolidação da Rede Globo (inaugurada em 1965) também esteve inserido nesse processo de centralização e dirigismo do poder no plano estatal.

1.3 – Embrafilme: uma política de Estado integrada

A política cinematográfica estava no seu início quando o INC foi criado. Porém, ela só encontraria bases para se concretizar com a Embrafilme nos anos 1970. O quadro do cinema nacional nos anos 1960 e 1970 diferiu daquele dos anos 1950. Com a criação do INC, em 1966, e posteriormente da Embrafilme, que foi concebida como complemento do INC, em 1969, a produção cinematográfica cresceu quantitativamente e ganhou destaque no cenário político do país, como veremos.

No período de 1957 a 1966, a produção de longas-metragens atingiu uma média de 32 filmes por ano; nos anos entre 1967 e 1969, ela passou para 50 filmes. Com o surgimento da Embrafilme, a política de Estado se tornou mais agressiva: aumentaram as medidas de proteção de mercado e mais incentivos foram concedidos à produção nacional. Nas décadas de 1970 e 1980, o cinema brasileiro atingiu seu auge de produção de longas-metragens até então. Segundo literatura disponível, em 1975 foram produzidos 89 filmes e 103 em 1980.

Nas palavras de Ortiz, foi nessa época que "o cinema brasileiro encontrou finalmente o seu caminho e a sua vocação no entretenimento. Nessa perspectiva, a ideia de mercado adquiriu um peso desproporcional" (2001, p. 168). Não foi só a produção de filmes que se solidificou. O próprio hábito de ir ao cinema se consolidou em meados dos anos 1970, apoiado no espírito de tempo desenvolvimentista e modernizador. O número de salas acompanhou esse crescimento, fortalecendo um verdadeiro mercado de consumo de filmes. Mais uma vez a indústria cinematográfica norte-americana, com a política de fortalecimento do cinema para além de suas fronteiras, exerceu influência na história do cinema nacional.

A ideia de modernização do país foi mais um movimento de adaptação econômica e cultural do que de aprofundamento da independência. Diz Barbero:

> Desejava-se ser uma Nação a fim de obter-se uma identidade, mas tal obtenção implicava sua tradução para o discurso modernizador dos países hegemônicos, porque só nos termos desse discurso o esforço e os êxitos eram avaliáveis e validados como tal (2003, p. 230).

I - OUTRA HISTÓRIA DO CINEMA NACIONAL: CULTURA, INDÚSTRIA, DESENVOLVIMENTO E MERCADO

Esse processo é particularmente verdade no caso do desenvolvimento do cinema brasileiro, que se valeu de dispositivos nacionais e internacionais para se fortalecer no período.

No plano institucional nacional, a Embrafilme, empresa de economia mista (que tinha a União como sua maior acionista), foi criada, em setembro de 1969, período mais repressivo do governo militar, quando o Estado decidiu penetrar mais agressivamente no campo cinematográfico. Esse processo se inseriu nas diretrizes do PNC do governo militar, publicado em 1975, que tentou dirigir a produção e o mercado cultural da época baseando-se no discurso da "produção cultural nacional qualificada"[10].

A Embrafilme surgiu como resultado de uma iniciativa de promoção do filme brasileiro no mercado externo; aos poucos ampliou seu poderio sobre a atividade cinematográfica no Brasil. Mais relevante do que a divulgação da cultura e do cinema no exterior era a importância do cinema para o projeto de integração nacional. Os primeiros anos da empresa foram tímidos, mas, "concretizada uma situação que tinha suas bases econômicas na associação de Estado com o capital nacional e o internacional, ficava cômodo processar o resgate do 'nacionalismo' que agora se resumia ao plano cultural" (ORTIZ RAMOS, 1983, p. 92). A expansão da empresa foi rápida e esta passou a ser o principal órgão da política de produção de filmes nacionais.

A articulação entre uma produção com caráter comercial e outra com caráter cultural apontou a nova forma de ação ideológica do Estado para a cultura e, consequentemente, para a atividade cinematográfica, sob o controle da Embrafilme. A implantação de uma indústria de cinema deveria, assim, ocupar e fortalecer o mercado de filmes e atender ao projeto cultural brasileiro; portanto, preocupações comerciais e culturais caminhariam juntas nesse período. Para André Gatti, a Embrafilme foi responsável pela "execução de uma política de atuação que estava baseada nos produtores de filmes brasileiros, que por sua vez se encontravam empenhados e articulados, politicamente, em dar um rumo industrial à cinematografia brasileira" (2008, p. 11).

---

10   O MinC só foi criado em 15 de março de 1985, pelo Decreto 91.144. O órgão reconhecia a necessidade de autonomia, enfatizando a importância dessa área fundamental, até então tratada em conjunto com a educação. É interessante pensar que a cultura é legitimada como lugar estratégico do Estado brasileiro ainda nos 1980, ano da abertura democrática do país, e no período de transformação da ordem econômica e mundial, com o processo da globalização e do neoliberalismo.

O projeto nacional redefiniu a atuação estatal pelo viés da qualidade artística e da penetração comercial. Para Autran, "A explicação do apoio governamental ao desenvolvimento econômico do cinema brasileiro em busca da industrialização pauta-se pela difusão da cultura nacional" (2004, p. 80). Segundo Luiz Gonzaga Assis De Luca, "Desde a fundação da empresa [Embrafilme], avançou-se sobre as atividades de produção de filmes, através de incentivos a produtos que se caracterizassem de 'alta qualidade', baseados em fatos históricos ou em conhecidas obras da literatura nacional" (2008, p. 102). Nesse sentido, o cinema brasileiro foi percebido pelo governo militar como uma experiência "contra-hegemônica" em relação ao cinema dominante, com função de integração nacional e regulação da ordem pública centralizadora e como instrumento de educação e entretenimento.

Diante da nova atmosfera nacionalista-desenvolvimentista, a partir de 1974, no governo Geisel, os cinemanovistas se aproximaram das instituições estatais[11]. Os universalistas-industrialistas cederam espaço aos nacionalistas-culturalistas, no sentido de se criar uma alternativa à produção de filmes comprometidos unicamente com o mercado. Para Tunico Amancio:

> Fato interessante é a interlocução direta e oficiosa com o Cinema Novo, que de coadjuvante passa a ter papel principal [...]. A nova Embrafilme que se molda a partir de agora [gestão Roberto Farias, 1974] será prioritariamente uma área de poder do grupo 'nacionalista', associado ao Cinema Novo (2000, p. 42).

Essa aliança não passou pelo plano ideológico, mas pelo compromisso de construção de um nacionalismo comprometido com a defesa de um projeto de cultura brasileira. Acreditava-se que a revolução poderia ser feita dentro das amarras do governo. Nas palavras de Autran, "seria possível separar as ações do Estado que internacionalizavam progressivamente a economia brasileira daquelas empreendidas em relação ao setor cinematográfico, no qual havia uma política de defesa do produto nacional" (2004,

---

11   A produção de *Boca do Lixo* ficou à margem do âmbito Estado/Embrafilme, como nos lembra José Mário Ortiz Ramos (2004).

p. 55). Filmes politizados como *São Bernardo* (1972) e *Eles Não Usam Black-Tie* (1981) foram produzidos e distribuídos pela Embrafilme.

Nesse momento a Embrafilme passou a ser uma instituição poderosa, capaz de intervir e direcionar a indústria cinematográfica nacional. Em 1975, com a extinção do INC, foi criado o Conselho Nacional de Cinema (Concine), que assumiu as funções normativas, protecionistas e reguladoras. Medidas legislativas foram tomadas com a finalidade de fortalecer a Embrafilme. Assim, o Concine era o braço regulatório e a Embrafilme o operativo. O Estado combinou política de incentivo via Embrafilme com política de regulação e fiscalização através do Concine.

A gestão de Roberto Farias (1974-1979) se mostrou agressiva com relação ao mercado, conferindo a esse período o momento de ouro da Embrafilme. Os recursos da empresa eram advindos da própria economia do cinema: remessa de lucros das distribuidoras estrangeiras instaladas no país, percentual sobre a venda do ingresso padronizado e sobre cópias de filmes, taxa paga para o desenvolvimento da indústria cinematográfica nacional. Sua operacionalização foi estruturada na atuação em produções, coproduções e distribuição de filmes em todo o território nacional.

O financiamento de incentivo à produção e a associação à coprodução foram implantados diante de um sistema de classificação (relevância comercial e qualidade) que avaliava os riscos, o roteiro, os produtores e impunha um limite de financiamento – de 30% a 50% do orçamento, não podendo ultrapassar um teto que variou durante a existência da Embrafilme. Com o sistema de coprodução, associação financeira ao projeto, a Embrafilme passou a assumir riscos de investimento; com as operações em distribuição, passou a ter a responsabilidade comercial do filme. O slogan "Cinema é risco" explicita a política da empresa. Esta passa a ter em mãos "a gerência administrativa do produto fílmico, até então delegada aos setores privados" (AMANCIO, 2000, p. 44). Acreditou-se em uma definitiva consolidação industrial do cinema brasileiro decorrente dessa política intervencionista-sistêmica.

As estatísticas da Embrafilme são bastante reveladoras no que diz respeito à política de produção: entre os anos de 1978 e 1984, o cinema brasileiro teve participação de cerca de 30% do total de mercado. Esse resultado foi fruto de uma política centralizadora que combinava formas de financiamento variadas para a produção e a aproximação com o circuito exibidor, através da política de distribuição.

Tabela 2: Produção nacional e market share do público nacional

ANO	MARKET SHARE PÚBLICO NACIONAL	LANÇAMENTOS NACIONAIS
1971	13,80	76
1972	16,20	68
1973	15,90	57
1974	15,20	74
1975	17,70	79
1976	20,80	87
1977	24,40	73
1978	29,20	81
1979	29,10	104
1980	30,80	93
1981	33,10	78
1982	35,90	80
1983	31,70	76
1984	34,10	108

Fonte: SAV/ MinC. Elaborada pela autora.

Quanto à regulação, a reserva de mercado para o longa-metragem nacional, que era, em 1939, de apenas 1 dia, passou para 84 dias em 1970 e teve crescimento de 60%, alcançando140 dias em 1979 (AMANCIO, 2000, p. 57). Essa medida protecionista foi alvo de conflitos entre interesses comerciais e a construção de um projeto cultural nacionalista, isto é, exibidores e produtores e seu eterno embate: o setor exibidor foi e é sempre contrário à exibição compulsória do produto nacional; o produtor, por sua vez, quer ver seu filme no mercado e recorre assim à interferência estatal.

I - OUTRA HISTÓRIA DO CINEMA NACIONAL: CULTURA, INDÚSTRIA, DESENVOLVIMENTO E MERCADO

Tabela 3: Evolução da reserva de mercado para longa-metragem nacional

ANO	OBRIGATORIEDADE FILME/ANO
1939	1
1946	3
1951	1 para cada 8 estrangeiros
1959	42
1963	56
1970	84
1971	98
1971	84
1974	84
1975	98
1976	112
1977	112
1978	133
1979-1981	140

Fonte: Amancio, 2000, p. 57.

Com a política agressiva de produção foi criado um departamento de distribuição de filmes em 1973. As sofisticadas pesquisas e técnicas mercadológicas garantiram o sucesso comercial das distribuições estatais nos lançamentos de filmes nacionais e indicaram o fortalecimento da distribuidora dentro da Embrafilme. Esta adiantava o recurso para distribuição e ficava com 50% das rendas e 100% dos prêmios até o ressarcimento do montante adiantado. Na percepção de Gonzaga:

> A distribuidora seria, sem dúvida alguma, o mais eficaz instrumento de intervenção de mercado oferecido pelo governo, propiciando investimentos que igualavam o filme nacional aos

> estrangeiros, em termos comerciais, através do financiamento das campanhas de divulgação e publicidade, além de ofertar o número de cópias necessárias para atingir o número adequado de cinemas (2008, p. 106).

O problema da distribuição acompanha a história do cinema brasileiro. O produto nacional tem de disputar espaço nas salas de cinema com filmes estrangeiros. A estratégia adotada pelo departamento de distribuição da Embrafilme foi lançar filmes de forma escalonada e regional. Prolongava-se a vida de uma cópia, pulando de cinema em cinema. Podemos dizer que no período a Embrafilme se apresentou como distribuidora forte, que fazia frente aos grandes distribuidores internacionais, chegando a ser a primeira do país. Para Gustavo Dahl, há uma mudança de enfoque político com a criação da distribuidora. Isso porque até então praticamente todos os estímulos governamentais se voltavam para a produção, como se a simples produção de filmes garantisse a grandeza do cinema brasileiro. Nas palavras de Dahl, "A partir da constituição de sua distribuidora, a Embrafilme começou a entender que a consequência lógica da produção é a ocupação das telas dos cinemas brasileiros" (1977, p. 126).

A Embrafilme, embora fruto direto da ideologia do regime militar, atendeu às demandas dos cineastas, que desde os anos 1950 lutavam por uma aproximação entre Estado e cinema. Para Amancio, o sucesso da Embrafilme é resultado da articulação da ação do Estado autoritário com o grupo de esquerda.

A produção cinematográfica brasileira foi intensificada durante os anos 1970 e 1980 graças à intensa e direta ação do Estado. Antes de tudo, porque o regime militar, dentro de seus princípios de centralização político-administrativa, instaurou um projeto de institucionalização cultural de extensão nacional de modo autoritário, evidentemente, mas configurando um sistema articulado de funcionamento. Por outro lado, a ação decisiva de um grupo motivado politicamente à esquerda, composto na sua maioria de integrantes do Cinema Novo, serviu para que a ação governamental fosse dirigida por diretrizes políticas com uma visão maior do que as orientações oficiais no interior da agência estatal destinada ao cinema, a Embrafilme (2008, p. 88).

I - OUTRA HISTÓRIA DO CINEMA NACIONAL: CULTURA, INDÚSTRIA, DESENVOLVIMENTO E MERCADO

A empresa atuou em toda a cadeia produtiva do cinema brasileiro: financiou a produção, distribuiu filmes nacionais, garantiu a exibição através da proximidade com as exibidoras, criou legislação protecionista e, com o Concine, fiscalizou o mercado. Houve, pois, um real crescimento da receita do filme nacional, fruto direto das ações da Embrafilme. Em sua amplitude, a empresa detinha as principais informações do mercado, advindas do rígido controle sobre a venda de ingressos padronizados. Existia um complexo banco de dados, que eram trabalhados, dentro da política de informações da empresa, e publicados periodicamente. Essa fonte de informações foi extremamente importante para direcionar os rumos da política realizada pela Embrafilme. Somado a isso, os dados serviram de referência para produtores, distribuidores e exibidores.

A par dos esforços comerciais, a expansão da produção na época da Embrafilme não esteve focada em estabelecer estruturas sólidas para adventos empresariais ou industriais do cinema, mas, sim, no compromisso com o filme brasileiro. Essa política de fortalecimento da produção revelou uma opção pelo produto fílmico, o que permitiu que os filmes deslizassem entre o autoral e o comercial, configurando uma pluralidade de tipos de cinema brasileiro.

Por outro lado, também é preciso apontar os paradoxos e os vícios de uma estrutura centralizadora, dependente e paternalista do Estado. Para além do sucesso quantitativo da atuação da Embrafilme, não podemos deixar de perceber a função autoritária do cinema como instrumento de integração nacional. Nesse momento, ele tinha uma função estrutural na cultura, seguindo diretrizes ideológicas do governo militar.

Mesmo com o sucesso da produção nacional na segunda metade dos anos 1970, é precipitado afirmar que o cinema se configurou uma indústria no país. Apesar de alcançar pouco mais de 30% dos ingressos vendidos no mercado interno, em alguns anos, compreendidos entre 1970 e 1980, ele teve, na maior parte do tempo, papel marginal dentro do mercado dominado pelas produções norte-americanas. Mas ainda assim é possível afirmar que, com a política implementada pela Embrafilme, houve diminuição do público de filmes estrangeiros e aumento do público de filmes nacionais.

Gráfico 1: Público nacional e estrangeiro – 1971-1981

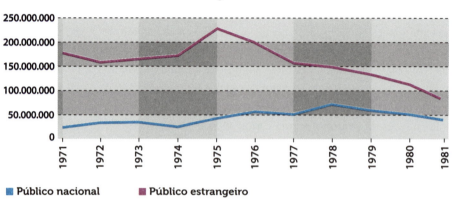

Fonte: SAV/ MinC. Elaborado pela autora.

Depois do auge da Embrafilme nos anos 1970 e começo dos anos 1980, iniciou-se um processo de declínio da empresa, que entrou em crise financeira e foi acusada de dirigista e inoperante, sendo questionada a participação do Estado na atividade cinematográfica. Para Melina Izar Marson, o fim da empresa revela um "modelo de produção cinematográfica que já estava desgastado e com poucas possibilidades de continuidade, e que não encontrava legitimidade no campo cinematográfico, no Estado nem na opinião pública" (2006, p. 22).

Além dos problemas internos da Embrafilme, o mercado consumidor havia se modificado e as crises econômicas de ordem mundial e nacional afetaram o setor cinematográfico. A década de 1980 assistiu à queda de frequência ao cinema em todo o mundo e as superproduções de Hollywood, fruto das novas tecnologias, levaram o padrão audiovisual americano a se afastar muito do padrão brasileiro, contribuindo para a preferência pelo produto externo. Um reordenamento global se instalou nos país. "Desmobilizado o projeto cultural do Estado brasileiro, imerso principalmente na crise econômica mundial que se abate sobre as sociedades periféricas ao grande capital, a atividade cinematográfica retroage sensivelmente, adequando-se a uma escala menor" (AMANCIO, 2000, p. 63).

No contexto interno, a crise se relacionou com a imposição da televisão como o grande veículo de comunicação nacional. Se o cinema era até então o meio de comunicação da modernidade, ele passou a enfrentar novos concorrentes, como a televisão

I - OUTRA HISTÓRIA DO CINEMA NACIONAL: CULTURA, INDÚSTRIA, DESENVOLVIMENTO E MERCADO

aberta, que se fortalecera na década anterior –[12] demonstrando alto potencial lucrativo –, a televisão fechada e o home video, além de outras formas de lazer.

A soma de problemas internos e transformações externas levaram à extinção da Embrafilme em 1990[13]. O presidente da República, Fernando Collor de Mello, pautando-se em um projeto de abertura de mercado e privatização, tratou a cultura como um problema de mercado e findou a Embrafilme, dando início a mais uma etapa da história do cinema brasileiro. Nas palavras de Autran, o fim da Embrafilme baliza um momento de inflexão, pois "a corporação cinematográfica passou a desconfiar do apoio estatal direto como principal motor para a industrialização e, pela primeira vez desde sua estruturação como corporação, a própria ideia de indústria autossustentável deixou de ser importante" (AMANCIO, 2000, p. 6).

A dissolução da Embrafilme não foi acompanhada por nenhum projeto de política cultural ou industrial para o cinema por parte do Estado. O cinema brasileiro ficou órfão de financiamento para produção e distribuição e também perdeu os mecanismos de proteção ante o cinema estrangeiro com a ampla abertura e liberalização da economia brasileira. O cinema passou a ser, então, um empreendimento de mercado e não objeto de política estatal.

Não houve, como nos anos 1960 e 1970, propostas coletivas para o setor cinematográfico no governo Collor. O momento era de total apatia e busca por soluções individuais, apoiadas na ideologia do individualismo e do liberalismo. O discurso cultural coletivo que dominou as disputas pelo cinema desde os anos 1950 se fragmenta na última década do século. O campo cinematográfico se desestruturou e só conseguiu se reerguer, um pouco mais tarde, com os resultados advindos das novas leis de incentivos federais vinculadas ao MinC.

O fim da Embrafilme resultou em queda da produção de filmes nacionais e elevação sucessiva do preço do ingresso, que variou de 1,69 dólar a 5,71 dólares[14] entre 1971 e 1990. Esse aspecto tornou o cinema um entretenimento cada vez mais elitizado, afastando o público e reduzindo o parque exibidor no país. Já em meados dos anos 1980, toda a cadeia do cinema no Brasil enfraquece. A diminuição do número de salas durante essa época evidencia o processo de esvaziamento do cinema nacional.

---

12 É importante esclarecer que a cobertura nacional dos sinais de televisão no Brasil só foi atingida em 1982, graças à Embratel. Entre o primeiro sinal e a integração total do país decorreram 32 anos.

13 Somado a isso, o MinC foi rebaixado à condição de Secretaria da Cultura, indicando o lugar que ocuparia a cultura no governo Collor.

14 Dólar corrigido pela inflação americana de 2007.

Gráfico 2: Número de salas no Brasil – 1971-1990

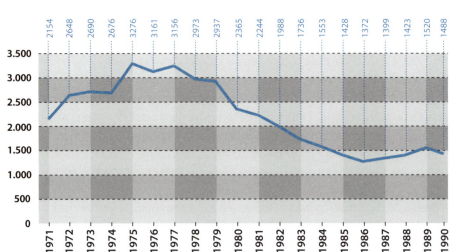

Fonte: Database Filme B, 2006. Elaborado pela autora.

A trajetória do cinema brasileiro até os anos 1990 revelou a existência de distintos padrões de intervenção estatal, embora conservando um elemento comum: a inexistência de sinergia entre os diversos meios de comunicação audiovisual, característica que o cinema hollywoodiano apresenta desde os anos 1960. O cinema brasileiro na modernidade dialoga com os novos sentidos da sociedade de massas, mas busca meios de distinção cultural, através da legitimação do "cinema de autor". O debate sobre a posição do cinema se inseriu na esfera audiovisual como conjunto, "sinal de uma subordinação do cinema que invertia as hierarquias do passado na constituição da esfera pública das massas" (ISMAIL XAVIER, 2001, p. 40).

O cinema brasileiro se legitimou como status de arte diferenciando-se de outros meios de comunicação, como a televisão e o home video, que estariam presos às amarras da organização industrial e comercial. Para Xavier:

I - OUTRA HISTÓRIA DO CINEMA NACIONAL: CULTURA, INDÚSTRIA, DESENVOLVIMENTO E MERCADO

> Em sua variedade de estilos e aspirações, o cinema moderno brasileiro acertou os passos do país com os movimentos de ponta de seu tempo. Foi um produto de cinéfilos, jovens, críticos e intelectuais que, ao conduzir essa atualização estética, alteraram substancialmente o estatuto do cineasta no interior da cultura brasileira, promovendo um dialogo mais fundo com a tradição literária e com os movimentos que marcaram a música popular e o teatro naquele momento (2001, p.18).

A concepção que orientou, dominou, posicionou e construiu a historiografia do cinema brasileiro até os anos 1990 foi a de produto artístico/autoral, bem diferente do cinema de Hollywood, cujo filme é produto de entretenimento[15]. Assim, o percurso do cinema brasileiro revelou compromisso com o produto artístico e não com a construção de uma indústria. Nas palavras de Marson: "esta concepção de cinema como arte, que não precisa ser necessariamente rentável e que pode perfeitamente ser subsidiada pelo Estado, começou a ser questionada, principalmente a partir da crise pela qual o cinema atravessou na segunda metade dos anos 1980[...]" (2006, p. 30).

Assim, rever os processos históricos do campo cinematográfico é importante para compreender o desenvolvimento e as dinâmicas da atividade e para avançar nas reflexões contemporâneas. Baseados nas reflexões da atuação da Embrafilme, principalmente sobre a dependência do aparato estatal e a construção de um mercado cultural nacional autossustentável, foram criados os mecanismos das leis de incentivos federais para a cultura – Lei Rouanet e Lei do Audiovisual. Um novo ciclo da história do cinema nacional, denominado Retomada do Cinema Brasileiro, se inicia a partir de então.

---

15   Refiro-me a certo cinema brasileiro reconhecido e dominante na historiografia do cinema nacional, que não é aquele dos grandes estúdios, das chanchadas, das pornochanchadas, oriundos da televisão etc.

1.4 – Cinema dos anos 1990: um momento de euforia da cinematografia nacional

As novas configurações impostas ao cinema, em âmbito mundial, reestruturam a produção, a circulação e o consumo do cinema nacional, através de interfaces entre o nacional e o internacional. Para sobrevivência e desenvolvimento dos cinemas locais, os países estruturaram políticas públicas e leis específicas para o setor cinematográfico. Sem estratégias públicas de fomento, regulação e fiscalização, o cinema nacional se torna inviável tanto como projeto cultural quanto industrial. Canclini enfatiza a relevância de se estabelecer políticas culturais que impulsionem a produção endógena dos países, com o objetivo de expandir nosso desenvolvimento cultural nos mercados globalizados e regular sua ação em função dos interesses públicos (2004).

Depois de um período de abandono da cultura por parte do Estado nos anos 1990, são regulamentadas as leis de incentivo: Rouanet (1991), dispositivo que se estende às diversas áreas culturais, e do Audiovisual (1993)[16], que se dirige especificamente ao cinema e ao vídeo. Essa leis representam um novo modelo de relacionamento da esfera pública com a cultura, centrado na articulação com a iniciativa privada via renúncia fiscal.

Com a redemocratização da sociedade brasileira em 1985, depois de 21 anos de regime militar, foi adotado um modelo distinto da política cultural do governo anterior, moldado numa constituição social democrática clássica. No âmbito cultural e econômico, a centralidade do Estado foi substituída pela diversidade dos desejos individuais.

A postura do Estado nos anos 1990 se distinguiu daquela de 1960 e 1970. No que diz respeito à atividade cinematográfica, nessa época o setor contou com um Estado centralizador, apoiado no regime militar, que esteve fortemente comprometido com a ideia de desenvolvimento econômico e com a integração da cultura nacional. Para o cinema, o Estado adotou uma política de incentivo intervencionista e dirigista, atuando em toda a cadeia cinematográfica e se valendo de instrumentos de repressão, censura e cerceamento de informação, medidas que se estenderam para todo o campo cultural na década de 1970. Nos anos 1990, o Estado entrou como parceiro do cinema, favorecendo e estimulando a competição do mercado, ao mesmo tempo que se afastou de medidas abertamente intervencionistas, ao optar pelo recurso de incentivos fiscais.

---

16 Barone chama a atenção para a substituição, na lei, do termo cinema por audiovisual, o que indica uma atualização. No entanto, a Lei do Audiovisual referia-se apenas ao cinema e ao vídeo doméstico (2005).

I - OUTRA HISTÓRIA DO CINEMA NACIONAL: CULTURA, INDÚSTRIA, DESENVOLVIMENTO E MERCADO

As leis de incentivo foram criadas para ter um caráter emergencial e provisório, cuja previsão era de vigorar por um período de dez anos. A ideia inicial dessas leis era impulsionar a formação de um mercado cultural, para que depois, com o tempo, ele se tornasse autossustentável, independente dos recursos do Estado. Ambas as leis permitem que as empresas que investem em cultura deduzam o valor aplicado de seus impostos de renda. Em suas abrangências, elas serviram também para estimular a produção cinematográfica, que naquele momento estava órfã de investimento. Referindo-se ao campo cinematográfico, Fábio Kobol Fornazari lembra a necessidade de inserção na economia globalizada e afirma que "O Estado brasileiro recupera, a partir de meados dos anos 1990, tanto o sentido da importância social, política, econômica da produção cinematográfica [...] quanto a noção de setor industrial a ser fomentado e protegido pelo Estado" (2006, p. 650).

Na modernidade tardia, o papel do Estado e o lugar da cultura se transformam. Diante disso, quais diretrizes e conceitos irão orientar o Estado no campo cultural nos anos 1990?

O projeto para cultura apoiado nas leis de incentivo revelou o espírito do tempo marcado pelos ideais liberais e individualistas da modernidade, personificados na privatização cultural e na pretensa ausência de intervenção estatal na cultura. Com esses mecanismos, o Estado concede o recurso financeiro, mas desloca a gerência da cultura para a iniciativa privada. Ele garante o recurso, por meio de renúncia fiscal das empresas que investirem no campo cultural, mas é a lógica do mercado que decide quais projetos devem ser financiados, portanto, quais os rumos culturais do país. Esse mecanismo de apoio à cultura atendeu às duas demandas da época: por um lado o Estado se isentou de quaisquer interferências diretas nas produções culturais – ação que apavorou os agentes culturais durante a ditadura militar no Brasil –, por outro se inseriu no projeto de globalização neoliberal no início da década de 1990. Xavier analisa criticamente o mecanismo de renúncia fiscal: "Tendeu-se mais a desregular do que a regular a atividade econômica no audiovisual, não havendo formulação de políticas públicas para o setor ao longo dos anos 1990" (2004, p. 116).

A recuperação da cinematografia brasileira se valeu da postura liberal do Estado através das leis federais de incentivo à cultura – que foram vistas como a salvação e a solução para o cinema nacional. Logo haveria uma nova etapa, classificada como Retomada do Cinema Brasileiro. A ideia de "retomada" se refere a algo que foi interrompido, não à criação de um projeto político. Aponta para uma continuação histórica marcada pela descontinuidade e inconstância da construção do cinema brasileiro. Na afirmação de Xavier: "A expressão 'retomada', que ressoa como um *boom* ou um 'movimento' cinematográfico, está longe de alcançar unanimidade mesmo entre seus participantes" (XAVIER apud LÚCIA NAGIB, 2002, p. 13). Há os que considerem que ocorreu apenas uma breve interrupção da atividade cinematográfica com o fechamento da Embrafilme, os que se deixaram fascinar com o crescimento do setor e os que não se deixaram impressionar por esse movimento.

A denominação Cinema da Retomada não deve ser lida como um movimento político coerente e coeso. Ela se refere à etapa recente da historiografia desse cinema, possibilitada pelas novas condições de produção a partir da década de 1990. O que houve de fato foi uma retomada da produção fílmica brasileira, e não uma retomada da integralidade do cinema nacional. Butcher resume:

> Muitos criticam esse batismo do que seria apenas mais um rótulo da mídia, ou mesmo um eco dos velhos vícios de profissionais de cinema brasileiro, sempre inclinados a dar prioridade ao setor da produção em detrimento dos outros pilares da indústria audiovisual (a distribuição e a exibição, sem as quais os filmes não chegam ao público) (2005, p.14).

Diante desse contexto, é possível afirmar que tal denominação não surgiu de um tipo de organização interna do setor cinematográfico, como o cinema dos anos 1960 1970, que tinha diretrizes políticas, ideológicas e estéticas bem definidas e estava imerso em um projeto cultural e político para o país. Não houve um movimento interno e uma associação dos agentes do campo cinematográfico, tampouco um projeto de Estado para desenvolver o mercado cinematográfico brasileiro. O rótulo "retomada" foi bem acolhido e sustentou a identidade de um cinema brasileiro subsidiado pelas leis de incentivos federais, nomeação que abarcou a produção nacional e teve como bandeira principal a liberdade de expressão própria do projeto moderno.

O cinema dos anos 1990 incorporou as marcas do projeto moderno, como o liberalismo, o individualismo e a cultura do consumo, realizando um trabalho diferente daquele

I - OUTRA HISTÓRIA DO CINEMA NACIONAL: CULTURA, INDÚSTRIA, DESENVOLVIMENTO E MERCADO

dos anos 1960 e 1970. O novo espírito do tempo dos anos 1990 reorganizou não somente os processos de produção, mas também suas temáticas e questões acerca do que é cinema brasileiro. A liberdade, a individualidade e a diversidade direcionaram a produção cinematográfica. Para Xavier, a diferença entre o Cinema da Retomada e o Cinema Novo era que, "embora primando pela postura politicamente correta, os novos filmes não apresentavam um novo projeto político" (XAVIER apud NAGIB, 2002, p. 16).

Talvez devêssemos pensar que o projeto político para o cinema nos anos 1990 foi deslocado para o campo cultural e possibilitou outro cinema brasileiro, diferente daquele apoiado em cânones políticos. Xavier define que a ideologia da diversidade foi tomada como valor no campo cinematográfico (2001). O deslizamento da política para a cultura se estende para os demais setores culturais como música, artes plásticas e literatura, que não advogam mais um projeto unificado de cultura. Na modernidade tardia, os produtos culturais são multifacetados, descentrados e reordenados continuamente, não nos permitindo uma apreensão definitiva e unificada de projeto cultural, já que a própria noção de unidade se perde. Isso não quer dizer, no entanto, que não existam batalhas culturais permanentes. O jogo cultural permeia o cinema brasileiro dos anos 1990, indicando novas diretrizes simbólicas, políticas e econômicas.

A nova configuração da sociedade produziu outro cinema brasileiro, atravessado por questões próprias da contemporaneidade. Assim, não só outras histórias e temáticas foram narradas e ressignificadas, mas a própria legislação e estrutura estatal para o cinema foram redesenhadas para atender à nova realidade.

Para além de todas as contradições desse movimento recente, o fato é que as leis de incentivo impulsionaram uma nova fase do cinema nacional, que ganha corpo em 1995. A participação do Estado, por meio de renúncia fiscal, permitiu que houvesse um retorno da produção cinematográfica independente[17]. Mas a lógica dominante era a da administração privada, que gerenciou, de acordo com critérios próprios, os recursos públicos. Esse modelo deslizante de apoio à cultura vai gerar, no final dos anos 1990, contradições e questionamentos dentro do próprio setor cultural. Para Butcher:

---

17   Obra de produção cinematográfica independente é aquela cuja empresa produtora, detentora majoritária dos direitos patrimoniais da obra, não tem qualquer associação ou vínculo, direto ou indireto, com empresas de serviço de radiodifusão de sons e imagens ou operadora de comunicação eletrônica de massa por assinatura.

> O sistema formado pela Lei do Audiovisual e pela Lei Rouanet, ao mesmo tempo que abriu portas, revelou-se também de tendências conservadoras. Boa parte da decisão sobre quais filmes estariam aptos a receber financiamentos transferiu-se para os departamentos de marketing das empresas e, como consequência lógica, os projetos de filmes – de forma até subentendida – passaram a se constituir de maneira a não ferir a imagem das marcas que se associariam a ele (2006, p. 64).

É dentro da lógica da administração do recurso público pelos agentes privados que o cinema nacional conseguiu dar os primeiros sinais de recuperação. Filmes começaram a ser produzidos e um clima de agitação dominou o setor cinematográfico. O aumento de títulos nacionais lançados comercialmente foi acompanhado pela volta do público para as salas de cinema.

Gráfico 3: Filmes nacionais lançados – 1995-1999

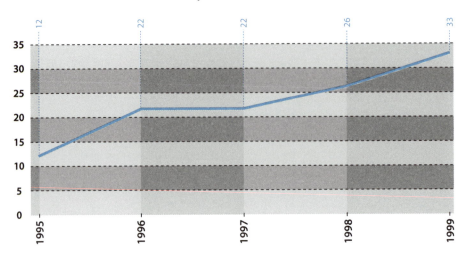

Gráfico 4: Público de filmes nacionais – 1995-1999

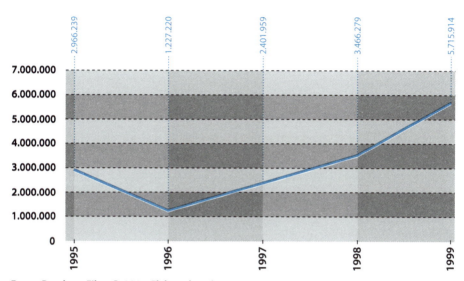

Fonte: Database Filme B, 2006. Elaborado pela autora.

O impulso da atividade cinematográfica nacional durante essa década acontece em um contexto favorável ao mercado de cinema em geral: há aumento de filmes estrangeiros e expansão do parque exibidor no país, que foi bastante reduzido na década de 1980 e volta a crescer apoiado em um novo conceito de exibição, o multiplex. Esse conceito de sala de cinema se instala no país no final dos anos 1990 e indica os novos rumos do setor cinematográfico nos anos seguintes. O crescimento do setor de exibição, apoiado nesse sistema, não só eleva o preço do ingresso como transforma hábitos culturais. Se no Brasil o preço médio do ingresso girou em torno de 5,71 dólares em 1979 e 3,34 dólares em 1989, no final dos anos 1990 há uma elevação considerável, que ultrapassou o valor de 5,60 dólares e chegou a custar 5,98 dólares em 1998[18]. Segundo Paulo Sérgio Almeida e Butcher, "foi nessa época que se iniciou o processo de elitização que mudou radicalmente o perfil do espectador de cinema no Brasil" (2003, p. 55).

O conceito de multiplex aprofunda a associação do público de cinema ao público consumidor, gerando novas condições para a atividade cinematográfica e para o espectador. O grande desafio é manter o consumidor o maior tempo possível na sala de

---

18 Dólar corrigido pela inflação americana de 2007.

cinema, fazendo uso não só do produto fílmico, mas também de alimentos e de outros bens ofertados naquele ambiente. No Brasil, essa premissa se estende aos "cinemas de arte", que, dentro de outro conceito de sala de cinema, investem para que haja um espaço agradável de socialização apoiada no capital cultural.

A reorganização da exibição e o aumento da produção e do público para assistir a filmes nacionais levaram o cinema a ocupar, novamente, lugar de destaque no campo cultural. O setor cinematográfico voltou a ter legitimidade no meio cultural através de sua inserção no mercado e da conquista do público. O discurso de euforia dos anos 1990 esteve ancorado no prestígio do cinema nacional no mercado interno e externo. A elevação do padrão técnico e a incorporação de estéticas e linguagens vindas da televisão, da publicidade e de videoclipes fizeram o produto brasileiro crescer em quantidade, qualidade e prestígio. O market share do público de filmes nacionais aumentou de 3,7%, em 1995, para 8,6%, em 1999 (MINC, 2000).

A cooperação técnica entre televisão, publicidade e cinema marcou os anos 1990 e resultou em filmes com linguagens híbridas e narrativas fragmentadas, diferenciando-se dos demais períodos da cinematografia brasileira[19]. Essa relação será aprofundada com a entrada da Rede Globo na atividade cinematográfica.

A intermediação entre os meios passa a ser um traço distintivo dos processos produtivos da época, mas nenhuma política de Estado foi implementada para compor uma indústria audiovisual brasileira, sistêmica e multimidiática. A integração se dá de forma isolada e pontual, através da técnica e da estética, não havendo uma articulação política visando ao desenvolvimento de um mercado audiovisual integrado.

A legislação garantiu o financiamento da produção cinematográfica, através de renúncia fiscal, mas não regulou a televisão a fim de fomentar a produção e a exibição de filmes. Para a publicidade, foi instituída a cobrança da Contribuição para o Desenvolvimento da Indústria Cinematográfica Nacional (Condecine), em 2001, por meio da criação da Ancine, que reverte a taxa cobrada das produtoras de publicidade para as produções cinematográficas.

---

19   As linguagens nunca foram puras, sempre houve mistura e troca. Utilizamos o conceito de hibridação tão somente para marcar um momento importante para este estudo, que é o impacto das relações entre os meios audiovisuais na linguagem cinematográfica.

I - OUTRA HISTÓRIA DO CINEMA NACIONAL: CULTURA, INDÚSTRIA, DESENVOLVIMENTO E MERCADO

Além do diálogo com os outros meios audiovisuais, o cinema dos anos 1990 procurou cruzamentos com o internacional, através da língua do outro, de atores e de locações internacionais. *Carlota Joaquina, Terra Estrangeira, O Quatrilho, For All, O que É Isso, Companheiro?* e *Como Nascem os Anjos,* entre outros, são exemplos de produções nacionais que dialogaram com a cultura do outro, na tentativa de representar o deslocamento das identidades nacionais e afirmar o reconhecimento do cinema brasileiro. Gomes defende ainda nos anos 1970, em seu celebre texto "Cinema: Trajetória no Subdesenvolvimento": "Não somos europeus nem americanos do norte, mas destituídos de cultura original, nada nos é estrangeiro, pois tudo o é. A penosa construção de nós mesmos se desenvolve na dialética rarefeita entre o não ser e o ser outro" (1980, p. 88). Com a globalização, o cinema admitiu e incorporou em suas narrativas a pluralidade da identidade brasileira e desenvolveu sinais de reconhecimento dessa multifacetada identidade, em que cabem até os americanos, nossos "inimigos culturais históricos". A cultura se desprende das amarras do espaço local-nacional, que eram as bases de seu tecido próprio, para avançar no mundo global.

Diferente do cinema brasileiro dos anos 1960, que busca narrar certa ideia de cultura brasileira, apesar de ter sido declaradamente influenciado pelo neorrealismo italiano e pela nouvelle vague francesa, o cinema dos anos 1990 negocia com as culturas estrangeiras, para marcar um lugar próprio e tornar sua produção aceita na ordem da mundialização. O projeto nacional dos anos 1960 é posto em xeque e as identidades culturais passam a se reorganizar a partir de processos sociais interculturais.

O cinema nacional daquele momento abarcou a diversidade de projetos cinematográficos, admitindo filmes que deslizaram entre entretenimento e obras autorais, entre o nacional e o global. O sucesso do modelo das leis de incentivo para a produção cinematográfica nacional se encaixou na concepção do filme como produto da indústria cultural, uma vez que a empresa investe em projetos que deem retorno financeiro e de imagem.

Os filmes de grandes orçamentos começam a ser produzidos no país, o que gera discussões sobre sua viabilidade, uma vez que não havia indústria cinematográfica consolidada e o cinema dependia do apoio estatal. De que forma deveria ser gerenciado o dinheiro público para o cinema no Brasil: através do financiamento de superproduções para conquistar o espectador ou da democratização ao acesso do fazer cinema? Em outras palavras, o cinema, financiado pelo Estado, deveria ter compromisso com o público, que em última instância é quem o financia, ou com as prerrogativas estético-

-políticas dos cineastas/realizadores, que contribuem para a diversidade de expressão cultural no país? Essas questões perpassam a historiografia do campo cinematográfico. Existiam aqueles que defendiam o filme de baixo orçamento em prol da democratização do fazer cinema, o que garantiria uma permanência da diversidade de produção e o aumento de número de títulos lançados, e aqueles que acreditavam que os filmes nacionais deveriam cativar os públicos nacional e estrangeiro e, portanto, priorizar os filmes de alto orçamento. A contradição e a indefinição histórica do cinema brasileiro deslizando entre produto artístico e bem de consumo atravessam o período e resultam em produções bastante diferenciadas entre si.

Os dois posicionamentos ideológicos são distintos, porém não necessariamente opostos: ambos privilegiaram a ideia de projeto autoral e não de fortalecimento integrado da indústria cinematográfica. O Cinema da Retomada ocupou lugar de destaque cultural na hierarquia dos demais campos audiovisuais ao se posicionar como produto artístico e não de massa. Ao mesmo tempo, houve uma busca cada vez maior de aproximação com os demais meios audiovisuais nacionais, com destaque para a televisão. Esse movimento não só configurou novos tipos de mediação cultural como fez emergir produtos com linguagens mescladas e deslocados. A parceria cinema e televisão no Brasil fez com que os filmes nacionais se aproximassem, muitas vezes, do público e do mercado de indústria cultural no país. Nos anos 2000, com a aproximação e a participação efetiva do departamento de cinema da Rede Globo e das distribuidoras majors nas produções nacionais, outras relações mercadológicas e estéticas surgem no campo cinematográfico e televisivo, como veremos no capítulo 3. É possível apontar, portanto, várias faces do cinema nacional dos anos 1990.

Esse cinema brasileiro dos anos 1990 – múltiplo e deslizante –, subsidiado pelas leis federais, inserido num contexto internacional e nacional favorável e em diálogo com a cultura da mídia, culminou na promessa de uma efetiva construção do sonhado projeto de industrialização do cinema nacional. Mas, no final dessa década, mais precisamente nos anos 1998 e 1999, a relação entre as instituições públicas e as atividades cinematográficas passa a ser questionada com maior intensidade. A ausência de intervenção estatal na classificação dos projetos através de critérios definidos gerou grande quantidade de projetos aprovados indiscriminadamente e muito pouco sustentáveis artística e/ou comercialmente. Junto a isso, a legislação muito permissiva abriu espaço para o oportunismo de alguns produtores, levando à irregularidade na utilização do dinheiro captado, e para o inflacionamento dos custos de produção dos filmes, o que desestimulou investimentos empresariais no cinema. Outro ponto criticado foi a ineficiência da política pública voltada exclusivamente para a produção cinematográfica, que não sustentava uma indústria da atividade.

De fato, as leis de incentivo foram utilizadas unicamente para a produção de filmes. Não se pensou, nesse primeiro momento, em articular a cadeia cinematográfica como um todo. A política de incentivo fiscal foi uma medida isolada, não influenciada por um projeto de estado para o mercado de cinema.

A política de leis de incentivos restringiu a capacidade produtiva da indústria audiovisual e a atividade passou a ser apenas mecenato[20]. Para Carlos Augusto Calil: "Hoje, ao contrário do que se pensa, o cinema brasileiro é mais dependente do Estado do que na época da Embrafilme, tida como intervencionista, dirigista e todos os outros 'istas' que se possa imaginar" (2004, p.129). A sustentabilidade não foi estimulada, nem foi proporcionado o desenvolvimento de uma estrutura que garantisse a circulação, a divulgação, a exibição e o consumo de filmes. Esse diagnóstico foi reconhecido pelo próprio MinC, em cujo relatório lemos:

> Embora significativo para a retomada da produção nacional, o sistema de financiamento criado pela Lei do Audiovisual não tem servido ao propósito de estimular a comercialização dos filmes produzidos nem tão pouco à capitalização das empresas produtoras. Prova disso é o fato de que, entre 1995 e 1998, apenas 10 dentre os 80 filmes concluídos e lançados comercialmente tiveram um resultado de bilheteria superior, igual ou pouco inferior aos seus custos de produção (2000, p. 12).

Investiu-se na produção, aumentando o número de títulos lançados, mas não se deu atenção às dinâmicas do setor, como a distribuição e a exibição, que ficaram majoritariamente concentradas nas mãos de agentes estrangeiros, gerenciados por políticas privadas.

20 Mecenato: apoio financeiro (sem vínculo direto com objetivos publicitários) prestados por uma pessoa física ou jurídica para realizações artísticas e culturais; patrocínio (Houaiss).

A produção foi a grande prioridade dos mecanismos de incentivo no Brasil nos anos 1990. Com o modelo de lei de incentivo, o dinheiro público não é recolhido pelo governo, mas transformado em instrumento de estímulo cultural. Esse mecanismo, no entanto, não se estende à maioria da população, que, em última instância, é quem financia o cinema nacional. O dinheiro público é, assim, transformado em benefício privado. A política pública para o audiovisual no país sofre uma deformação, por falta de visão sistêmica, e acaba por não incorporar as massas no que diz respeito ao acesso e à produção.

O que houve foi uma política voltada para o estímulo da produção de filmes; mas não se buscou a implantação de uma indústria cinematográfica dentro de um modelo de reinvestimento permanente para a própria atividade.

Para Almeida e Butcher, "apesar de todos os enormes avanços, a política baseada no incentivo fiscal não foi suficiente para firmar uma efetiva base industrial para o cinema brasileiro" (2003, p. 31). A própria classe que havia demandado as leis de incentivo e se mostrou entusiasta em um primeiro momento dava sinais de insatisfação com o modelo. As críticas referentes à política cinematográfica adotadas pelo Estado levaram a uma nova agitação no setor.

A euforia chega ao fim. Em 1999, houve uma rearticulação do setor cinematográfico, que se mobilizou para pressionar o Estado, reclamando ajustes na legislação e reivindicando uma política mais abrangente que visasse ao projeto de industrialização do cinema brasileiro. Depois da mobilização política nos anos 1960 e 1970, reascendeu-se a tentativa de conceber o cinema brasileiro como indústria e mercado, agora inserido no contexto da globalização econômica e cultural.

O momento pós-euforia ainda teve um agravante extra: um projeto isolado, apresentado pelo MinC nos anos 2000, de liberar recursos da renúncia fiscal às emissoras de televisão para a produção de filmes deixou o campo cinematográfico em pânico. A ideia foi vista como uma ameaça que poderia arruinar as produções independentes. A possibilidade de as redes de televisão somarem o benefício de serem concessões públicas – isto é, não pagarem pela exibição de seus conteúdos – ao de receberem patrocínios através de dinheiro público levou os cineastas a se unir e reagir.

I - OUTRA HISTÓRIA DO CINEMA NACIONAL: CULTURA, INDÚSTRIA, DESENVOLVIMENTO E MERCADO

Em junho de 2000, com a realização do III CBC em Porto Alegre, deu-se início a um período de reestruturação do cinema brasileiro. O congresso uniu representantes da atividade cinematográfica, que declararam o desgaste da política vigente e apontaram a necessidade de repolitização do cinema brasileiro. O retorno de um pensamento político emergiu da crise do final dos anos 1990. Era hora de repensar os rumos do cinema nacional dentro de uma política estatal de cultura e indústria e institucionalizar a atividade cinematográfica. Mais uma vez o campo cinematográfico se movimentou e agitou a cena cultural do país.

Quando começa e quando termina a denominada Retomada do Cinema Brasileiro? Várias temporalidades foram estabelecidas. Nagib considera o Cinema da Retomada aquele compreendido entre os anos de 1994 e 1998 (2002); Luiz Zanin Oricchio defende que o período da retomada acaba em 2003, com o sucesso do filme *Cidade de Deus* (2002) e com o esgotamento do modelo de financiamento (2003). Butcher, por sua vez, estende esse termo até o ano de 2005.

Propomos aqui um novo recorte dessa fase do cinema nacional: priorizando o aspecto político, trabalhamos com a perspectiva de que a articulação do setor no III CBC rompe com a continuidade de um discurso apoiado no cinema brasileiro da diversidade, de múltiplas facetas, individualista e sem vínculo e unidade política. Como resultado do congresso, é criado o Grupo Executivo de Desenvolvimento da Indústria Cinematográfica (Gedic), que redigiu o anteprojeto de criação da Ancine. A agência será o órgão institucional responsável pela gestão da política estatal para o mercado de cinema nacional.

Antes de avançar nas reformulações da relação entre Estado e cinema no Brasil nos anos 2000, é necessário situar nosso objeto, nas transformações globais, a partir de referências teórico-conceituais. As mudanças ocorridas no contexto mundial chegam ao Brasil, nos anos 1990, baseadas nos discursos de globalização e neoliberalismo econômico. Para Ortiz, a globalização, entendida como internacionalização das trocas, de produtos e de conhecimento, é um fato original (2003). Devemos assim compreender como o contexto da trasnacionalização econômica e cultural, apoiada no projeto neoliberal, modificou o próprio lugar da cultura na sociedade brasileira contemporânea nos anos 2000.

1.5 – Globalização e indústria cultural no Brasil: mediações e disputas culturais

Com o advento da globalização, das novas tecnologias de comunicação e da internacionalização da cultura, os bens culturais passam a ser percebidos como decisivos nos campos simbólico, econômico e político das sociedades contemporâneas. As novas tecnologias de informação e comunicação transformam não somente a cadeia de produção de um produto cultural, mas a própria lógica do capitalismo.

Para Ortiz, "As inovações tecnológicas têm evidentemente uma influência capital na mundialização da cultura, formando a infraestrutura material para que ela se consolide" (2001, p. 62). As tecnologias potencializam o movimento de reordenamento social. Nesse sentido, a cultura se converte em um campo que apresenta importantes perspectivas de desenvolvimento econômico, através da expansão da produção, da circulação e da troca cultural, com forte vetor de transformação social. Para Stuart Hall, "a cultura tem assumido uma função de importância sem igual no que diz respeito à estrutura e à organização da sociedade moderna tardia, aos processos de desenvolvimento do meio ambiente global e à disposição de seus recursos econômicos e materiais" (1997, p. 2).

A indústria cultural e a comunicação massiva tornam-se o lugar em que se desenvolvem as principais atividades culturais, de informação e de entretenimento das maiorias nas últimas décadas. Elas influenciam de modo significativo a economia de cada sociedade e oferecem melhores oportunidades de conhecimento e intercâmbio entre as nações. Em vários países latino-americanos a indústria cultural abarca de 4% a 7% do PIB do país (CANCLINI, 2005). Somado a isso, as indústrias culturais crescem em velocidade maior que outras áreas da economia e geram mais postos de empregos a cada ano. Estudo recente mostra que na América Latina a indústria do entretenimento crescerá 8,9% ao ano e, em 2011, atingirá a receita de 130 bilhões de reais (FOLHA DE S.PAULO, 2007).

O papel das indústrias culturais no mundo não se dissocia das novas tecnologias de informação e comunicação e gera transformações econômicas e mudanças socioculturais importantes, de modo a reconfigurar a constituição da esfera do público-privado e o reordenamento da vida urbana. Acompanhando o processo de degradação e descrença na política e nas instituições públicas, além da fluidez e da flexibilidade características da globalização, o mercado recria formas de participação através da mídia e de uma ordem social pautada na cultura do consumo[21]. As novas políticas de identidade na modernidade tardia são cada vez mais mediadas pelos meios de comunicação e pelo consumo de bens culturais. Na afirmação de Rousiley Maia:

> O desenvolvimento dos meios de comunicação e das novas tecnologias pode ser visto como uma das forças mais significativas por trás da pluralização da sociedade contemporânea, motivando, em particular, a construção de identidades (2000, p. 48).

Num tempo de fratura, heterogeneidade, segmentações dentro de cada nação e comunicações fluidas de ordens nacionais e transnacionais, os indivíduos encontram códigos comuns através do consumo midiático (CANCLINI, 2001).

Essa prática mundial cria a ilusão de conectividade global, "como se o mundo tivesse se tornado para todos ao alcance das mãos", mas na realidade esse processo é bastante concentrado, desigual e perverso (SANTOS, 2000, p. 19). A produção, a circulação e o acesso segmentado dos bens da indústria cultural ampliam as distâncias de acesso a informações e conhecimentos, gerando menores possibilidades de integração efetiva. O grande capital se apoia na unicidade técnica para construir a globalização perversa uma vez que o mercado global irá se utilizar de técnicas avançadas que resultam em aprofundamento das desigualdades econômicas e culturais[22].

Para Canclini, a partir das diferenças, desigualdades e desconexões, as intensificações das trocas culturais e da convivência intercultural compõem um processo de mundialização cultural. Com o mundo globalizado, passamos do modo de produção social da multiculturalidade, no qual se admite a diversidade de culturas e supõe-se a aceitação do heterogêneo, para a interculturalidade, que implica relações de negociações, conflitos e entrelaçamento (2005a).

---

21 As transformações da construção das identidades culturais não devem ser reduzidas apenas ao fenômeno da midiatização, ainda que a mídia ocupe lugar privilegiado nas dinâmicas das identidades contemporâneas.

22 Milton Santos ressalta que esse processo poderia ser diferente se o uso político do sistema técnico contemporâneo fosse outro (Santos, 2000).

Portanto, superamos a etapa em que globalização era sinônimo de homogeneização, para pensar em um mundo no qual é reconhecida a possibilidade de atuação de movimentos globais que trabalham com a diversidade cultural, as segmentações sociais e a construção de novas diferenças. Assim, a globalização não é o contrário da diversidade, e sim um conjunto de processos de convergência e competição econômica, financeira, comunicacional e migratória que acentua a interdependência entre as sociedades e gera novos fluxos e estruturas de inter-relações supranacionais. Como atesta Canclini: "Em poucos anos, as economias dos países grandes, médios e pequenos passam a depender de um sistema transnacional nos quais as fronteiras culturais e ideológicas se desvanecem" (2001, p. 21).

Essas interdependências são acompanhadas por dinâmicas regionais e locais que não se encaixam totalmente, ou que são excluídas da globalização. O fenômeno e os efeitos da globalização não incidem da mesma forma em todos os lugares; são desigualmente distribuídos no mundo, entre regiões e no interior de cada nação. Dados evidenciam esse fluxo desigual de poder: Os Estados Unidos ficam com 55% dos lucros midiáticos mundiais, a União Europeia com 25%, Japão e Ásia recebem 15% e os países ibero-americanos somente 5% (CANCLINI, 2004).

Resumindo, a globalização cultural não é sinônimo de homogeneização midiática nem de intensificação igualitária das relações entre as culturas. A assimetria gerada por esse processo não só agrava as desigualdades econômicas como também compromete os desequilíbrios históricos das trocas comunicacionais. A globalização é, como afirma Milton Santos, "o ápice do processo de internacionalização do mundo capitalista" (2000, p. 23).

Junto à "globalização perversa", no entanto, emergem processos que sutilmente estão descentrando os modelos ocidentais e aprofundando a disseminação da diferença cultural em todo o globo. As tendências contra-hegemônicas têm a capacidade de subverter, traduzir e negociar, fazendo com que se assimile o assalto cultural global sobre as culturas menos favorecidas. Ou, num movimento diverso, quando as culturas, sentindo-se ameaçadas pelas forças da globalização, se fecham em torno de instituições nacionalistas, há um movimento de reinvenção do passado no presente.

Os cinemas nacionais são produtos próprios da batalha cultural. Eles se impõem no mundo durante a guerra de 1914-1918, quando os países começaram a desenhar seus

I - OUTRA HISTÓRIA DO CINEMA NACIONAL: CULTURA, INDÚSTRIA, DESENVOLVIMENTO E MERCADO

heróis e criaram fronteiras estratégicas entre nações. A defesa da cultura e das identidades nacionais foi usada pelos países, nas duas grandes guerras mundiais, como pretexto para a delimitação de barreiras militares, políticas e econômicas.

Os cinemas nacionais ganharam força nos anos 1960, não por acaso, em momento de ascensão da indústria cinematográfica norte-americana. É principalmente depois da Segunda Guerra Mundial que o cinema americano estendeu e reforçou seu império no mundo e se consolidou como o grande meio de comunicação moderno. Além de transformar os hábitos de consumo, levou a cultura norte-americana às diversas partes do globo. Esse cinema, com poderio econômico e simbólico sobre o mundo, reinventou a vida moderna na contemporaneidade.

O nacionalismo dos Estados Unidos, desde os anos de 1960, ultrapassou as fronteiras da nação e se converteu em internacionalismo, portanto, o cinema desse país se tornou o próprio cinema, não precisando de maiores definições sobre sua origem. Na década de 1960, segundo Canclini (2005), circulavam no mercado dos Estados Unidos apenas 10% de filmes importados. O sucesso econômico do cinema norte-americano, para além das circunstâncias históricas e políticas, é resultado do financiamento pelo mercado externo. Os Estados Unidos impuseram um domínio maciço de seus filmes e dispuseram de pouco espaço para a difusão de filmes estrangeiros. O cinema de cada país procurou então estabelecer relações fortes com códigos de identificação de sua nacionalidade: a língua, as locações, os tipos de personagem, as vestimentas, as músicas e as referências literárias caracterizam a nacionalidade de um filme.

Dahl, em seu texto "Mercado É Cultura", relaciona cinema e identidade nacional de maneira esclarecedora. A reflexão atravessa o momento histórico em que ele foi escrito e é válida para a sociedade contemporânea:

> [...] é importante compreender que, em termos de cinema, a ambição primeira de um país é ter um cinema que fale sua língua, independentemente de um critério de maior ou menor qualidade comercial ou cultural. O espectador quer ver-se na tela de seus cinemas, reencontrar-se, decifrar-se. A imagem que surge é a imagem do mito Narciso, que, vendo seu reflexo nas

> águas, descobre sua identidade. A ligação entre uma tela de cinema – na qual é projetada uma luz, que se reflete sobre o rosto do espectador – e a ideia de espelho, espelho das águas, espelho de uma nacionalidade, é uma ideia que está implícita num conceito de cinema nacional (1977, p. 127).

É preciso se perguntar em que medida os cinemas nacionais são formas de resistência à hegemonia audiovisual norte-americana. Enquanto as trocas simbólicas apresentam equidade, a nação não tem necessidade de afirmar e defender sua cultura. Em momentos de crise e desequilíbrio cultural, os países criam ações pró-ativas no intuito de garantir a permanência de valores e tradições. Pierre Sorlin afirma que "o filme é um produto entre outros e, sem que os agentes sociais tenham consciência disso, sua difusão é altamente influenciada pela evolução dos sentimentos em face do fato nacional" (1996, p. 7). O discurso de cinema nacional se torna instrumento de construção e afirmação da cultura de seu país como projeto político num cenário marcado pela desterritorialização da cultura, e pelo o que Ortiz chamou de cultura internacional-popular (2001).

Com a internacionalização cultural, a problemática entre cinematografias próprias e estrangeiras se intensifica e ganha novos contornos. O neoliberalismo e a globalização chegam até os cinemas nacionais e alteram os fluxos e as contradições entre a dominação cultural e a produção e circulação cinematográfica local. Os cinemas nacionais têm de lutar por um espaço dentro de seus próprios países para poder divulgar e afirmar sua cultura. Para Canclini, é no padrão reordenador da produção, da distribuição e do consumo das indústrias audiovisuais que a globalização se realiza de forma mais patente (2003).

A partir da década de 1980, o cinema norte-americano se converteu em oligopólio ao controlar a produção, a distribuição e a exibição em muitos países do mundo; nos anos 2000, somente 0,75% dos filmes importados circula nos Estados Unidos. Há concentração da produção e da exibição de filmes norte-americanos em escala mundial: 85% dos filmes difundidos nas salas de todo o mundo procedem de Hollywood. Esse fenômeno se estende às outras janelas de exibição, como home video, TV por assinatura e aberta e outras mídias (CANCLINI, 2005a).

I - OUTRA HISTÓRIA DO CINEMA NACIONAL: CULTURA, INDÚSTRIA, DESENVOLVIMENTO E MERCADO

As relações das cinematografias nacionais e hollywoodianas se intensificam neste novo tempo: os cinemas nacionais pós-anos 1990 são atravessados pela lógica capitalista global e estão inseridos no contexto da interculturalidade e da transnacionalidade da cultura mundial. O processo de globalização neoliberal resulta em um cinema em constante diálogo com o mercado nacional e internacional, dependente de empresas estrangeiras para sobreviver. Existe uma ambiguidade intrínseca à condição do cinema nacional na contemporaneidade: ao mesmo tempo que ele é necessário para afirmação das culturas e identidades nacionais, seu modo de produção depende de empresas e conglomerados internacionais. Ainda que o filme seja produzido com recurso nacional, é provável que ele dependa de majors e multiplexes para chegar até os espectadores.

As políticas de desregulamentação do governo brasileiro, a partir da década de 1990, permitiram a entrada de altos investimentos norte-americanos na cadeia produtiva do audiovisual no país. As majors e o circuito de exibição norte-americano se tornaram relevantes para a sobrevivência do cinema nacional e, ao mesmo tempo, impuseram um modelo mercadológico que deixou pouco espaço para produções nacionais. Assim, "os capitais transnacionais submetem a programação à uniformidade da oferta internacional mais bem-sucedida e subtraem tempo de exibição de outras cinematografias" (CANCLINI, 2005, p. 248).

Os projetos de culturas nacionais são reestruturados dentro do contexto da globalização para sobreviverem diante da interculturalidade. Emergem dentro do global novos localismos, movimentos nacionalistas, de resistência à lógica dominante para perturbar e transtornar os estabelecimentos culturais. Como esclarece Jorge Yúdice, o sistema de comercialização e consumo "não pode ser explicado em termos de homogeneização nem de localização. A consolidação do sistema se atinge articulando ambos os aspectos" (YÚDICE apud CANCLINI, 2004). A persistência, ou o ressurgimento, do local é agora atravessado por estruturas e fluxos internacionais.

Os aportes da literatura consultada permitem assinalar elementos relevantes para o exame das relações entre o cinema e a indústria no Brasil. Na América Latina, a maior parcela da população tem o audiovisual como fato cultural principal. Essa hegemonia na região é constituída pela mescla da cultura oral, experiência cultural primária das maiorias, com as novas tecnicidades da visualidade, denominada "oralidade secundária". As massas na América Latina foram inseridas na modernidade não pelo livro ou pela cultura letrada, mas a partir da articulação da cultura oral às experiências e por formatos audiovisuais, o que a distingue do projeto ilustrado europeu. Portanto, outra modernidade tem sido apresentada à América Latina: uma modernidade que mescla oralidade e visualidade e que tem o audiovisual como principal meio de comunicação de massa. A sensibilidade, a partir das culturas audiovisuais e não da cultura letrada, apresenta desafios para países da América Latina. Para Barbero, devemos começar a aceitar que:

> As maiorias passam a se apropriar da modernidade sem deixar sua cultura oral, transformando-a em uma *oralidade secundária*, isto é, gramaticalizada pelos dispositivos e pela sintaxe do rádio, do cinema e da televisão. O desafio que essa transformação cultural implica deixa obsoletos tanto os modos populistas como os ilustrados de analisar e valorizar (2004, p. 210).

Há na região uma cumplicidade entre a oralidade e a visualidade que remete à persistência de memórias coletivas que a aceleração modernizadora comporta. Essa aliança não deve ser atribuída à condição de analfabetismo de países de terceiro mundo nem a uma cultura de e para analfabetos, mas, sim, a modos de apropriação e significação diante da aceleração modernizadora. Portanto, não devemos hierarquizar e nomear de inculta uma sensibilidade que nos é própria e que está transformando nossos modos de ver, imaginar, narrar e pensar.

Existe uma inadequação da introdução de certos modelos globais no contexto periférico, o que não impediu de se criar soluções originais, imprevistas que combinassem tradição e imitação do estrangeiro. É esse processo inevitável que Angela Prysthon chamou de cosmopolitismo periférico e usou para estudar o processo de modernização da América Latina. Afirma a autora que a descoberta da modernidade na região significa um impulso de otimismo tecnológico e social, com a crença no progresso. Contudo, esse processo também significou "uma nova maneira de conceber a identidade nacional e resultou numa revisão dos valores culturais próprios ao subcontinente" (2002, p. 23).

I - OUTRA HISTÓRIA DO CINEMA NACIONAL: CULTURA, INDÚSTRIA, DESENVOLVIMENTO E MERCADO

No Brasil, as indústrias culturais no século XX se tornam o mais poderoso recurso que a sociedade teve para expressar seus processos identitários e para se comunicar local e mundialmente. Os meios audiovisuais ocupam lugar de destaque nesse processo e descortinam experiências comunicativas e culturais de desconstrução e reconstrução das identidades coletivas, lugar próprio da batalha cultural do nosso tempo. Isso é o que justifica a necessidade e o papel estratégico das políticas públicas para o cinema e o audiovisual ao longo da sua história. É preciso olhar o campo audiovisual como uma totalidade, não isolando os meios em lugares estanques, já que há cada vez mais inter-relações entre eles[23].

O campo audiovisual contemporâneo se inseriu no que Kellner chamou de cultura da mídia, isto é, um terreno de lutas sociais importantes e ideologias políticas rivais que lutam pelo domínio na mídia. Essas lutas são vivenciadas por meio de imagens, discursos, mitos e espetáculos veiculados pelos meios de comunicação de massa. Para o autor, há uma cultura veiculada pela mídia cujas imagens, sons e espetáculos ajudam a fabricar o tecido da vida cotidiana, dominando o tempo de lazer e moldando opiniões públicas e comportamentos sociais, além de fornecer o material com que as pessoas forjam suas identidades. A cultura veiculada pela mídia ajuda a urdir o tecido da vida cotidiana, tornando-se instrumento de poder (KELLNER, 2001).

O cinema se constituiu historicamente como um importante meio de comunicação no mundo. Fazer uma leitura contemporânea dos principais marcos da história do cinema brasileiro para a conformação de uma industrialização cinematográfica é fundamental para entender as dinâmicas e os dispositivos presentes nos anos 2000. Sem esse olhar anterior, nossa compreensão ficaria bastante prejudicada, uma vez que ao longo deste capítulo foi possível perceber que o processo histórico do cinema brasileiro apresenta continuidades que se estendem à contemporaneidade.

Portanto, não poderíamos isolar a questão do campo cinematográfico dos processos socioculturais mundiais contemporâneos. Entender o reposicionamento do cinema brasileiro na sociedade global, a partir de reflexões teórico-conceituais, torna-se fundamental para avançar hipóteses sobre os discursos, as políticas e as ações do campo cinematográfico brasileiro nos anos 2000.

---

23   No capítulo 3, investigaremos a relação cinema e televisão, usando como estudo de caso a Globo Filmes.

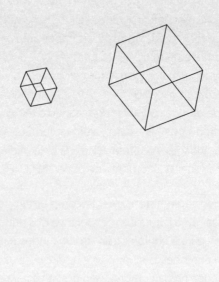
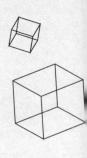

II MERCADO DE CINEMA NO BRASIL SOB A ÉGIDE DO ESTADO REGULADOR: DESENCAIXES CULTURAIS E ECONÔMICOS

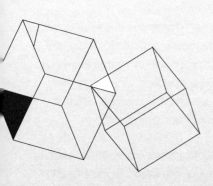

Os anos 2000 apontam um novo tempo para o cinema brasileiro. Com o desgaste dos anos 1990, os agentes do setor iniciaram um processo de movimentação e articulação política que visou redefinir e fortalecer o cinema nacional. Esse processo culminou na realização do III CBC em 2000. O Estado, nesse momento, foi identificado como parceiro de vital importância e o principal interlocutor para o desenvolvimento da atividade cinematográfica nacional.

A preocupação e o compromisso com o mercado cinematográfico nacional reapareceram em 2000, como premissa essencial para o desenvolvimento do cinema brasileiro. Podemos entender o movimento de articulação do cinema nacional inserido na dinâmica global que reconheceu a centralidade da cultura, da comunicação e do mercado de bens culturais nas sociedades contemporâneas. Mas, se é verdade que há aumento de fluxos culturais e de acesso à produção e ao consumo cultural, há de se levar em consideração que as transformações da ordem mundial aprofundaram as desigualdades culturais entre as nações, as regiões e os indivíduos. No campo audiovisual essa assimetria é especialmente percebida pela presença dos grandes conglomerados transnacionais de distribuição de conteúdos, que têm suas atuações estendidas à grande parte do mundo.

Reconhecendo mais uma vez a situação de marginalidade do cinema brasileiro, agora realocado na ordem mundial transcultural, medidas emergenciais deveriam ser tomadas para a sobrevivência e o desenvolvimento dele. Contudo, para que o cinema nacional fosse relevante dentro desse novo tempo, era preciso estar inserido nas lógicas mercadológicas internacionais das indústrias culturais. A ideia que orientou o projeto de cinema nacional no período foi a de que a força política, cultural e econômica do cinema brasileiro estaria associada à sua circulação e penetração no mercado interno e externo.

As dispersas leis de incentivos não deram conta da complexidade do novo espírito do tempo. Novos dispositivos deveriam ser acionados para regular o mercado de cinema no Brasil e proteger e fomentar o cinema nacional. O próprio setor se movimentou e demandou a ampliação da intervenção do Estado na atividade cinematográfica. Acreditava-se que o livre mercado não poderia ser responsável pela complexidade do campo cinematográfico nacional na ordem mundial contemporânea.

Estimulado pela crise do cinema nacional, que perdia prestígio no mercado, na mídia, na sociedade e junto ao Estado, o setor cinematográfico se organizou e realizou o III CBC, em julho de 2000, em Porto Alegre. Esse foi o início do processo que levou o Estado a reconhecer a necessidade de criar um órgão institucional para o cinema, que daria origem à Ancine e que,

II - MERCADO DE CINEMA NO BRASIL SOB A ÉGIDE DO ESTADO REGULADOR: DESENCAIXES CULTURAIS E ECONÔMICOS

mais tarde, estaria inserido dentro das diretrizes gerais do Plano Nacional da Cultura (PNC) do governo federal. Cultura e mercado deveriam caminhar lado a lado a partir de então.

As alterações políticas e econômicas nos anos 2000 vivenciadas pelo país afetaram o mercado cinematográfico. Historicamente, o III CBC, em 2000, e a criação da Agência Nacional do Cinema (Ancine), em 2001, demarcam o retorno do Estado ao setor e a adoção de um padrão de intervenção híbrido e contraditório. A agência se torna um braço institucional do governo para regular, fiscalizar e, principalmente, fomentar o mercado cinematográfico. Sua inserção inicial no Ministério do Desenvolvimento, Indústria e Comércio Exterior (MDIC) até 2003 e a seguir no Ministério da Cultura (MinC) denota as distintas finalidades a ela atribuídas. O saldo deixado pelo enquadramento do cinema ora como objeto das ações da política industrial, ora como integrante do PNC do Estado[1] foi o aprofundamento das contradições e incoerências das ações da Ancine, fruto de disputas históricas. A natureza inerentemente dual do cinema e uma institucionalização voltada a ressaltar uma ou outra dimensão geram tensões permanentes.

As diretrizes prioritariamente econômicas e industriais da Ancine se revelam, por vezes, contraditórias em relação às premissas das políticas culturais do governo. Isso porque a agência teria como objetivo primeiro estimular e regular o cinema no Brasil a fim de desenvolver e consolidar uma indústria e um mercado de cinema brasileiro. O filme seria assim um produto que deveria ser inserido nos preceitos industriais. Ao mesmo tempo, com a ampliação do campo cultural e a centralidade da cultura no mundo contemporâneo, torna-se difícil dissociar a atividade cinematográfica do universo da representação simbólica. A atividade cinematográfica é desafiada a articular o campo econômico e cultural em meio aos deslocamentos contemporâneos. Não é sem razão que o cinema é a única atividade cultural que tem, dentro do Estado brasileiro, um órgão institucional específico.

Uma vez vinculada ao MinC, a partir de 2003, entender os desencaixes e incoerências entre as diretrizes principais do PNC dos anos 2000 e a formação de um mercado de cinema brasileiro se torna não só urgente como também desafiador[2]. Contradições e ambiguidades atravessam a discussão.

---

1   A princípio, a Secretaria do Audiovisual atuaria na área cultural da atividade, cabendo à Ancine as políticas industriais e econômicas para o campo cinematográfico.

2   É importante ressaltar que o Estado tem diversas ações de difusão, fomento e promoção para o campo audiovisual. Nosso trabalho está focado no estudo do mercado cinematográfico no Brasil porque entendemos que essas ações ainda não estão devidamente integradas.

Como pensar então a contradição entre o projeto nacional de cultura e a consolidação de um projeto de industrialização do cinema brasileiro? Esse é um debate contínuo e constante na história do cinema brasileiro. Ele perpassa o universo dos agentes do setor e fóruns especializados e ganha espaço na grande mídia e nas reflexões sobre comunicação e cultura.

A questão central que permeará este capítulo será a análise da natureza e *modus operandi* das pontes entre a política de cultura do governo federal e o mercado cinematográfico e como essas ações conformam certo modelo de cinema brasileiro. Assim, nosso desafio será demonstrar os dispositivos dos mecanismos estatais de incentivo que conformam determinados modelos de cinema e determinados conceitos de cultura e nação. Conceitos que, devido à contradição e às ambiguidades inerentes a esses dispositivos, se afiguram nos discursos (planos e diretrizes) e de maneira diversa nas ações. Porque, afinal, esse é o paradoxo central de uma política neoliberal em um Estado e contexto social periférico.

A partir de marcos pontuais que caracterizam a atuação recente do Estado no campo cultural, investigaremos o impacto das novas diretrizes desenhadas para o mercado de cinema nacional, no período pós-retomada do cinema brasileiro. Nesse momento, os novos contornos da atividade cinematográfica no Brasil são indissociáveis do processo de transnacionalização econômico e cultural. O crescimento macro da atividade nos anos 2000 é resultado de múltiplos fatores, entre eles, a consolidação de empresas estrangeiras[3] no setor de distribuição e exibição,

---

3 A Constituição Brasileira de 5 de outubro de 1988, instituindo a retomada da democracia no país após um longo período de governos militares, sofreu uma série de modificações na década de 1990 e até recentemente, devido às mudanças ocorridas no mundo após a queda do muro de Berlim e à ascensão dos Estados Unidos como potência hegemônica mundial. As diretrizes do Consenso de Washington (1990) recomendavam abertura dos mercados, privatizações e redução do tamanho do Estado e instalavam o que passou a ser denominado pensamento único ou neoliberalismo. Fruto desse cenário, a Constituição Brasileira foi reformulada, principalmente nos artigos referentes à ordem econômica. Uma das alterações mais importantes para este estudo é a definição de empresa brasileira e empresa brasileira de capital nacional. A diferenciação entre a empresa brasileira, constituída no país sob as leis brasileiras e com sua sede e administração no país, e a empresa brasileira de capital nacional, aquela cujo controle efetivo estivesse em caráter permanente sob a titularidade direta ou indireta de pessoas físicas domiciliadas e residentes no país ou entidades de direito público interno, deixou de existir com a revogação do Artigo 171, em 1995. A Constituição de 1988 previa que a lei poderia conceder proteção e benefícios temporários à empresa de capital nacional para desenvolver atividades estratégicas para o desenvolvimento nacional e previa tratamento preferencial na aquisição de bens e serviços no poder público. Assim, após as alterações, a filial de uma multinacional passou a ter os mesmos direitos de uma empresa de capital nacional.

II - MERCADO DE CINEMA NO BRASIL SOB A ÉGIDE DO ESTADO REGULADOR: DESENCAIXES CULTURAIS E ECONÔMICOS

a criação e atuação da Ancine, a entrada da Globo Filmes no setor e a criação de legislações específicas para o cinema, entre outros.

É importante enfatizar que as informações do mercado cinematográfico no Brasil são de acesso limitado e estão diluídas entre empresas públicas e privadas. A maior dificuldade para dimensionar o mercado de cinema brasileiro é a dispersão de informações. Mais ainda, a falta de divulgação e transparência delas, uma vez que os dados econômicos e as pesquisas de público existem, mas não são amplamente difundidos; estão concentrados nas mãos de agentes privados do mercado. Portanto, apesar de acreditarmos que os dados expostos a seguir refletem de fato a situação contemporânea do cinema no país, eles devem ser encarados com cautela, já que muitos provêm de fontes secundárias. Ainda não há uma política de informações eficiente por parte dos órgãos governamentais, na qual os dados do mercado cinematográfico sejam transparentes e estejam disponíveis a todos. Imprecisão e dúvidas sobre a fidedignidade dos dados impedem a subscrição de conclusões definitivas. As dificuldades de validação e padronização das fontes e a qualidade das informações[4] antepõem obstáculos metodológicos à extração de inferências analíticas de maior alcance.

A carência de pesquisas qualitativas e quantitativas, somada à irregularidade das fontes de informações públicas confiáveis sobre o mercado de cinema, dificulta a identificação de necessidades, equívocos e potencialidades do campo cinematográfico no país. O desconhecimento de informações que conectem oferta e consumo gera lacunas permanentes no entendimento da dinâmica setorial e impede a elaboração de instrumentos para o desenvolvimento da economia do cinema nacional no país.

Para analisarmos as transformações nas políticas públicas para o audiovisual brasileiro nos anos 2000, é necessário entender as modificações no próprio papel das políticas públicas culturais e o lugar do Estado no Brasil, nesse novo tempo de internacionalização econômica e cultural. A reflexão teórica mais ampla sobre a relação entre Estado e cultura emoldura a análise dos aspectos empíricos da indústria audiovisual brasileira.

---

4   Em 2007, o controle das informações do mercado é feito pelo Sindicato dos Distribuidores do Rio de Janeiro e pela Ancine. É a partir daí que a Filme B – empresa privada de maior visibilidade e inserção no mercado, com finalidades comerciais – coleta e trabalha os dados de mercado de cinema. A Ancine trabalha na implantação de sistemas de acompanhamento do mercado, a fim de obter informações e dados de fontes primárias.

2.1 – Políticas públicas para o audiovisual nacional: uma negociação entre o local e o global

A cultura é o *locus* prioritário para o exercício do poder na sociedade da modernidade tardia. Essa percepção modifica não só a atuação do Estado, mas os debates públicos e privados sobre cultura no Brasil. Para Hall:

> Toda a nossa conduta e todas as nossas ações são moldadas, influenciadas e, dessa forma, reguladas normativamente pelos significados culturais. Uma vez que a cultura regula as práticas e condutas sociais, nesse sentido, então, é profundamente importante quem regula a cultura. A regulação da cultura e a regulação através da cultura são, dessa forma, íntima e profundamente interligadas (1997, p. 20).

A cultura transformou-se em um dos principais domínios e recursos do mercado e se consolida como um campo central para o desenvolvimento econômico e social.

As indústrias culturais e comunicacionais abrem fronteiras que interconectam economia, cultura e política, as quais se encontram num jogo de tensão entre o nacional e o global. "Há uma transversalidade da cultura que a inter-relaciona com as demais áreas da vida social" (YÚDICE apud CANCLINI, 2005b, p. 6). Para Barbero, o cinema é o primeiro meio massivo de uma cultura transnacional (2003, p. 213).

A atividade cinematográfica se tornou o emblema das relações de força que marcarão a internacionalização da produção cultural, sob a lógica da defesa da identidade nacional, ainda no período das grandes guerras mundiais. Em 1928, a França já apontava a questão da necessidade de políticas públicas para o audiovisual:

> A importância industrial do cinema, o valor do filme como meio de publicidade, a preocupação com a difusão intelectual

II - MERCADO DE CINEMA NO BRASIL SOB A ÉGIDE DO ESTADO REGULADOR: DESENCAIXES CULTURAIS E ECONÔMICOS

> nacional, sobretudo a preocupação de não deixar se desnaturar a menor parcela da alma nacional [...] todos esses motivos conjugados representam para uma grande nação, como a França, a necessidade de ter uma política para o cinema (*Relatório publicado pela câmera sindical francesa de cinematografia*. In: ARMAND MATTELART, 1928, p. 49).

Durante a Primeira Guerra Mundial, houve redução significativa dos filmes estrangeiros na programação das salas dos Estados Unidos, enquanto no resto do mundo os filmes norte-americanos ocupavam de 60% a 90% das salas de exibição. Esse momento coincidiu com a formação dos estúdios de Hollywood, que impulsionou a produção em larga escala a partir da demanda de exportação provocada pela guerra. O sucesso econômico desse cinema se deu graças a uma série de ajustes que combinaram visada comercial com percepção e reconhecimento popular. O cinema de Hollywood foi elaborado para ser um grande espetáculo popular de linguagem universal que mobiliza as grandes massas do mundo todo.

Esse cinema se tornou um grande espetáculo para as massas, apoiado no star system, na formação dos grandes estúdios e na criação dos gêneros. Tudo isso incentivou e moldou a constituição do mito da linguagem universal do modo de representação, classificado como modelo clássico-narrativo do cinema de Hollywood. Percebemos, portanto, que as dimensões mercadológicas e as políticas de regulação condicionam estéticas e modelos de cinematografia.

Na segunda metade do século XX, as modalidades audiovisuais e massivas da cultura foram, fundamentalmente, subordinadas a critérios empresariais de lucro. Ocorre, assim, um ordenamento global que desterritorializa seus conteúdos e suas formas de consumo. A concentração em torno dos grupos multinacionais, que adotaram políticas privadas, gerou expansão desigual da cultura no mundo, acesso segmentado e heterogêneo das indústrias culturais e aumento das distâncias de acesso à informação que permite maiores possibilidades de integração socioeconômica. As fusões das grandes corporações de comunicação e/com as indústrias produtoras de bens culturais formam um imenso oligopólio global em que fatores exógenos são impostos às realidades locais. Os modelos de negócio dominantes levam a menor diversidade de conteúdos, menor disponibilidade de linguagens e menos interatividade, uma vez que o compromisso primeiro com a rentabilidade não incentiva a inovação e a pluralidade. Para Santos, vê-se um processo de não política, isto é, política feita pelas grandes empresas e para o mercado.

Nesse sentido, a pergunta elaborada por Hall deve ser retomada: "a princípio, é a política, a economia, o Estado ou o mercado o fator mais determinante em relação à cultura?" (1997, p. 15). Para fins de adequá-la ao escopo desta investigação, consideramos que as mudanças culturais do mundo contemporâneo emergem da articulação e da transversalidade entre as diversas áreas: política, economia, Estado e mercado; mas com atuações e pesos diferenciados.

Em conformação aos preceitos globais, o papel do Estado na economia da cultura foi apontado pelo então ministro Gilberto Gil como de essencial importância:

> O Estado tem um papel vital no fortalecimento da economia da cultura, seja no levantamento do potencial, seja no planejamento das ações, na articulação dos agentes econômicos e criativos, na mobilização da energia social disponível, no fomento direto, na regulação das relações entre agentes econômicos e na mediação dos interesses dos agentes econômicos e dos interesses da sociedade, assim como na fiscalização das atividades. É um papel múltiplo, que exige vontade política, qualificação institucional e recursos (*Palestra no Instituto Rio Branco*, 2005 in MINC, 2009).

Junto ao que pode ser materializado – como dados econômicos oriundos de uma produção cultural nacional (emprego, renda e investimento local e desenvolvimento econômico para a região) – há uma gama de externalidades positivas imateriais geradas pela produção e comercialização[5]. A divulgação de práticas e hábitos culturais locais,

---

5   Ver caso da cidade de Paulínia, interior de São Paulo, que com a implantação de uma Film Commission municipal está atraindo produções audiovisuais para a região e se consolida como promessa de um novo polo de cinema no Brasil.

II - MERCADO DE CINEMA NO BRASIL SOB A ÉGIDE DO ESTADO REGULADOR: DESENCAIXES CULTURAIS E ECONÔMICOS

a afirmação e construção das identidades e o reconhecimento perante os outros são exemplos de agregação de valores incomensuráveis. A economia da cultura se torna mais complexa do que uma simples equação aritmética. Pereira dos Santos e Senna explicitam a questão a partir do audiovisual:

> As indústrias audiovisuais não podem nem devem estar sujeitas às mesmas regras comerciais aplicadas aos demais produtos industrializados, porque agregam valores que não podem ser medidos apenas pelos preços de compra e venda. A comercialização dos produtos culturais, sejam nacionais, sejam estrangeiros, não pode estar atrelada exclusivamente aos aspectos econômicos, às leis do mercado, mas, sim, e fundamentalmente ao respeito à liberdade de circulação da cultura. Esse caráter de exceção das indústrias culturais é sustentado pela necessidade estratégica, em um mundo globalizado (SANTOS E SENNA. *Declaração do Canecão 200*. In: MELEIRO, 2007, p. 67).

A regulação cultural ganha destaque na modernidade tardia. Em tempos de neoliberalismo, substituem-se os princípios públicos por princípios privados de regulação. O livre mercado e os movimentos de privatizações invadem o mundo econômico e cultural e atravessam espaços nacionais e internacionais. Para Hall, os efeitos de globalização enfraquecem "a relativa autonomia dos estados nacionais na determinação de políticas culturais em seus próprios territórios soberanos e aumentando as pressões por políticas do tipo 'céu aberto', de internacionalização dos mercados culturais" (1997, p. 16).

O discurso de retirar do Estado a responsabilidade da regulação dos campos culturais e deixar a gerência da cultura ao livre jogo das forças do mercado, amparado nos benefícios de liberdade, ampliação de diversidade e fim do paternalismo, é propugnado pelo receituário neoliberal. A premissa de aliar escolha de mercado à liberdade e individualidade, no entanto, é simplória e deve ser percebida com cautela.

Para K. Polanyi, os mercados são apenas acessórios de uma estrutura institucional controlada e regulada pela autoridade social. Consequentemente a indissociabilidade entre Estado e mercado ocorre à medida que aquele é essencial ao surgimento e ao fortalecimento da economia de mercado (2000). Considerando o que diz o autor citado – o mercado como criador do Estado –, seria uma falsa opção escolher entre liberdade de mercado e restrição estatal; trata-se de modos e gradações diferentes de regulação de um mesmo processo, que, acompanhados de conflitos e resistências, configuram o debate e os processos de produção e divulgação cultural que estão em disputa no mundo contemporâneo.

O processo histórico das políticas culturais brasileiras traz em si, constitutivamente, traços e modelos de uma modernização conservadora. A modernização capitalista e liberal brasileira é malsucedida. Não conseguimos nos livrar da tutela do Estado pela nossa condição estrutural de subdesenvolvimento. Ponto que problematiza nossa contradição interna e dificulta as discussões das regulações culturais. Schwarz analisa a conjuntura na década de 1960:

> Num país dependente mas desenvolvimentista, de capitalização fraca e governo empreendedor, toda iniciativa mais ousada se faz em contato com o Estado. Essa mediação dá perspectiva nacional (e paternalista) à vanguarda dos vários setores da iniciativa, cujos teóricos encontrariam os seus impasses fundamentais já na esfera do Estado, sob forma de limite imposto a ele pela pressão imperialista e, em seguida, pelo marco do capitalismo (2005, p. 16).

A reflexão é válida para analisar a política cinematográfica contemporânea no país. Há uma combinação do moderno e do antigo na modernização conservadora brasileira. Essa condição de descompasso e deslocamento é intrínseca à história da industrialização cultural no Brasil. Schwarz afirma que no Brasil houve uma defasagem entre a modernização aparente e as condições materiais e de mercado. O autor reflete sobre a disparidade entre a sociedade brasileira escravista e as ideias do liberalismo europeu:

II - MERCADO DE CINEMA NO BRASIL SOB A ÉGIDE DO ESTADO REGULADOR: DESENCAIXES CULTURAIS E ECONÔMICOS

"Por sua mera presença, a escravidão indicava a impropriedade das ideias liberais [...]" (2005, p. 64)[6]. Ortiz afirma que "a noção de modernização está 'fora do lugar' na medida em que o modernismo ocorre no Brasil sem modernização" (2001, p. 32).

Em face a contradições do projeto modernizador brasileiro com o projeto neoliberal, o país adotou medidas híbridas diante do contexto global e neoliberal. A gestão cultural do Estado na sociedade contemporânea ocorre de forma diversa dos momentos anteriores, quando assumia um caráter intervencionista, procurando orientar e conduzir a organização da produção. Atualmente sua ação se mantém restrita ao papel de parceiro da cultura, fornecendo subsídios e suporte, sem interferir diretamente sobre os conteúdos (ORTIZ RAMOS; BUENO, 2001, p. 10).

Esse parece ser o modelo brasileiro. Acreditamos, no entanto, que o painel de procedimentos regulatórios modela os conteúdos culturais. A intervenção pode não ser explícita, ainda assim delimita as fronteiras do campo e seus produtos culturais em consonância como um determinado projeto de Estado.

As políticas culturais são concebidas de acordo com a cultura de cada sociedade e do contexto histórico-social. Para Barbero, existem dois modelos de políticas culturais: um que vê o público receptor unicamente como ponto de chegada dos bens culturais e tem como finalidade ampliar o acesso da população à cultura, e outro cuja premissa básica é o reconhecimento das diferenças. Esse último não se limita a ampliar nem a formar um público consumidor, mas valoriza também a "experiência de apropriação e de invenção, em um movimento de recriação permanente de sua identidade" (2001, p. 75). A segunda concepção de política cultural, que leva em conta o reconhecimento social e as diferenças culturais, é de longe mais adequada para pensar o cinema no Brasil, principalmente se considerado o processo de modernização conservadora do país e seus consequentes descentramentos e contradições no campo da cultura.

A diversidade de comunicação é indissociável do direito de todos a promover, proteger e preservar sua identidade cultural e à livre busca de seu desenvolvimento cultural. Aos estados, entendidos como conjuntos de instituições públicas, convenções, normas, leis e valores, competem definir políticas redistributivas e promover o convívio entre diferenças culturais. O ponto de partida para as políticas públicas é não pensar a hete-

---

6   Sobre o assunto, ver: SCHWARZ, Roberto. *Cultura e Política*. São Paulo: Paz e Terra, 2005.

rogeneidade como problema, mas como base para a pluralidade democrática. "O reconhecimento da diversidade cultural como fundamento da democracia é um fenômeno novo", por isso não se trata de defender somente a diversidade, mas de construí-la (MATTELART, 2005, p. 14). Nesse sentido, as indústrias culturais locais se mostram prioritárias para o desenvolvimento democrático de cultura e informação nas sociedades globalizadas contemporâneas. Para Ramón Zallo, "trata-se de apostar na indústria cultural própria como um eixo central nas políticas territoriais e industriais" (2005, p. 239).

As indústrias culturais, conforme definição de Adorno e Horkheimer[7], ainda ocupam espaço coadjuvante junto ao Estado no Brasil. As políticas públicas culturais no país se voltam prioritariamente para o patrimônio e/ou cultura popular, enquanto as formas expressivas massivas ficam sob a lógica da iniciativa privada das megacorporações transnacionais.

Nesse contexto de mudança internacional, o cinema deslizou entre políticas de Estado e políticas privadas nacionais e transnacionais. As políticas de desregulamentação nos anos 1990 propiciaram altos investimentos norte-americanos no cinema da região. A própria atuação do Estado nacional tendeu a reforçar o predomínio de interesses e empresas hegemônicas, uma opção pelo reforço de uma agenda corporativa em detrimento do desenvolvimento e fortalecimento de uma cinematografia local.

Os acordos de livre-comércio e integração supranacional conferem novas configurações institucionais ao cinema e propiciam a passagem do nacional para o global. O impacto desse reordenamento mundial para o cinema é que as coproduções internacionais são vistas, por pesquisadores e agentes do setor, como fundamentais para a sobrevivência da indústria do audiovisual. No mundo globalizado é preciso redesenhar as políticas públicas do audiovisual sob a perspectiva transnacional.

Programas de coprodução são apontados como essenciais para o desenvolvimento da atividade cinematográfica dos países latino-americanos e se tornam cada vez mais importantes para a sobrevivência e divulgação do cinema latino-americano. Os filmes feitos nesses parâmetros não só ampliam o espectro de exploração comercial da obra como abrem espaço para promoção da cultura fora de seu país de origem. Como con-

---

7   Ver: ADORNO; HORKHEIMER. O Iluminismo como Mistificação das Massas. In: *Indústria Cultural e Sociedade*. São Paulo: Paz e Terra, 2002.

sequência desse processo, os filmes realizados em coprodução internacional crescem na América Latina. No Brasil, houve um salto quantitativo: de 5 filmes realizados em 2000 para 11 em 2007 – a maioria das produções se deu a partir de acordos de coprodução latino-americana (ANCINE, 2007). A título de comparação, tomemos como exemplo a Argentina, que manteve uma média de 12 coproduções anuais entre 2000 e 2005 (INSTITUTO NACIONAL DE CINE Y ARTES AUDIOVISUALES – INCAA, 2007).

Interseções equilibradas entre o nacional e o global ou entre identidades particularizadas e mundializadas se tornam cada vez mais necessárias nas políticas públicas audiovisuais. A combinação de políticas regionais e mundiais reguladoras dos intercâmbios das indústrias culturais e garantidoras de produção e recepção diversificadas, isto é, políticas interculturais transnacionais, deve estar na agenda dos governos para o desenvolvimento, afirmação e reconhecimento dos cinemas na região e no mundo.

É necessário levar em conta o fato de que as relações internas de um Estado-Nação se entremesclam com as relações internacionais, o que cria combinações originais e historicamente concretas. Uma ideologia, nascida em um país desenvolvido, propaga-se nos países menos desenvolvidos, interferindo no jogo de combinações locais. Essa relação entre as forças nacionais e as forças internacionais se complica ainda mais com a existência, no interior de cada Estado, de várias divisões territoriais, diferentes pela estrutura e pela relação de forças em todos os graus (GRAMSCI apud MATTELARD, 2005, p. 39).

Ao mesmo tempo que é preciso estar atento à configuração transnacional, a gestão do território é um fator capital nas sociedades modernas e tem efeitos relevantes para a interculturalidade, a imigração, a cidadania etc. A questão da identidade ou do território não é uma reminiscência, mas um tema central do presente porque remete ao olhar de uma comunidade sobre si mesma e sobre as demais. As culturas necessitam dispor de um sistema de indústrias culturais e meios de comunicação próprios. Diante do projeto de mundialização neoliberal, passam a existir territórios nacionais de economia internacional. "A globalização, com a proeminência dos sistemas técnicos e da informação, subverte o antigo jogo da evolução territorial e impõe novas lógicas" (SANTOS, 2000, p. 79). Toda a região se torna funcional às necessidades das grandes empresas nessa fase da história.

As fronteiras mudam de significado, mas permanecem vivas à medida que as próprias atuações das atividades globalizadas necessitam de decisões governamentais para se tornarem efetivas dentro de um território. Assim "o Estado altera suas regras e feições num jogo combinado de influências externas e realidades internas" (ibid., p. 78).

O processo transnacional designa uma nova fase do capitalismo em que o campo da cultura e da comunicação passa a desempenhar papel decisivo. É nesse contexto que o Estado brasileiro reconheceu a importância da criação de um órgão estatal específico para o cinema nacional nos anos 2000.

É a partir das transformações mundiais e locais que as políticas públicas para o audiovisual são acionadas no Brasil nos anos 2000. Um movimento de entrecruzamento formado por debates dos agentes e por dispositivos públicos e privados é reavivado para conformar um novo projeto de cinema brasileiro. Esse movimento tem como marco inicial o III CBC.

2.2 – Um grito de socorro: repolitização do cinema nacional com o III Congresso Brasileiro de Cinema

Passado o deslumbramento do cinema brasileiro dos anos 1990, uma nova fase se inicia com a realização do III CBC em 2000. A ideia desse terceiro congresso, 47 anos depois do segundo, em 1953, foi reunir agentes das diversas áreas do cinema brasileiro e lutar por sua afirmação e construção diante dos desafios contemporâneos. Por isso foi cunhado o conceito de repolitização. Para o presidente do III Congresso, Dahl[8], os mecanismos de incentivos fiscais tinham desmobilizado politicamente o cinema brasileiro, pois cada agente estava empenhado para arrumar seu próprio patrocínio.

O III CBC simbolizava a volta de uma organização política do cinema brasileiro a partir de uma mobilização dos agentes do setor (depoimento à autora em 6 fev. 2009). Estavam presentes representantes do mercado de produção, distribuição e exibição, trabalhadores do setor, críticos e pesquisadores da atividade cinematográfica. Na abertura do congresso, Dahl enfatizou a relevância do encontro: "O interesse

---

8   Gustavo Dahl foi ligado ao grupo do Cinema Novo e sempre esteve envolvido com as políticas cinematográficas. Foi diretor de distribuição da Embrafilme, membro do Gedic, o primeiro diretor-presidente da Ancine e gerente do Centro Técnico Audiovisual (CTAV), do Ministério da Cultura. É considerado um dos maiores pensadores sobre política de cinema no Brasil.

II - MERCADO DE CINEMA NO BRASIL SOB A ÉGIDE DO ESTADO REGULADOR: DESENCAIXES CULTURAIS E ECONÔMICOS

desesperado pela realização do III Congresso Brasileiro de Cinema, expresso pela presença neste encontro, é o maior testemunho de sua emergência. Congregar, raiz etimológica da palavra *congresso*, se faz sentir como a primeira providência para enfrentar situações de perigo (2000).

A realização do congresso evidenciou a urgência de repensar o cinema brasileiro ante os novos desafios do período. O campo cinematográfico manifestou a preocupação com a grave crise da atividade que afetava todos os setores envolvidos e ameaçava a continuidade e a existência do cinema brasileiro. Reivindicou a organização do órgão gestor que tivesse a função reguladora e executora de políticas para o cinema brasileiro.

A reunião do setor visou à união do campo cinematográfico para se proteger, articular e propor novas soluções. No entanto, o mais importante foi a volta do discurso político articulado, que estava afastado do cinema brasileiro dos anos 1990. O próprio texto de abertura, proferido por Dahl, "A Repolitização do Cinema Brasileiro", indicava a necessidade de organização política do setor para a proposição de políticas dentro do que Dahl chamou de "visão sistêmica". Para além da dimensão institucional, ele defendeu o caráter político do cinema mediante seu papel de destaque na cultura e na economia no contexto contemporâneo. Considerando que a indústria audiovisual é a indústria cultural mais poderosa em um mundo dominado pelas imagens e pelos processos globais e que o cinema faz parte dela, este se torna necessariamente político.

A realização do congresso objetivou dar um novo rumo ao cinema brasileiro. Nas palavras de Dahl: "Este III congresso tem para mim também as características de um ritual de passagem", o que indicou uma nova etapa da história do cinema brasileiro.

Em seu discurso de abertura, o presidente discorreu sobre a importância dos cinemas nacionais, as trocas culturais, a tecnologia, a indústria audiovisual e o poderio hollywoodiano, entre outros temas que atravessaram a história do cinema brasileiro e que deveriam ser revisitados e reelaborados, em diálogo com as novas experiências da modernidade tardia. Os velhos entraves ao fortalecimento do cinema brasileiro, no entanto, ainda estavam presentes. A palavra *revolução*, tão usada pelos cinemanovistas nos anos 1960, voltou a aparecer no discurso de Dahl:

> Revolução, nesse caso, é entendida como resistência e ataque à opressão colonial que tenta impedir que o Brasil e outros países do mundo tenham um cinema seu. Substituindo explicitamente os conceitos de cultura, sociedade e nação, pela caracterização deles exclusivamente como mercado, o que se quer é privar-nos do direito de reconhecermo-nos, de construirmo-nos, de colocarmo-nos em questão, de criticarmo-nos, de celebrarmo-nos [...]. Não há grande país sem cinema e é próprio das nações continentais como a Índia, a China, a Rússia, os Estados Unidos e o Brasil terem o seu (2000).

Percebemos que as lutas do campo cinematográfico apresentam continuidades e semelhanças ao longo de sua história de dependência e marginalidade. Ainda na década de 1970, Salles Gomes disse que o cinema brasileiro tem o subdesenvolvimento como um estado, como uma condição própria. O subdesenvolvimento, portanto, seria uma característica intrínseca ao cinema brasileiro, relacionado às condições da sociedade brasileira, e não uma fase a ser superada. Nas palavras do autor: "A cinematografia brasileira como política geral dos países subdesenvolvidos tem sido um mundo de ficções" (1980, p. 17).

Os velhos problemas do cinema brasileiro se juntam aos novos desafios do mundo globalizado e transcultural. Diante das mudanças econômicas no campo da cultura, a dimensão mercadológica do cinema não deveria mais ser dissociada de sua vertente cultural. Nas palavras de Dahl:

> Todo o cinema nacional é um ato de resistência que tem como objetivo tornar-se autossustentável, por uma questão de direito econômico e dignidade cultural. Qualquer pessoa que produz uma imagem animada, isto é, dotada de alma, na intenção de comunicá-la ao outro, de reproduzi-la publicamente, queira ou não, entra num combate. No mundo da imagem em movimento, não há inocência. A maneira de reproduzir a realidade e multiplicá-la é simultaneamente um esforço de identificação e manifestação de uma tentativa de hegemonia (2000).

II - MERCADO DE CINEMA NO BRASIL SOB A ÉGIDE DO ESTADO REGULADOR: DESENCAIXES CULTURAIS E ECONÔMICOS

Para que o cinema brasileiro alcançasse espaço político, econômico e cultural, diante dos novos desafios impostos pela transnacionalidade cultural, era necessário ter, antes de tudo, uma política audiovisual mais consistente e abrangente, que fosse além da simples garantia de recursos para a produção e abarcasse também os demais setores da cadeia produtiva. Para que uma nova etapa do cinema brasileiro fosse anunciada, este deveria encontrar meios para se tornar autossustentável, buscando maior integração do cinema dentro da complexidade da indústria audiovisual no Brasil, sem abrir mão de uma maior participação e compromisso do Estado na atividade. Havia um descontentamento com o MinC, que era acusado pelo setor de não ter a capacidade operacional necessária à atividade nem ter uma proposta clara para o cinema brasileiro.

O discurso do III CBC combinou elementos políticos, econômicos e culturais, ressaltando a importância da cultura nesse novo tempo, principalmente, o audiovisual. A economia do audiovisual foi especialmente enfatizada, através da defesa de uma política estatal audiovisual que inserisse o cinema na já consolidada indústria audiovisual brasileira. No relatório final, lemos:

> O momento se caracteriza pela paralisação da produção, pelo descontrole dos mecanismos de mercado, pela falta de informações a respeito da própria realidade do mercado cinematográfico, pela ausência sistemática do cinema brasileiro nas telas da TV e pelo esgotamento dos mecanismos atuais das leis de incentivo. Todos esses problemas se devem, em grande parte, à deficiente forma de relacionamento do setor cinematográfico com o governo e também à fragilidade do atual órgão governamental [Secretaria do Audiovisual – MinC] responsável pela política do cinema no Brasil (DAHL, 2000).

O relatório final apontou os novos rumos políticos do cinema brasileiro, indicando a necessidade de um Estado que atue no campo e vise à autossustentabilidade. Para além das reivindicações, que se configuraram como questão primordial, os congressistas insistiram na participação da televisão no cinema nacional, afirmando que essa participação "no processo de consolidar a indústria audiovisual brasileira é uma questão para a economia do país" (DAHL, 2000).

O documento final do congresso dispõe de 75 ações para o desenvolvimento e o fortalecimento do cinema brasileiro. Entre essas, apontaremos as diretrizes principais para o processo de industrialização do campo cinematográfico brasileiro: ação do Estado, mediante a criação de um órgão gestor da atividade cinematográfica no país ligado à Presidência da República; estímulo e fomento, através de fundos, financiamentos e prêmios para a produção, a distribuição e a exibição; alterações nas legislações existentes; criação de medidas de fiscalização da atividade audiovisual; regulação da televisão para o cinema nacional (taxação de 3% e cumprimento de cotas de exibição de 30% da programação de produção brasileira independente); investimentos em novas tecnologias; preservação do acervo de filmes; auxílio ao ensino e à formação profissional para o campo audiovisual; apoio e financiamento para pesquisa em cinema e formação de público.

Enquanto os agentes do setor se mobilizavam, o governo também estudava os rumos da atividade cinematográfica e chegava à conclusão de que, para que houvesse uma indústria autossustentável, seria indispensável a participação do Estado. Lemos no documento elaborado pelo MinC em 2000:

> Deste cenário se conclui, preliminarmente, que o estado da arte da cinematografia brasileira está a demandar, de fato, várias iniciativas de maturação mais longa, capaz de preparar um *novo modelo de relação Estado/cinema*, de forma a permitir a consolidação de uma indústria cinematográfica e audiovisual verdadeiramente sustentável (MINC, 2000, p. 14).

Os agentes do campo cinematográfico e o MinC identificavam necessidades de reformulações políticas para o desenvolvimento do cinema brasileiro. É nesse contexto de inquietação do setor que se criou o Grupo Executivo de Desenvolvimento da

Indústria Cinematográfica (Gedic)[9]. O grupo foi formado com o objetivo de elaborar para a Presidência da República uma ampla política para o cinema no Brasil. Envolveu ministérios do governo federal e representantes de todos os setores da indústria cinematográfica e de emissoras de televisão. Seu presidente foi o chefe da Casa Civil, Pedro Parente, que contou com a participação dos ministros Pedro Malan (Fazenda), Alcides Tápias (Desenvolvimento), Pimenta da Veiga (Comunicações), Aloysio Nunes Ferreira (secretário-geral da Presidência) e Francisco Weffort (Cultura). Do setor cinematográfico integraram o grupo: Luiz Carlos Barreto (produção), Carlos Diegues (direção), Gustavo Dahl (pesquisa), Rodrigo Saturnino Braga (distribuição), Luis Severiano Ribeiro Neto (exibição) e Evandro Guimarães (televisão). Para Dahl, a criação do Gedic foi o estuário do esgotamento de um modelo (depoimento à autora em 6 fev. 2009).

> O Gedic, ao contemplar vários ministérios, extrapolando os limites da cultura, rompeu uma tradição histórica de tentativas de implantação de políticas para o cinema no Brasil. "Para converter uma atividade em indústria é preciso a cooperação de vários ministérios. Até então, só o MinC respondia pelo cinema, sendo que muitos dos problemas que o setor enfrenta atualmente são tipicamente industriais", disse o então ministro da Cultura, Francisco Weffort (O ESTADO DE S. PAULO, 2000).

O caráter industrial do cinema foi destacado, como percebemos pela própria concepção do grupo. Esse tratamento dado à atividade distinguiu a atuação do Gedic das diversas políticas que foram ensaiadas para a atividade na década de 1990. A política para a atividade cinematográfica no Brasil estabelecida pelo Gedic teve por objetivo elaborar um projeto estratégico para construção e desenvolvimento da indústria audiovisual no Brasil. Todos os setores que compõem a atividade – produção, comercialização, distribuição, exibição e infraestrutura técnica – deveriam ser integrados e estimulados. Mas para que isso acontecesse havia a necessidade de criação de um ente estatal que integrasse as tarefas institucionais para a reorganização dessa indústria.

---

9 Decreto de 13 de setembro de 2000.

A volta do discurso da necessidade de implantação de uma indústria cinematográfica em 2000 – que acompanhou a história do cinema brasileiro e nunca se concretizou – dá novo fôlego ao cinema nacional. Nesse novo contexto, o cinema brasileiro deveria se tornar produto de força transnacional. O pensamento que orientou o Gedic foi o fortalecimento do cinema industrial, consumido no mercado global. O grupo foi orientado a desenvolver um projeto para a construção da indústria de cinema, inserido no contexto da economia mundial.

> Fomos orientados a desenvolver um plano estratégico para a estruturação da indústria. E o presidente frisou que devemos "pensar grande". Pensar na consolidação da indústria do cinema como se fosse o setor automobilístico, siderúrgico ou naval. "Precisamos inserir o cinema no contexto econômico, sem esquecer de suas características culturais", afirmou Luiz Carlos Barreto (O ESTADO DE S. PAULO, 2000).

O enfoque mercadológico do cinema pelo Gedic estava em consonância com a preocupação de construção de uma indústria cultural que se configurou como o principal lugar de sociabilidade, consumo e construção de laços identitários. A importância da comercialização do cinema brasileiro, nesse sentido, pode ser vista como uma estratégica política de afirmação dele próprio na sociedade do consumo. A defesa do cinema nacional deveria estar ancorada na arma do mercado e não mais na da estética – uma mudança estratégica para a sobrevivência e o fortalecimento do cinema brasileiro no novo espírito do tempo que Dahl muito bem apontou: "O campo de confronto é o mesmo, mas as armas têm que ser outras" (2000).

Como linhas de ações-mestras, o Gedic elencou: combater a hegemonia cinematográfica norte-americana, promover maior integração entre cinema e televisão e baixar o preço do ingresso. O grupo teve seis meses para desenvolver uma proposta de industrialização do cinema brasileiro. No documento final, cinco pontos foram destacados:

II - MERCADO DE CINEMA NO BRASIL SOB A ÉGIDE DO ESTADO REGULADOR: DESENCAIXES CULTURAIS E ECONÔMICOS

> Como espécie de cinco pilares, em cima dos quais poderemos assentar a grande e larga ponte que viabilizará a passagem do cinema brasileiro da fase voluntarista-artesanal para uma etapa industrial autossustentável, sem perda de sua originalidade temática e sua autenticidade nacional (*Pré-projeto de Planejamento Estratégico Sumário Executivo*, 2001).

São eles: 1. Criação de um órgão gestor, no modelo de agência reguladora, para normatizar, fiscalizar e controlar o cumprimento da legislação do cinema, tendo como meta principal a autossustentabilidade da indústria; 2. Redefinição e expansão das funções da Secretaria do Audiovisual (SAV) – MinC priorizando ações culturais em relação ao cinema, tendo a agência como responsável pela vertente comercial do cinema; 3. Criação de um fundo financeiro para fomentar o desenvolvimento de todos os setores: produção, distribuição, exibição, exportação e infraestrutura técnica da atividade; 4. Reforma da legislação existente, visando criar condições para o surgimento de uma forte ação empresarial nos setores de produção, distribuição, exibição e infraestrutura técnica; 5. Legislação para televisão, regulando o sistema televisivo, incluindo cota de tela, associação na produção e aquisição cinematográfica e reserva de espaço publicitário para filmes nacionais[10] (*Pré-projeto de Planejamento Estratégico Sumário Executivo*, 2001).

Nesse relatório final do Gedic estavam os germes da criação da Ancine. O III CBC levou à criação do Gedic, que orientou o surgimento da Ancine. O grande produto do grupo foi a Medida Provisória 2.228-1, de 2001, que cria a Ancine[11]. Vislumbrou-se, no entanto, um projeto de agência que incluía a regulação da televisão e da relação entre cinema e televisão no Brasil com objetivo de consolidar uma indústria audiovisual nacional sistêmica. O projeto de criação de uma agência do audiovisual foi reduzido ao cinema.

---

10 Cada emissora de televisão, aberta ou por assinatura, ficaria obrigada a exibir, em sua programação, um número de filmes brasileiros estipulado por ano e deveria reservar espaço publicitário para a promoção institucional do cinema brasileiro. Ainda como obrigatoriedades, cada emissora de televisão investiria 2% de seu faturamento em publicidade na coprodução e na aquisição de direitos de exibição de filmes brasileiros. Esses filmes deveriam ser necessariamente realizados com produtores independentes de cinema, que seriam sempre majoritários nessa associação.

11 Não se tratava de um esvaziamento da SAV, mas, sim, de uma descentralização: na Ancine se desenvolveria uma política industrial e na SAV uma política sociocultural.

Foi excluído tudo que se referia à televisão. Ainda sim, foi considerada uma grande conquista para o cinema brasileiro. Percebemos, portanto, que os anos 2000 indicam um novo caminho, novas possibilidades e desafios que culminam na construção de uma instituição governamental, específica para obras cinematográfica e videográfica.

2.3 – A institucionalidade da política nacional de cinema dos anos 2000: contradições com a natureza das agências reguladoras

As críticas do meio cinematográfico às políticas fragmentadas para o cinema – que estavam concentradas em torno da ausência de um projeto sistêmico para orientar a intervenção governamental e que foram transformadas em proposições de atuação sobre todo o conjunto do processo cinematográfico – foram transpostas, em parte, ao texto da Medida Provisória 2.228-1 de 6 de setembro de 2001. A reunião, no mesmo texto legal, de conceitos e definições para atividade cinematográfica, incentivos para as obras nacionais, barreiras à entrada de produtos estrangeiros, financiamento do cinema – considerando os diversos elos da cadeia – e para a criação da Ancine, embora sancionada por uma medida provisória, adquiriu estatuto permanente.

Cabe à Ancine estabelecer os princípios gerais da Política Nacional do Cinema. As dissintonias entre o caráter duradouro e sistêmico dessa política, que se pretendeu promulgar com o recurso à forte intervenção do Poder Executivo em sua institucionalização, e não do Legislativo, evidenciam-se desde a opção por uma norma provisória até a vinculação inicial da Ancine à Casa Civil. Assim a intenção de superar a fragilidade e a desarticulação das ações governamentais incidentes sobre o cinema parece ter sido respondida antes pelo núcleo central do governo Fernando Henrique e por iniciativas de agente do meio cinematográfico do que pela articulação das diversas esferas do governo.

Paradoxalmente, o estabelecimento de um circuito *tradicional* de ligação direta entre o Gedic e membros da Casa Civil e do MDIC viabilizou a aprovação das diretrizes da Política Nacional de Cinema, remetendo sua execução a uma instituição considerada *moderna* – agência reguladora. Essa arquitetura, bem como a busca de estabilidade e longevidade da Política Nacional de Cinema e as demandas de ampliação da intervenção estatal no processo cinematográfico, compõe o texto da MP 2.228-1.

II - MERCADO DE CINEMA NO BRASIL SOB A ÉGIDE DO ESTADO REGULADOR: DESENCAIXES CULTURAIS E ECONÔMICOS

As contradições entre o lugar de destaque do Estado e a definição da reconfiguração do mercado de audiovisual propugnado pelo relatório do Gedic, com as acepções genéricas de retirada e restrição da ação governamental no mercado, as quais fundamentam o desenho institucional das agências reguladoras[12], são evidentes. Contudo, as diretrizes da MP 2.228-1, oriundas das marcas e dos conceitos emanados do Gedic, parecem ter contornado as eventuais inadequações entre os conteúdos de ampliação e defesa de uma política pública nacional para o cinema com um formato institucional declaradamente voltado a atenuar a intervenção estatal. Nesse sentido, a Ancine seria uma agência reguladora atípica. E não se poderia deixar de destacar que as considerações acerca da inadequação do formato das agências reguladoras em relação à implementação de determinadas políticas públicas não se restringem à Ancine.

As agências foram criadas para regular e fiscalizar setores essenciais, após quebras de monopólios estatais e as consequentes privatizações. A criação é justificada pela literatura pelo seu intuito de atrair e regular investimentos, reduzir arbitrariedades do setor público, defender o consumidor e o interesse coletivo, fixar preços e tarifas, aumentar a flexibilidade da gestão e da normatização, insular a burocracia especializada das incertezas políticas, aumentar o controle social e, principalmente, oferecer credibilidade aos investidores privados (FORNAZARI, 2006, p. 649).

Segundo a bibliografia consultada, o modelo adotado para a área de infraestrutura teria sido indevidamente estendido à área social. A ausência de distinção entre as agências voltadas à infraestrutura e aquelas voltadas às políticas sociais se justificaria pelas tentativas de escapar à rigidez do modelo burocrático de administração direta e ainda pelas dificuldades encontradas dentro do próprio governo para implementar "agências executivas"[13] (PACHECO, 2006). Essas últimas também teriam autonomia administrativa, mas não política.

---

12 As agências reguladoras federais foram criadas a partir de 1996, inspiradas pela experiência internacional como entes públicos dotados de independência em relação ao Poder Executivo. A primeira referência às agências reguladoras foi registrada no Plano Diretor da Reforma do Aparelho do Estado, idealizado pelo Ministério da Administração Federal e Reforma do Estado (Mare) em 1995. Disponível em: http://www.bresserpereira.org.br/Documents/MARE/PlanoDiretor/planodiretor.pdf.

13 As agências executivas não foram implementadas, embora tenham sido objeto da emissão de normas legais como o Decreto nº 2.487, de 2 de fevereiro de 1998, que dispõe sobre a qualificação de autarquias e fundações como agências executivas, estabelece critérios e procedimentos para a elaboração, o acompanhamento e a avaliação dos contratos de gestão e dos planos estratégicos de reestruturação e de desenvolvimento institucional das entidades qualificadas e dá outras providências.

A essência autônoma do modelo de agência reguladora, bastante propícia às atribuições de definição de preços de serviços públicos monopolistas, não seria apropriada ao exercício de outras funções estatais. Esse argumento – que a autonomia das agências da área de infraestrutura é essencial à execução de políticas permanentes de Estado – fundamenta que seus dirigentes "são detentores de mandato e têm sua indicação aprovada pelo Congresso". Já a agência executiva[14] seria uma instituição adequada às áreas sociais, atuaria por delegação do Poder Executivo e deveria ter dirigentes "de livre nomeação e exoneração pelo presidente da República" (PEREIRA, 2006, p. 259).

Para os estudiosos das agências reguladoras brasileiras, o desvirtuamento do modelo e suas consequências – a proliferação desses órgãos – trazem novos desafios à democracia. O denominado fenômeno de "agencificação" poderia estimular a criação de domínios controlados por burocracias técnicas com pouca ou nenhuma responsabilização pública (PÓ; ABRUCIO, 2006). E, nesse contexto, a Ancine tem sido encarada como "bastante peculiar". Foi a única agência criada por Medida Provisória[15] e também a que em caráter excepcional se vinculou, inicialmente, à Casa Civil, e não a um dos ministérios especializados.

As avaliações sobre a inadequação do modelo de agência reguladora às especificidades dos objetos e atividades que envolvem o processo cinematográfico são bastante consensuais. Para uns, as "atribuições [da Ancine] parecem caracterizar mais a atividade de fomento do que a regulação" (PACHECO, 2006, p. 530). Para outros, a Ancine, fruto da terceira geração de agências reguladoras[16], destaca-se pela perda do referencial

---

14 As atividades de fiscalização e fomento, típicas das áreas sociais afetas aos direitos dos usuários e à qualidade dos serviços, seriam compatíveis ao modelo agência executiva.

15 O Brasil conta com dez agências reguladoras na esfera federal. Todas criadas por leis, com exceção da Ancine. Existem duas agências vinculadas ao Ministério de Minas e Energia (Agência Nacional de Energia Elétrica – Aneel e Agência Nacional do Petróleo – ANP); duas ao Ministério dos Transportes (Agência Nacional de Transportes Aquaviários – Antaq e Agência Nacional de Transportes Terrestres – ANTT); duas vinculadas ao Ministério da Saúde (Agência Nacional de Vigilância Sanitária – Anvisa e Agência Nacional de Saúde Suplementar – ANS); uma ao Ministério das Comunicações (Agência Nacional de Telecomunicações – Anatel); uma ao Ministério do Meio Ambiente (Agência Nacional de Águas – ANA); uma à Casa Civil (Agência Nacional do Cinema – Ancine) e uma ao Ministério da Defesa (Agência Nacional de Aviação Civil –Anac).

16 É possível identificar três gerações no processo de criação das agências reguladoras. A primeira abrange o período 1995-1998 e se caracteriza pela criação das agências reguladoras de infraestrutura, como a Aneel, a Anatel e a ANP. A seguir, em 1999-2000, foram criadas as duas agências da saúde (ANS e Anvisa) e a ANA. Entre 2001 e 2002, foram criadas a Ancine e as duas agências de transportes (ANTT e Antaq) e, em 2005, a Agência Nacional de Aviação Civil (Anac) (MARTINS, 2004 apud PECI, 2006).

II - MERCADO DE CINEMA NO BRASIL SOB A ÉGIDE DO ESTADO REGULADOR: DESENCAIXES CULTURAIS E ECONÔMICOS

da regulação dos mercados, sendo uma mera cópia (um mimetismo institucional em contextos e para problemas distintos). O movimento de "carona" das agências mais recentes seria motivado mais pela conjugação "da política de desestatização com as medidas de flexibilização da gestão pública do que propriamente de um quadro coerente de políticas governamentais que buscaram criar novas estruturas institucionais capazes de lidar com as transformações recentes nas relações Estado-sociedade no final do século XX" (PECI, 2007, p. 90).

A primeira atuação da Ancine foi administrar os recursos oriundos dos mecanismos de incentivo fiscal, que são a grande fonte de financiamento do cinema brasileiro. Para Dahl, no entanto:

> [ela foi criada] fundamentalmente para regular o mercado e tornar a presença do cinema brasileiro mais econômico, fazer com que ele não ficasse inteiramente dependente do subsídio. É evidente que isso hoje tem um ar de utopia na medida em que a realidade demonstrou que entrar no espaço de exibição e distribuição tradicionais equivale a invadir militarmente os Estados Unidos (depoimento à autora em 6 fev. 2009).

Quem analisa especificamente as políticas de regulação e a Ancine parte da premissa que o sentido e a justificativa para sua criação se prendem, sobretudo, à necessidade da atuação do poder público tanto na dimensão econômica quanto na social que envolve o cinema. A agência é uma intermediação da sociedade civil com o Estado. As agências, no entanto, parecem ter virado no Brasil extensões do Estado e por isso apresentam contradições internas.

O perfil da Ancine, mais voltado à gestão de recursos públicos para fomento, não se coadunaria com a necessidade de executar as diretrizes e os planos estratégicos de valorização da cultura nacional (FORNAZARI, 2006). Há um paradoxo: a questão é quanto uma agência de fomento pode ser uma agência regulamentadora. É uma mistura de funções e utilidades que muitas vezes não são compatíveis.

Portanto, não restam dúvidas sobre as singularidades da Ancine, especialmente as contradições entre a natureza da política a ser implementada e o modelo agência. Consequentemente, os questionamentos deslocam-se do debate geral sobre a adequação ou não de uma institucionalidade amparada nas acepções de fortalecimento da eficiência e da competitividade do mercado para a natureza e a abrangência da Política Nacional de Cinema.

Para o cinema o que parece ter sido posto em xeque foi a capacidade de a nova instituição promover os objetivos de um projeto de industrialização do cinema brasileiro. Se é certo que a Ancine não representou uma ruptura absoluta em termos de grau de intervenção estatal no que diz respeito à arrecadação e à alocação de recursos públicos, não se pode afirmar sua efetividade para dar continuidade a políticas de natureza sistêmica, que não dissociem as dimensões econômicas, sociais e culturais subjacentes à atividade cinematográfica.

As interrogações sobre a política nacional para o cinema devem dirigir-se antes para seus conceitos e conteúdos do que para as características da instituição encarregada de executá-la. Dadas as singularidades do processo de institucionalização da Política Nacional de Cinema, tudo indica que a Ancine adquiriu a feição da política que a justificou, e não o contrário. Daí a necessidade de aprofundamento do conhecimento sobre os objetivos e abrangência da MP 2.228-1.

Essa Medida Provisória, acrescida por inclusões da Lei nº 10.454 de 2002, é extensa; conta com mais de 70 artigos entre os quais aqueles dedicados à normatização de conceitos, definições e classificações, os referentes aos objetivos e à estrutura da Ancine, os relacionados com a dinâmica de arrecadação e os fluxos de alocação de recursos financeiros e disposições gerais e transitórias. O quadro a seguir, que procura sintetizá-la, evidencia que o núcleo principal dessa legislação consiste no acoplamento das normas relacionadas e das atividades de fomento com as atribuições da Ancine.

II - MERCADO DE CINEMA NO BRASIL SOB A ÉGIDE DO ESTADO REGULADOR: DESENCAIXES CULTURAIS E ECONÔMICOS

Quadro Síntese da MP 2.228-1 de 2001 e Lei 10.454 de 2002	
ARTIGO	OBJETO/DESCRIÇÃO SUMÁRIA
1º - Estabelece as seguintes definições: obra audiovisual, cinematográfica e videofonográfica; critérios para classificação da nacionalidade da obra; segmentos de mercado; duração, seriamento e gênero da obra audiovisual; programadora (programação internacional e nacional); obra audiovisual publicitária brasileira, estrangeira e de pequena veiculação; conteúdo da claquete de identificação; e empresa brasileira.	Obra cinematográfica e videofonográfica são derivações da obra audiovisual, sendo diferenciadas pela matriz de captação. A nacionalidade ou não da obra é parametrizada pela produção ou coprodução de empresas produtoras brasileiras. Quaisquer mercados que circulem obras cinematográficas e videofonográficas são considerados segmentos. O tempo da obra audiovisual é o critério para sua classificação como longa ou curta-metragem e a apresentação em capítulos de uma obra com o mesmo título o balizador para sua designação de seriada. As obras audiovisuais serão categorizadas como documental, ficcional e animação. Programadoras são empresas cujos produtos são desenvolvidos ou difundidos sob a forma de canais ou programações isoladas (as internacionais são geradas e transmitidas diretamente do exterior para o Brasil e as nacionais por empresas sediadas no Brasil). A definição da obra publicitária associa-se com o seu destino (publicidade e propaganda) e a nacionalidade com a produção de empresas brasileiras, bem como a participação de uma proporção fixa de diretores, técnicos e artistas brasileiros ou residentes no Brasil, o âmbito municipal e o porte da cidade definem a magnitude da veiculação. A normatização do conteúdo da claquete foi remetida ao regulamento. A empresa brasileira é aquela sediada no Brasil e cuja maioria do capital tenha como titulares brasileiros.
2º - Estabelece os princípios gerais da política nacional do cinema (4 princípios).	Promoção da cultura nacional e da língua portuguesa; garantia da presença de obras cinematográficas e videofonográficas nacionais nos diversos segmentos de mercado; responsabilidade de empresas brasileiras pela programação e pela distribuição de obras audiovisuais de qualquer origem; e respeito ao direito autoral.
3º e 4º - Cria o Conselho Superior de Cinema e estabelece suas regras e composição.	Com as seguintes atribuições: definir a política nacional do cinema; aprovar políticas para promover a autossustentabilidade da indústria cinematográfica nacional; estabelecer critérios para a distribuição da Condecine e a composição majoritariamente governamental (sete representantes dos ministérios e cinco membros da área cinematográfica).

Quadro Síntese da MP 2.228-1 de 2001 e Lei 10.454 de 2002 (Cont.)	
ARTIGO	OBJETO/DESCRIÇÃO SUMÁRIA
5º ao 31º - Define objetivos, competências, estrutura, receitas e patrimônio, recursos humanos e sistema de informações e monitoramento da Ancine.	Estabelece que a Ancine terá sede e foro no Distrito Federal e escritório central na cidade do Rio de Janeiro e será supervisionada pelo Ministério do Desenvolvimento, Indústria e Comércio Exterior. Seus objetivos abrangem desde a promoção da cultura nacional e língua portuguesa mediante o desenvolvimento do audiovisual nacional por meio da articulação dos diversos elos da cadeia produtiva, passando pelo estímulo à diversificação, à garantia da participação das obras nacionais e à universalização do acesso, até a capacitação de recursos humanos e o desenvolvimento tecnológico da indústria. Entre as competências relacionadas destacam-se: as atividades de fomento e proteção à atividade cinematográfica e videofonográfica nacional (incluindo a gestão de programas e mecanismos de fomento), a coordenação das atividades governamentais relacionadas com o audiovisual, a inserção de obras nacionais em festivais internacionais, a aprovação e o controle da execução de projetos de produção, coprodução, distribuição, exibição e infraestrutura técnica que envolvam recursos públicos e incentivos fiscais, o fornecimento de certificados de Produto Brasileiro e de registro dos contratos e a fiscalização e a gestão do sistema de informações. A estrutura da Ancine é similar a de outras agências reguladoras exceto pela competência de seu diretor-presidente para sugerir a propositura de ação civil pública e exercer a função de secretário-executivo do Conselho Superior de Cinema. As fontes de receitas são: multas, dotações orçamentárias, execução de dívidas, doações, serviços prestados, venda de publicações etc. As bases de informação da Ancine provêm do controle das receitas das salas e dos espaços de exibição pública, de relatórios de distribuidoras, locadoras de vídeos e empresas de exibição e do registro de empresas de toda a cadeia do processo cinematográfico. O monitoramento incide sobre o registro e o pagamento da Condecine de produção, cópia e veiculação do audiovisual.
31º ao 40º - Detalha valores, período de arrecadação, bases de incidência e destino da Contribuição para o Desenvolvimento da Indústria Cinematográfica Nacional (Condecine).	O fato gerador da Condecine é a veiculação, a produção, o licenciamento e a distribuição de obras audiovisuais e detalha as alíquotas, os prazos de recolhimento e os critérios de isenção. O produto da arrecadação destina-se ao Fundo Nacional da Cultura e será alocado no Fundo Setorial do Audiovisual para ser aplicado em atividades de fomento.

II - MERCADO DE CINEMA NO BRASIL SOB A ÉGIDE DO ESTADO REGULADOR: DESENCAIXES CULTURAIS E ECONÔMICOS

\multicolumn{2}{c}{Quadro Síntese da MP 2.228-1 de 2001 e Lei 10.454 de 2002 (Cont.)}
ARTIGO	OBJETO/DESCRIÇÃO SUMÁRIA
41º ao 46º - Detalha a natureza e as regras de operação dos Fundos de Financiamento da Indústria Cinematográfica Nacional (Funcines).	Constituídos a partir da aquisição de cotas, dedutíveis do lucro real do imposto de renda de pessoas físicas e jurídicas, como condomínios fechados e administrados por bancos e agências de desenvolvimento. Os recursos do Funcines serão destinados a: projetos de produção de obras audiovisuais brasileiras; construção, reforma e recuperação de salas de exibição; e projetos de comercialização e distribuição de obras cinematográficas e de infraestrutura.
47º ao 57º - Institui o Programa de Apoio ao Desenvolvimento do Cinema Nacional (Prodecine), o Programa de Apoio ao Desenvolvimento do Audiovisual Brasileiro (Prodav) e o Programa de Apoio ao Desenvolvimento da Infraestrutura do Cinema (Pro-Infra) e relaciona os demais incentivos ao audiovisual.	As fontes de recursos dos programas são: % da Condecine, arrecadação de multas e juros pela Ancine, remuneração dos financiamentos concedidos, doações, recursos orçamentários e abatimento do imposto de renda na fonte. Os demais incentivos mencionados são: prêmios para as rendas de bilheteria, obrigatoriedade de lançamento comercial de obras brasileiras pelas empresas de distribuição de vídeo doméstico.
58º ao 61º - Relaciona penalidades.	Define os critérios para aplicação e valores de multas e juros.
62º ao 70º - Define disposições transitórias.	Vincula a Ancine à Casa Civil por 12 meses e lhe concede dois anos para que constitua seu quadro de pessoal. Transfere a ela dotações orçamentárias consignadas ao MinC referentes às atividades do audiovisual, os acervos técnico e patrimonial e as obrigações e os direitos da Divisão de Registro da Secretaria para Desenvolvimento Audiovisual.
71º ao 78º - Define disposições gerais.	Propõe a iniciativa do Poder Executivo para estimular a associação de capitais nacionais e estrangeiros para o financiamento a empresas e projetos relacionados com as atividades da cadeia do audiovisual.

O texto legal de criação da Ancine mescla diretrizes culturais e econômicas: promover a cultura nacional e a língua portuguesa mediante o estímulo ao desenvolvimento da indústria cinematográfica e videofonográfica nacional e impulsionar o desenvolvimento econômico e financeiro relacionado à indústria cinematográfica e videofonográfica.

As competências da agência são dirigidas prioritariamente para oferecer condições de construção de uma indústria cinematográfica brasileira, atuando, em gradações diferenciadas, no campo da produção, da distribuição e da exibição. O poder público passa a intervir na constituição do mercado cinematográfico incipiente e imperfeito. Não podemos deixar de considerar que "o modelo de lei de incentivo e de agência reguladora é expressão e exemplificação dos novos paradigmas de ação do Estado e de sua relação com a sociedade" (FORNAZARI, 2006, p. 650).

Diferentemente da Embrafilme, empresa inserida no governo militar, com políticas nacionais bem definidas, a Ancine é criada no contexto da globalização neoliberal, tendo o papel de agência reguladora do mercado, portanto, com poderes de intervenção aparentemente mais limitados. Nos anos 2000, diante de um processo de aprofundamento da transnacionalização da cultura, o Estado passa a acompanhar e regular o mercado. Não tem, portanto, ações intervencionistas na orientação cultural, sua função é administrar os recursos públicos destinados à atividade e regular o mercado cinematográfico, a fim de construir uma indústria de cinema no Brasil e torná-la autossustentável.

A atuação primária da Ancine é econômica, somente tangenciando questões relativas às identidades nacionais. A agência tem papel de órgão arrecadador, alocador e administrador dos recursos públicos para o cinema, oriundos, em sua grande maioria, de leis de incentivos federais e visando ao investimento e à formação do mercado cinematográfico nacional.

A orientação de ser vinculada ao MDIC indica a linha política da atuação da agência. O compromisso seria com o desenvolvimento da indústria cinematográfica no Brasil, tendo por objetivo a autossustentabilidade da atividade. Um projeto que rompia com as antigas amarras do filme de autor e propunha uma política direcionada para a consolidação do cinema brasileiro no contexto da internacionalização da economia e da cultura. A agência é responsável, portanto, pelo ensaio da estrutura industrial do cinema nacional, regulando, fiscalizando e controlando a atividade e o mercado.

II - MERCADO DE CINEMA NO BRASIL SOB A ÉGIDE DO ESTADO REGULADOR: DESENCAIXES CULTURAIS E ECONÔMICOS

Devemos estar atentos para o fato de ser uma agência do cinema, e não do audiovisual, como almejado pelo III CBC e pelo Gedic. Se por um lado a criação da Ancine representou uma enorme conquista para o campo cinematográfico, a ausência da televisão na política cinematográfica – que ficou de fora de qualquer medida de regulação – enfraqueceu o projeto de industrialização do cinema brasileiro. A promessa de união da televisão com o cinema não foi viabilizada em razão do desinteresse das emissoras de serem minimamente reguladas. Estas fizeram pressão política junto ao governo, que acatou a reivindicação. Segundo Calil, a ausência da televisão – prevista no projeto original da Ancine – se deu da seguinte maneira:

> O dono da maior televisão do Brasil pegou um avião, foi a Brasília e disse: "Tira tudo que tem de televisão nesse negócio e estamos conversados". E, à noite, na véspera da edição da medida provisória, todos os artigos relativos à TV foram expurgados. A esperteza do governo nesse momento é perceber que existe um conflito latente entre as televisões e as operadoras de telecomunicações: estas querem veicular conteúdo audiovisual e as TVs não querem abrir mão dessa reserva de mercado. Isso ficou claro no movimento que a Globo fez no começo do ano em defesa do conteúdo nacional: aquilo era na verdade em defesa dos agentes que hoje detêm a exclusividade do conteúdo nacional (2004, p. 128).

Diante desse quadro, a solução estratégica foi preterir a televisão e optar pelo conceito videofonografia. Era competência da Ancine aquilo que tinha suporte físico: o cinema e o vídeo.

Dahl defendia a tese de uma estrutura modular: primeiro cinema, depois vídeo, TV por assinatura e o conteúdo brasileiro na TV aberta até se chegar às emissoras de TV aberta. Ele afirma ter desde o início a visão de que, com a criação de uma agência de cinema, se chegaria à questão do conteúdo brasileiro da televisão. E que a partir da regulação da presença do conteúdo brasileiro na televisão é que se instalaria na prática uma relação na qual se faria uma agência de conteúdo (depoimento à autora em 6 fev.

2009). Mas se a articulação entre cinema e televisão não veio via legislação, ela ocorreu através da institucionalização de coproduções e referência estética televisiva para os filmes nacionais nos anos 2000, com a criação da Globo Filmes[17].

A instalação do escritório central da Ancine em 2002, no Rio de Janeiro, foi percebida como a concretização de um projeto que vinha sendo gestado desde o fim da Embrafilme e que foi fortalecido pela realização do III CBC e pela atuação do Gedic. Na realidade, ela representa o retorno da participação estatal na atividade cinematográfica em tempos de deslocamentos e ambiguidades políticas, econômicas e culturais.

O projeto do Estado para o cinema foi consolidado com a agência, que teve como principal meta atuar na dimensão industrial e mercadológica do cinema no Brasil. Um ano mais tarde, a Ancine deixou de estar vinculada ao MDIC para se integrar ao MinC. A alteração revela uma quebra do projeto originário do Gedic e indica as disputas históricas e permanentes do campo cinematográfico. Mostra ainda uma alteração política importante, que gera contradições e esquizofrenias no modelo de atuação da Ancine.

A mudança configura as partições e batalhas históricas do cinema nacional já explanadas no capítulo 1, entre industrialistas e culturalistas. Representou a quebra da unidade estabelecida no III CBC em relação à formulação da política audiovisual brasileira. A Ancine passa a atuar para o fomento e desenvolvimento da atividade cinematográfica mais do que propriamente para sua regulação.

As dificuldades de consolidação da indústria cinematográfica brasileira são diversas e antigas e se tornaram mais complexas nesse novo tempo. O poderio econômico e cultural do cinema norte-americano no mercado interno, a dependência do cinema nacional junto às grandes distribuidoras e exibidoras norte-americanas e a entrada da Globo Filmes no campo cinematográfico fizeram com que o cinema brasileiro ganhasse novos contornos nos anos 2000. Por outro lado, o processo social, cultural e econômico levou o cinema a ocupar um novo lugar no mercado de bens simbólicos.

A historiografia mostra que o cinema foi o agente catalizador de todo um processo de desenvolvimento da indústria audiovisual no país. Ele se caracteriza, entretanto,

---

17   Sobre a Globo Filmes ver capítulo 3.

II - MERCADO DE CINEMA NO BRASIL SOB A ÉGIDE DO ESTADO REGULADOR: DESENCAIXES CULTURAIS E ECONÔMICOS

como uma indústria frágil, fragmentada e desarticulada, carente de bases mercadológicas e incapaz de existir sem forte apoio estatal. A própria legislação gera deformações de mercado e, diferentemente de outros países, a política cinematográfica brasileira não foi capaz de abranger e articular o cinema com a televisão e outras mídias de maneira sistêmica.

Ainda assim, a criação da Ancine, demanda articulada do setor no III CBC, representa uma revitalização política no campo que avança para além de fóruns especializados e ganha espaço na grande mídia, junto à sociedade civil. Em 2004, seria discutido o anteprojeto de lei que criaria a Agência Nacional do Cinema e do Audiovisual (Ancinav). Esse anteprojeto retomou e ampliou os preceitos do III CBC, que já em 2000 proclamava uma atuação sistêmica do campo audiovisual. A nova agência substituiria a Ancine e passaria a ter poderes sobre a regulamentação e o controle do cinema, das TVs aberta e por assinatura, do rádio e das demais empresas de modalidade audiovisual. O projeto de nova agência se apresentou como instrumento de política pública que atuaria sobre o campo audiovisual de maneira articulada e sistêmica.

O plano foi elaborado internamente pelo MinC e não por agentes da indústria audiovisual. Amplamente debatido pela sociedade civil, ele causou barulho na mídia e dividiu opiniões: foi acusado pelos poderosos da atividade cinematográfica e de radiodifusão de totalitário e considerado ingerência indevida do Estado na cultura, ao mesmo tempo foi defendido pelos setores mais desfavorecidos, que o viram como possibilidade de ampliação no mercado a partir do equilíbrio de oportunidades. Mais uma vez o campo cinematográfico e audiovisual se mobilizou e ficou dividido.

A existência do anteprojeto de lei deve ser ressaltada, principalmente pelo que afirma Calil: "O dado mais importante desse projeto é que ele se abriu ao debate público, superando a tradição brasileira de resolver as questões entre quatro paredes" (2004, p.126). As polêmicas suscitadas diante do anteprojeto extravasaram os limites estritos do campo audiovisual brasileiro e apontam novos caminhos para o audiovisual nacional.

A vinculação da Ancine ao MinC representou uma alteração de percurso que se refletiu no discurso e na atuação da agência. Esta deveria estar em conformidade com a política desenvolvida pelo ministério.

2.4 – Plano Nacional de Cultura nos anos 2000 e as contradições do cinema brasileiro

O debate do cinema nos anos 2000 vai se inserir na construção de um projeto de cultura, nação e identidade brasileira elaborado pelo MinC, através do Plano Nacional de Cultura (PNC). A problemática da cultura brasileira[18] é marcada historicamente por ser uma questão política. As relações entre cultura e Estado são antigas no país e pontuadas por elementos dinâmicos, definidores do problema cultural.

No romance *Diário de um Ano Ruim*, J. M. Coetzee discorre sobre a origem do Estado: "Todo relato sobre origens do Estado parte da premissa que 'nós' – não nós leitores, mas algum nós genérico, tão amplo a ponto de não excluir ninguém – participamos de seu nascimento" (2008, p. 7). Assim, o Estado investe na construção da memória nacional, a partir de um mito fundador – recodificando o passado – que serve tanto para demarcar fronteiras de diferenciação do outro quanto para garantir uma coesão e unidade coletiva. Para Barbero: "O mercado não pode sedimentar as tradições, pois tudo o que produz 'desmancha no ar' devido à sua tendência estrutural a uma obsolescência acelerada e generalizada não somente das coisas, mas também das formas e das instituições" (BARBERO, 2003, p. 15).

O projeto brasileiro para a cultura nos anos 2000 não abandona as discussões e construções para a nação e a identidade, seja no plano político, seja no plano econômico ou cultural. O projeto contemporâneo para a cultura no Brasil é realocado no tempo da transnacionalização cultural e pode ser percebido como estratégia política de resistência ao projeto de globalização neoliberal.

As categorias discursivas do nacionalismo e da identidade cultural, tão presentes nos anos 1960 e 1970, são deslocadas e reelaboradas dentro do paradigma contemporâneo. Essas categorias estão em constante disputa e construção. Para M. Castells, "a era da globalização é também a era do ressurgimento do nacionalismo, manifestado tanto pelo desafio que se impõe a Estados-nação estabelecidos como pela ampla (re)construção da identidade com base na nacionalidade, invariavelmente definida por oposição ao estrangeiro" (1999, p. 44).

---

18   A cultura brasileira só existe como projeto político. Toda a cultura nacional é uma categoria fundamental de projeto político, mas não existe em si, é sempre uma construção.

II - MERCADO DE CINEMA NO BRASIL SOB A ÉGIDE DO ESTADO REGULADOR: DESENCAIXES CULTURAIS E ECONÔMICOS

O projeto de integração nacional – dominante dos anos 1930 aos anos 1970 – dá lugar à construção da diversidade e convivência intercultural. O projeto compartilhado de nação dos anos 2000 incorpora a diferença e a diversidade como conceito-chave para leitura da cultura brasileira.

O discurso do Estado a favor da diversidade cultural é construído desde os anos 1990 no Brasil. É na década seguinte, no entanto, que a pluralidade cultural se torna uma questão de política pública, com ações e metas concretas, conforme lemos em um relatório do MinC:

> O apoio governamental à indústria cinematográfica precisa ser capaz de garantir a diversidade, a especificidade e a identidade nacional com base numa agenda mínima, passível de incorporar, inclusive a explicitação de um marco regulatório voltado para a inserção não dicotômica do país no mundo. No caso brasileiro, não existem dúvidas sobre a força e a originalidade da matriz cultural do país. Mas existem dramáticas diferenças nas oportunidades e possibilidades que se abrem para os vários segmentos da indústria de produtos audiovisuais, dada a extrema desigualdade de sua base tecnológica, organização empresarial, controle de mercado, inserção e competitividade internacional (2000, p. 50).

Considerando que a "globalização é um processo desigual e tem sua própria geometria de poder" (HALL, 2003a, p. 80), o ressurgimento do projeto de nacionalismo no período recente legitima um processo de desvio da globalização totalitária e de fortalecimento da diversidade e da diferença. Para além do contexto interno, o cenário político mundial propicia iniciativas de negociação com contextos internacionais, numa conjuntura de tensão permanente entre o local e o global. Essa dinâmica proporciona novos desafios e oportunidades para a cultura. O lançamento da primeira edição das diretrizes gerais do PNC pelo governo federal, em 2007, explicita esse debate complexo e contraditório.

A criação da emenda constitucional nº 48, de 10 de agosto de 2005, incluiu o PNC na Constituição Federal. Desde esse ano, diversas ações políticas para a cultura foram realizadas pelo governo com a participação da sociedade civil. O debate terá como resultado uma política nacional de cultura, ainda a ser aprovada pelo Congresso Nacional.

No site do MinC, podemos depreender o papel do Estado brasileiro diante do PNC, denominado "plano estratégico para todos os brasileiros":

> O PNC não recebe esse nome por outro motivo senão o de buscar abranger as demandas culturais dos brasileiros e brasileiras de todas as situações econômicas, localizações geográficas, origens étnicas, faixas etárias e demais situações identitárias. Lidar com tal diversidade faz parte de nossa história [...]. O PNC é um plano de estratégias e diretrizes para a execução de políticas públicas dedicadas à cultura. Toma como ponto de partida um abrangente diagnóstico sobre as condições em que ocorrem as manifestações e experiências culturais e propõe orientações para a atuação do Estado na próxima década. Sua elaboração está impregnada de responsabilidade cívica e participação social e é consagrada ao bem-estar e ao desenvolvimento comunitário (2009).

As diretrizes gerais do PNC incorporam as noções da diferença e do interculturalismo das identidades na contemporaneidade para resgatar e fortalecer a ideia de cultura nacional. O caráter híbrido e múltiplo, próprio da formação da cultura nacional, passa a dominar a cultura contemporânea mundial. Há, portanto, uma celebração do pluralismo cultural na modernidade tardia que extravasa as fronteiras do país. Prysthon afirma que:

> De certa maneira, a ideia de *Estado Híbrido* substitui o pós-moderno em algumas das teorias de cultura latino-americanas mais recentes, na medida em que aponta o hibridismo inerente das

II - MERCADO DE CINEMA NO BRASIL SOB A ÉGIDE DO ESTADO REGULADOR: DESENCAIXES CULTURAIS E ECONÔMICOS

> sociedades latino-americanas como uma espécie de antecedente e pressuposto para a constituição dos conceitos de pluralismo, multiculturalismo e pós-moderno na metróple" (2002, p. 81).

Essa nova configuração beneficia a interpretação das identidades culturais híbridas, já que os esquemas binários ficam enfraquecidos diante dos sistemas múltiplos e híbridos.

Canclini pondera que houve um esgotamento nos aparatos do Estado e que as políticas culturais se tornaram obsoletas diante do processo de hibridização (2006). O Estado brasileiro, nos anos 2000, vai se utilizar do discurso da diversidade cultural para dar conta da cultura nacional. Assim, incorpora esse conceito como meta primeira e como constitutiva da condição cultural da identidade brasileira. O documento destaca: "O PNC fortalecerá a capacidade da nação brasileira de realizar ações de longo prazo que valorizem a nossa diversidade", o que indica que a ideia de nação brasileira está atrelada ao pluralismo de nossa cultura.

O PNC destaca cinco estratégias e diretrizes gerais de atuação. São elas: 1. Fortalecer a ação do Estado no planejamento e na execução das políticas culturais; 2. Proteger e valorizar a diversidade artística e cultural brasileira; 3. Universalizar o acesso dos brasileiros à fruição e produção cultural; 4. Ampliar a participação da cultura no desenvolvimento socioeconômico sustentável; 5. Consolidar os sistemas de participação social na gestão das políticas culturais. Percebemos, portanto, o reconhecimento do papel determinante do Estado na cultura nacional como mediador. Essas ações conformam as ideias de cultura e nação.

A atuação do Estado no campo cultural deve fomentar a igualdade e o equilíbrio de produção e consumo de bens culturais entre as regiões e indivíduos. Como resultado, o respeito às diferenças e diversidades culturais deve ser enfatizado pelo Estado para a construção do que se imagina ser a cultura brasileira. O PNC respalda a noção ampla e plural de cultura, sem abandonar a ideia de nação. Castells define nação como "comunidades culturais construídas na mente e na memória coletiva das pessoas por meio de uma história e de projetos políticos compartilhados" (CASTELLS, 1999, p. 69).

A condição da cultura brasileira passa a estar apoiada na ideia de diversidade e, portanto, a construção do imaginário de nação brasileira irá gravitar em torno desse conceito.

Com a premissa da diversidade, há os preceitos de democratização do acesso à cultura. Diferentemente do início do século quando o Estado deveria reabsorver a partir de um centro todas as diferenças culturais, criando a ideia de uma nação não divisível por laços naturais, nos anos 2000 o Estado absorve as diferenças culturais para a própria reconstrução do projeto de nação.

A elaboração do PNC torna visível o movimento ambíguo e desigual dos processos de construção de identidades nacionais: por um lado, elas estariam se desintegrando dentro do crescimento de homogeneização cultural; por outro, estariam sendo reforçadas num processo de resistência à globalização. Por fim, estariam em declínio e novas identidades estariam ocupando seu lugar. O audiovisual é um dos principais expoentes da dinâmica contemporânea do local/global e próprio/alheio.

O PNC conta com a participação formal da Ancine e da SAV como instituições representantes da atividade audiovisual. O cinema se apresenta como primeiro veículo de comunicação a mediar a experiência popular urbana e fazer com que as massas se façam visíveis socialmente. O plano reconhece o conteúdo audiovisual como estratégico na vida nacional e na inserção do Brasil no contexto global. Destaca a centralidade da televisão na cultura brasileira e lembra que as emissoras nacionais produzem quase tudo o que veiculam, restringindo o espaço à produção independente e à expressão da diversidade. Já o cinema nacional é criticado por sua concentração em poucas empresas internacionais. Diante dessa distorção, defende a regionalização da infraestrutura de produção objetivando fortalecer produtores, distribuidores e exibidores nacionais.

Mais uma vez a desvinculação entre cinema e televisão foi apontada como um entrave ao desenvolvimento de uma indústria nacional mais democrática e atribui-se ao Estado o papel de aproximar e articular os meios. Nenhuma ação específica para a televisão, no entanto, é mencionada no documento citado. O Estado não regula a televisão como cultural e, assim, não incorpora o meio no seu projeto para a cultura nacional: cabe ao MinC o cinema e ao Ministério das Comunicações (MC) a Anatel. Indo ao encontro das diretrizes do PNC, no cinema brasileiro, as identidades culturais e o projeto de nação voltam a se configurar como questão central no contexto global, seja ele legitimado pelo discurso do Estado, seja através de representações simbólicas. A ideia de identidade nacional ressurge de fato no cinema brasileiro; mas diferentemente do período de 1930 ou 1960 e 1970, quando se pensava em um projeto que visava à integração nacional através da unidade, da originalidade e do purismo cultural; nos anos 2000, o cinema brasileiro vai abandonar o projeto essencialista e purista de cultura nacional e proclamar experiências múltiplas, fluidas, conflitantes, traduzidas e deslizantes.

São exemplos dessa situação contemporânea filmes nacionais realizados em coprodução, a presença da língua e de personagens estrangeiros em produções brasileiras, temáticas que girem em torno da busca por identidade através do outro e representações plurais do brasileiro. *Cinema, Aspirinas e Urubus* (2005), que representa o encontro do nacional com o estrangeiro, *Cidade de Deus* (2002), que, apesar da temática e do discurso essencialmente nacionalista, se cerca de uma linguagem de videoclipe internacional, *Desmundo* (2003), lançado em coprodução com Portugal, e *Sexo, Amor e Traição*, lançado em coprodução com o México e inspirado em uma película mexicana, são títulos que corroboram a ideia de interculturalidade e hibridação.

Contudo, mesmo nos filmes citados, há sempre representação do discurso nacional ou do projeto de homem brasileiro, ainda que as fronteiras se ampliem e mudem de lugar. O imaginário de nação no cinema brasileiro está longe de ser esquecido. A nação como comunidade imaginada, no interior da representação, é reafirmada permanentemente, mas se distancia de uma visão de projeto de nação unificado e coerente para se aproximar da construção de um projeto de nação que abarca e se afirma através da multiplicidade fragmentada de identidades e microprojetos de reconhecimento. Na modernidade tardia, as comunidades imaginadas estão sendo deslocadas e reconstruídas, mas não abandonadas. *Dois Filhos de Francisco* (2005) é um bom exemplo da representação da memória da brasilidade, já que narra a história real de um homem que supera as dificuldades de viver num país como o Brasil, dando esperança aos seus compatriotas. *Deus É Brasileiro* (2003) é outro filme que ilustra a construção do homem brasileiro, ao atribuir a nacionalidade brasileira a Deus e percorrer locações tipicamente nacionais. Podemos ainda citar os documentários brasileiros *Entreatos* (2004), que, ao acompanhar e registrar os últimos dias que antecedem a campanha eleitoral de Luiz Inácio Lula da Silva, constrói a imagem do futuro presidente do Brasil. Outros tantos exemplos baseados na literatura e na representação da brasilidade, como *O Auto da Compadecida* (2000) e *Olga* (2004), não são menos representativos desse processo de construção de identidade cultural na contemporaneidade.

Esse movimento é mediado por políticas públicas e privadas, de reconhecimento da pluralidade e da diversidade cultural que dialogam com o espírito do tempo da modernidade tardia. Com o processo de globalização e o advento das tecnologias da informação e da comunicação na contemporaneidade, novos dispositivos são acionados, a título da defesa do "conteúdo nacional" e do projeto de "cultura brasileira".

No contexto de mercado cultural globalizado, busca-se, esteticamente, um cinema internacional popular que possa transitar em vários espaços de consumo. O discurso purista da cultura nacional é deixado de lado. Os filmes brasileiros dos anos 2000 têm a pretensão de ser cinema mundializado – processo que vem desde os anos 1990 – para se inserir na nova ordem global. Produções mais globalizadas com vertentes internas e externas atravessam os filmes brasileiros dos anos 2000, seja em termos de padrão de linguagem, seja de escolha de atores ou de capital para produção e distribuição. A construção do nacional no cinema contemporâneo extrapola o local, dialogando com outros espaços, negociando e traduzindo elementos e capitais externos – bem como apropriando-se deles –, mas também reforçando e afirmando culturas locais.

Nos anos 2000, torna-se cada vez mais evidente que a relação, a hibridação e a negociação entre o nacional e o estrangeiro no caso do cinema brasileiro passam por uma questão de poder. A força dos conglomerados audiovisuais gera dependência. Exemplo concreto desse processo é a falta de autonomia do filme nacional em relação às distribuidoras e exibidoras estrangeiras, que controlam esses setores no país. O nacional e o estrangeiro podem ser pensados como possíveis aliados, imersos num processo de negociação e embate, a partir de uma visão crítica de que a relação de forças é desigual. Canclini afirma que hibridação não é sinônimo de fusão sem contradições, mas pode ajudar a dar conta de formas particulares de conflito geradas na interculturalidade recente. O autor define o que entende por hibridação: "processos socioculturais nos quais estruturas ou práticas discretas, que existiam de forma separada, se combinam para gerar novas estruturas, objetos e práticas" (2005, p. 19).

O cinema brasileiro contemporâneo se desenvolve em um diálogo permanente com capitais estrangeiros e empresas transnacionais. A atividade dos anos 2000 é atravessada por vertentes nacionais e internacionais, configurando novas condições à cinematográfica brasileira. A articulação da Globo Filmes e de distribuidoras majors são exemplos da força da hibridação local/global no cinema brasileiro contemporâneo. Os grandes sucessos nacionais são coproduzidos pela Globo Filmes e pelas majors, como veremos a seguir.

Para a atividade cinematográfica, a memória nacional é uma ideia central, mas é mediada por uma vontade de pertencer ao universal e simultaneamente afirmar as dife-

II - MERCADO DE CINEMA NO BRASIL SOB A ÉGIDE DO ESTADO REGULADOR: DESENCAIXES CULTURAIS E ECONÔMICOS

renças. Trata-se de atingir o global via o particular e o particular via o global. Tanto é assim que o Estado brasileiro reconhece a necessidade de investir em política internacional para a cultura nacional a fim de favorecer e ampliar sua diversidade por meio de difusão e inserção comercial em escala mundial. O PNC tem por objetivo tornar o Brasil grande produtor e exportador de audiovisual. O advento da transnacionalização da cultura, com produções universais e intensos fluxos de capitais, sugere novos desafios econômicos, culturais e políticos que irão reestruturar a política e a atuação da cinematografia nacional. As políticas de identidades permeiam o cinema brasileiro e carregam consigo o rótulo de cinema nacional, a partir de uma memória compartilhada constantemente ativada que deseja participar .

A afirmação das identidades culturais é sempre relacional. A categorização de cinema brasileiro remete a outro cinema, ou melhor, àquilo que ele não é. A identidade é sempre marcada pela ideia de diferença, por algo que lhe é exterior. A diferenciação é que produz a identidade e a diferença. A disputa pela identidade e afirmação de diferença envolve relações de poder. Nas palavras de Tomaz Tadeu da Silva: "O poder de definir a identidade e de marcar a diferença não pode ser separado das relações mais amplas de poder. A identidade e a diferença não são, nunca, inocentes" (2007, p. 81). Quem tem o poder de representar, narrar e significar tem o poder de definir e determinar a identidade. Nesse sentido, o cinema brasileiro será sempre um instrumento de resistência cultural e política.

A história da indústria cultural do Brasil está intimamente ligada à construção do projeto de identidade nacional do Estado. É possível subdividir o processo de industrialização cultural em três etapas: anos 1930, quando as produções culturais eram restritas e atingiam um número limitado de pessoas; anos 1960 e 1970 (pós-64), quando o mercado cultural cresce e atinge um grande número de consumidores, com abrangência nacional; e pós-anos 90, momento em que o mercado de bens culturais se torna central no cotidiano da população nacional.

Para Barbero, a verdade é que o Estado já não pode organizar e mobilizar o campo cultural, devendo se limitar a assegurar a liberdade de seus atores e as oportunidades de acesso dos grupos sociais. Cabe ao mercado a coordenação e a dinaminização da cultura (2004, p. 44). A atuação do Estado na atividade cinematográfica tem encontrado dificuldade diante dos processos de hibridização e transformações culturais, conformando práticas culturais que não coadunam com seu discurso ora mercadológico, ora interculturalista. Há, portanto, uma desconexão entre discurso e prática no caso da política pública para o cinema no Brasil. A cinematografia brasileira, por sua condição periférica, não consegue se inserir na lógica do mercado como mecanismo regulador de todas as esferas da sociedade, inclusive a cultural, nem consegue dar conta do discurso da diversidade e igualdade de oportunidades difundido no discurso do PNC dos anos 2000.

Podemos nos perguntar como os ideais de diversidade, descentralização e regionalização do discurso do Estado brasileiro dialogam com a consolidação de uma indústria nacional. No caso do cinema, as próprias leis federais para proteção, fomento e promoção conformam práticas culturais ambíguas que nem estruturam uma indústria e um mercado cinematográfico nacional nem conseguem atender aos preceitos da interculturalidade no contexto da internacionalização cultural e econômica.

2.5 – Imagens transnacionais do mercado de cinema no Brasil nos anos 2000

O cinema brasileiro, imerso na globalização econômica e cultural, dialoga em desigual condição com vertentes nacionais e internacionais. Assim, ao mesmo tempo em que o cinema nacional se torna produto de resistência cultural, afirmando laços de identidades culturais, ele passa a depender do capital estrangeiro para se construir e se desenvolver. A recomposição desse cinema nos anos 2000 implica novos desafios e possibilidades econômicas, culturais e políticas que transitam entre o próprio e o alheio. Para Barbero:

> Nem toda a assimilação do hegemônico pelo subalterno é signo de submissão, assim como a mera recusa não é de resistência, nem tudo que vem "de cima" são valores de classe dominante, pois há coisas que vindo de lá respondem a outras lógicas que não são as de dominação (2003, p. 119).

II - MERCADO DE CINEMA NO BRASIL SOB A ÉGIDE DO ESTADO REGULADOR: DESENCAIXES CULTURAIS E ECONÔMICOS

A afirmação do autor é pertinente para o cinema brasileiro contemporâneo, que busca estratégias de sobrevivência junto aos agentes mais poderosos do mercado audiovisual global.

O espírito combativo e nacionalista dos anos 1960 e 1970 cede espaço à busca de inserção no mercado global. O projeto de ocupação do audiovisual no mercado internacional não se realiza pela incompatibilidade das condições de periferia do país: por mais que haja um clima de celebração da diferença e do hibridismo, na circulação internacional do mercado a realidade é outra e os lugares ainda são definidos, mesmo que abalados pelos desdobramentos da economia contemporânea. Prysthon define assim o cosmopolitismo moderno:

> A partir da modernidade e dos vários modernismos locais, presenciamos a emergência de um cosmopolitismo dialético na periferia, que atua justamente na tensão entre a realidade e a tradição nacionais e as aspirações a uma cultura metropolitana internacional e moderna (2002, p. 93).

O cosmopolitismo contemporâneo torna-se uma condição do cidadão na modernidade tardia. O mercado será o regulador desse cosmopolitismo, o que implica profundas alterações e desigualdades na cultura mundial. A história cultural contemporânea do cinema no Brasil é reflexo desse processo: o cinema tem se caracterizado pela vontade de superação de sua condição de subdesenvolvimento através de tentativas de afirmação das diferenças culturais no mercado internacional.

O mercado cinematográfico no Brasil dos anos 2000 pode ser apontado como período de aprofundamento da interface nacional e internacional. A participação cada vez maior do capital estrangeiro nas produções e a dependência de empresas internacionais de distribuição e de exibição para comercializar e programar filmes nacionais explicitam as relações de força e de poder que orientam a atividade cinematográfica brasileira. O cinema brasileiro intensifica a inserção histórica no jogo de forças internacionais, e estas passam a ser constitutivas da cinematografia contemporânea.

O modelo de políticas públicas para o audiovisual no Brasil e sua interpenetração nacional/internacional refletem diferentes abordagens sobre o tema. As reflexões correntes sobre o produto cinematográfico consideram a importância da identidade nacional para a indústria cultural local. Segundo pronunciamento do executivo da FOX, Marcos Oliveira, durante o Festival do Rio 2005, sua empresa acredita que a força de mercado de um país está relacionada diretamente à sua produção interna. Tal postulado tem como consequência que o fortalecimento do cinema nacional é fundamental para o desenvolvimento do mercado do cinema no Brasil como um todo. Esse apelo ao nacional emanado de uma multinacional do cinema é digno de nota, à medida que o cinema hollywoodiano domina o mercado brasileiro e cada vez mais empresas estrangeiras participam da produção e promoção do produto nacional.

É nessa interface nacional/internacional que a cadeia produtiva do cinema é redesenhada nos anos 2000. Os capitais internacionais se tornam importante instrumento para o desenvolvimento e a construção do cinema nacional e evidenciam a internacionalização da atividade cinematográfica no contexto da globalização cultural. A dependência econômica do cinema nacional diante das distribuidoras e exibidoras norte-americanas pode resultar em um aprisionamento aos modelos de produção e padrões de consumo, num diálogo explícito ou implícito, respeitador ou conflitante com o modelo dominante.

Essa interface é admitida e respaldada pela própria legislação brasileira relativa ao cinema no país, gerando distorções e assimetrias, não condizentes com as diretrizes do PNC. O crescimento do setor cinematográfico no Brasil acontece de forma concentrada e desigual. A ideia de construção de uma indústria e de um mercado de cinema brasileiros admite uma estratégia de atuação do Estado que diverge da premissa de cinema brasileiro caracterizado pela diversidade da cultura nacional. A dicotomia indústria e cultura acompanha o cinema brasileiro contemporâneo e ainda não foi resolvida. No Brasil, o Estado parece não ter definido o foco de sua política de atuação. Essa ambiguidade gera contradições e incoerências no cinema brasileiro contemporâneo. Os ideais de igualdade, descentralização e diversidade do PNC não coadunam com as premissas de implantação de uma indústria de cinema brasileira.

Se na época da Embrafilme o Estado era produtor direto do cinema nacional – cinema de Estado –, com as leis de incentivos e, posteriormente, com o processo de criação da Ancine, o Governo se retira como figura do produtor estatal e permite uma relação

II - MERCADO DE CINEMA NO BRASIL SOB A ÉGIDE DO ESTADO REGULADOR: DESENCAIXES CULTURAIS E ECONÔMICOS

direta e obrigatória do produtor de cinema com o investidor. No campo da distribuição, abandonou-se o modelo estatal e adotou-se a associação às empresas nacionais ou estrangeiras via lei de incentivo. A exibição também passou por transformações com a entrada e a consolidação do capital estrangeiro, que estimulou o crescimento do parque exibidor no país através do modelo do multiplex.

É preciso estar atento à permanência do Estado como agente mediador para o cinema nacional nos anos 2000. O cinema brasileiro vive a contradição de ser dependente do Estado e estar inserido em um modelo internacional de economia e mercado neoliberal. Essa força global atua nas regiões do mundo reorganizando o mercado de cinema local.

O mercado não é um lugar, como talvez se pudesse dizer do Estado ou da universidade, mas uma lógica organizadora das interações sociais. Mais do que um lugar social, o mercado é esse modo de organizar a circulação de bens, mensagens e serviços como mercadorias, que tende na atualidade a reduzir as interações sociais ao seu valor econômico de troca (CANCLINI, 2005a, p. 127).

No mercado cinematográfico brasileiro, o setor da produção é o mais beneficiado pelo Estado. O volume de investimento no setor aportado pelo Estado via incentivos fiscais cresce e há aumento do número de filmes brasileiros lançados. Isso, no entanto, não representa um aumento de público para filmes nacionais nem um crescimento sistêmico da atividade, pois a relação entre produção e consumo não é de causa e efeito. Essa noção instintivista do consumo deve ser problematizada, considerando-se que o consumo, para além de uma relação econômica, é um processo social. Assim, o aumento da produção de filmes brasileiros não levou à elevação direta do público.

Os outros setores da cadeia produtiva, a distribuição e a exibição, não recebem a mesma atenção. Esses setores ficam nas mãos de agentes privados nacionais e internacionais, ainda que por vezes suas atividades sejam mediadas pelo Estado, tornando-se difícil a integração entre produção, distribuição, exibição e consumo. Não é por menos que contradições e críticas permeiam a política pública para o cinema no Brasil nos anos 2000.

Considerando as singularidades da produção nacional do cinema, um dos mais veementes questionamentos ao modelo brasileiro de incentivos ao audiovisual é que este "aponta sua incapacidade de englobar a atividade cinematográfica em seu todo.

Ele não percebe que produzir apenas é insuficiente para gerar a autossustentabilidade da atividade cinematográfica e, por fim, uma indústria" (ALMEIDA; BUTCHER, 2003, p. 32). A falta de visão industrial e de mercado autossustentável do cinema nacional pelo Estado e por agentes do setor é permanentemente apontada. Outra crítica à atividade é o fato de quase 100% do financiamento de um filme brasileiro ser público, pois tira qualquer compromisso do produtor e do cineasta de procurar resultados e ainda eleva muito o orçamento das produções nacionais. Dentro dessa visão, o objetivo deveria ser diversificar as fontes de investimento, a fim de criar um mecanismo de reinvestimento permanente na atividade, visando a um cinema autossustentável no Brasil.

Analisaremos os setores básicos que compõem a cadeia produtiva do audiovisual: produção, distribuição e exibição a fim de problematizar os discursos, as políticas e as ações que motivam o cinema nacional dos anos 2000. A reflexão irá tecer notas sobre a incoerência do projeto estatal para a cultura e do projeto de indústria autossustentável e de mercado para o cinema nacional. As legislações contemporâneas para o cinema brasileiro respaldam os desencaixes entre os discursos e as práticas para a construção de uma indústria e para a defesa da diversidade de um projeto de cultura brasileira, inserida na lógica da globalização cultural e econômica.

Com a criação da Ancine, novos parâmetros de ação do Estado e de sua relação com a sociedade são traçados. A formulação de leis, a criação da agência e o investimento em novos mecanismos de incentivos, implantados recentemente, como os Funcines, o Prêmio Adicional de Renda (PAR) e o Fundo Setorial do Audiovisual (FSA), são fundamentais para o desenvolvimento da produção endógena e de um mercado audiovisual brasileiro. Os Funcines, regulados pela IN nº 17, de 7 de novembro de 2003, e atualizados pela IN nº 80, de 20 de outubro de 2008, são fundos de investimento privado, formados a partir de recursos incentivados ou não. O PAR, prêmio criado pela IN nº 44, em 2005, é destinado à produção e à distribuição de obras cinematográficas de longa-metragem brasileiras de produção independente e a empresas exibidoras brasileiras. O prêmio, referenciado no desempenho de mercado de obras cinematográficas de longa-metragem brasileiras, passa a ser o principal mecanismo de incentivo para distribuidoras e exibidoras nacionais. Já o FSA, criado pela Lei nº 11.437, de 28 de dezembro de 2006, e pela regulamentação do decreto nº 6.299, de 12 de dezembro de 2007, realiza uma vontade política da diretoria da agência de recuperar a capacidade de investimento e, nesse sentido, compensar a perda de poder de decisão sobre a produção que a lei de incentivo traz. O fundo é formado pelos recursos

II - MERCADO DE CINEMA NO BRASIL SOB A ÉGIDE DO ESTADO REGULADOR: DESENCAIXES CULTURAIS E ECONÔMICOS

da Condecine e utilizado no financiamento de programas e projetos voltados para o desenvolvimento das atividades audiovisuais[19].

As políticas públicas irão dialogar com as políticas privadas de empresas transnacionais de audiovisual. Distribuidoras majors e grandes exibidores internacionais vão atuar no país transformando o mercado cinematográfico nacional. Para Getino, a transnacionalização da cultura aprofundou as desigualdades existentes entre os países no campo cultural e fortaleceu a força dos agentes mais poderosos da atividade cinematográfica em escala mundial, restando pouco espaço para a atuação dos cinemas nacionais em âmbitos interno e externo (2007). As dificuldades de atuar num ambiente híbrido de mercado e cultura são encobertas pela capacidade do mercado em obter recursos necessários à produção audiovisual através dos recursos públicos. Há um desequilíbrio dessa capacidade entre o privado e o estatal, e o nacional e o estrangeiro.

Respondendo aos dispositivos públicos e privados, nos anos 2000 houve crescimento do setor cinematográfico apoiado em políticas públicas locais e políticas privadas nacionais e internacionais. Toda a cadeia produtiva do audiovisual no Brasil é beneficiada com as leis de incentivos, que se tornam mais robustas com a criação da Ancine: o volume de público do filme brasileiro atinge uma marca razoável (média de 11% a 15% de participação no mercado nos últimos anos), o número de títulos nacionais e seu investimento crescem ano a ano, a participação das majors no mercado brasileiro aumenta e o parque exibidor se expande no país. Isso não significa, no entanto, que haja desenvolvimento integrado do setor. Para Dahl, falta visão sistêmica de investimento em todos os elos da cadeia (depoimento à autora em 6 fev. 2009). Fato evidente na análise dos dados de mercado.

Dahl, já nos anos 1970, afirmava que "mercado é cultura". É preciso conhecer o mercado cinematográfico, pois é nele que o cinema nacional se expressa. "O mercado cinematográfico brasileiro é, objetivamente, a forma mais simples de cultura cinematográfica brasileira" (1977, p. 127). A partir dessa reflexão, é possível ilustrar as contradições dos discursos e das práticas. Forças nacionais e internacionais imprimem uma dinâmica ao campo, as quais atravessam discursos, políticas e ações.

---

19 Apesar da importância política da regulamentação dos mecanismos destacados, Funcines, PAR e FSA, seria precipitado fazer uma análise da execução e do impacto desses órgãos, já que são instrumentos recentes e estão em estágio inicial de avaliação.

2.6 – Cenas do processo produtivo do audiovisual no Brasil: produção-distribuição-exibição

O número de títulos nacionais lançados e o investimento crescem anualmente, apoiados nas leis de incentivo que garantem a verba para a realização da produção das obras. Os gastos com produção, via leis de incentivo federais, ultrapassam 140 milhões de reais por ano. Há aumento expressivo da quantidade de filmes nacionais lançados comercialmente no Brasil nos anos 2000, após o amadurecimento do mecanismo e a criação da Ancine.

A distribuição e a exibição, no entanto, não absorvem o crescimento do número de títulos nacionais produzidos. O mercado incorpora poucos filmes brasileiros, concentrando-se naqueles cuja visão é mais comercial, geralmente os coproduzidos pela Globo Filmes e distribuídos pelas majors. Resultado disso é que o público não acompanha o crescimento da produção nacional dos últimos anos. Existe uma incapacidade de absorver a quantidade e a diversidade de lançamentos nacionais com a estrutura e o modelo de mercado cinematográfico no Brasil. A dificuldade é consequência de fatores internos à atividade cinematográfica, mas também é reflexo de mudanças tecnológicas e sociais diante das novas formas de consumo audiovisual que ultrapassam o espaço das salas de cinema.

O gráfico abaixo mostra a quantidade de títulos nacionais de longa-metragem lançados comercialmente no país de 2000 a 2007. Há um real crescimento do número de filmes brasileiros, no entanto, isso não representou um crescimento proporcional de público.

Gráfico 5: Filmes nacionais de longa-metragem lançados comercialmente no Brasil – 2000-2007

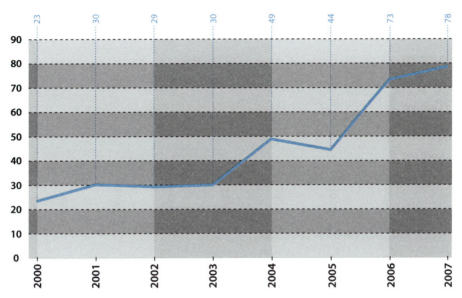

Fonte: Ancine, 2007. Elaborado pela autora.

Apesar do crescimento significativo de filmes lançados, observa-se uma diminuição considerável do público com relação ao filme nacional depois do atípico ano de 2003. O market share do filme nacional foi de 10,6% em 2000; 9,3% em 2001; 8% em 2002; 21,4% em 2003, ano considerado um fenômeno para o cinema brasileiro; 14,3% em 2004; 12% em 2005; 11% em 2006; e 11,6% em 2007 (DATABASE FILME B, 2007). Podemos observar o aumento do público diante dos filmes nacionais.

Gráfico 6: Aumento do público do filme nacional – 2000-2007

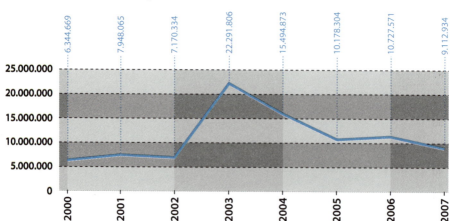

Fonte: Ancine, 2007. Elaborado pela autora.

As atuais políticas para a promoção do setor cinematográfico carregam consigo contradições: por um lado, os incentivos fiscais garantem a todos o direito de produzir, por outro, mimetizam um modelo liberal para o audiovisual, uma vez que se delega a decisão às grandes empresas. Em consequência, o mercado é dominado por um pequeno número de empresas produtoras, não havendo avanço efetivo na direção de consolidação de um projeto industrial sistêmico nem na garantia de inovação e diversidade.

A maior parte do recurso público investido em cinema nos últimos anos é originária de empresas estatais, como Petrobras e BNDES. Elas ocupam nos anos 2000 os primeiros lugares como investidores do cinema nacional. São elas também que, com o governo federal, têm investido na política de editais públicos, que se tornam frequentes no Brasil. Apesar de avanços na política de editais públicos, o recurso de incentivos fiscais, em termos de volume, continua sendo o grande dispositivo para o desenvolvimento do cinema brasileiro. Os editais se consolidam como mecanismo complementar para grandes produtoras ou oportunidade para novos realizadores e produtores.

A política pública baseada no mecanismo de renúncia fiscal, apoiada no ideal de igualdade e liberdade, se mostra bastante desigual na distribuição dos investimentos nas regiões brasileiras. Há expressiva concentração de valores aportados nas empresas produtoras localizadas em determinadas regiões do Brasil na última década. O gráfico

II - MERCADO DE CINEMA NO BRASIL SOB A ÉGIDE DO ESTADO REGULADOR: DESENCAIXES CULTURAIS E ECONÔMICOS

a seguir ilustra a concentração de títulos lançados comercialmente, no período de 2000 a 2007, em produtoras localizadas principalmente no estado do Rio de Janeiro e de São Paulo. São esses os estados que também conseguem proporcionalmente maiores recursos para a realização de seus filmes.

Gráfico 7: Percentual de filmes nacionais lançados por UF da produtora – 2000-2007

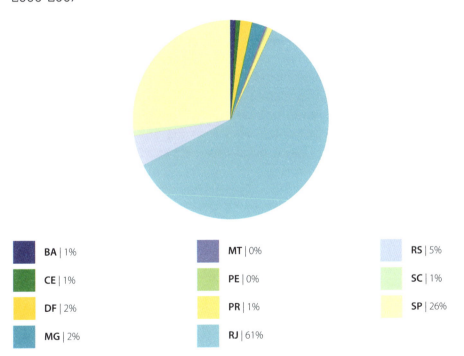

BA | 1%
CE | 1%
DF | 2%
MG | 2%
MT | 0%
PE | 0%
PR | 1%
RJ | 61%
RS | 5%
SC | 1%
SP | 26%

Fonte: Ancine, 2007. Elaborado pela autora.

A concentração evidencia a desigualdade no acesso à produção e ao investimento para a realização de obras cinematográficas entre os estados e reflete o fracasso do preceito de "proteger e valorizar a diversidade artística e cultural brasileira" (PNC, 2007) diante de uma atividade que está nas mãos de agentes privados que objetivam a rentabilidade de um negócio.

Como se sabe, a receita gerada pelos filmes nacionais é relativamente baixa no país. O filme brasileiro tem custo proporcionalmente alto para sua performance bilheteria. Por isso, o Estado é o principal agente do mercado cinematográfico: ele financia 95% do investimento do cinema no país, através da renúncia fiscal, apostando na importância do conteúdo audiovisual brasileiro.

O déficit entre custo de produção e receita final de público se dá por um conjunto de fatores: 1. Os filmes nacionais não conseguem ter boa performance de público nas salas de cinema e consequentemente não fazem boa trajetória nas demais janelas de exibição (home video, TV por assinatura e TV aberta); 2. A relação da divisão de receitas entre produtores, distribuidores e exibidores é desigual, concentrando-se no setor exibidor que fica com uma média de 50% da receita dos ingressos; os outros 50% são divididos entre distribuidores e produtores; 3. O cinema brasileiro volta-se majoritariamente para seu mercado interno. O Brasil ainda não se estabeleceu como uma cinematografia dedicada a coproduções com países estrangeiros[20]. Os filmes nacionais não circulam sequer na região da América Latina, ficando restritos às fronteiras do país. A circulação ainda é limitada, e a maioria dos filmes que são distribuídos só consegue por uma política privada das majors, que dominam o mercado cinematográfico.

A distribuição de filmes brasileiros, no entanto, é feita basicamente por distribuidoras nacionais. A feita pelas majors ainda é restrita, apesar de elas agregarem valor qualitativo ao produto nacional. Entre 2000 e 2007, elas distribuíram 10 filmes em 2000 e 2001, 4 filmes em 2002, 18 filmes em 2003, 17 filmes em 2004, 13 filmes em 2005, 16 filmes em 2006 e 15 filmes em 2007 (ANCINE, 2007).

O aumento significativo da participação das majors no orçamento das produções nacionais, que se reflete no market share do público nacional, é resultado da dinamização do

---

[20] As diferenças são bastante significativas entre os países da América Latina em termos de divulgação dos seus filmes no exterior. A Argentina é o que melhor consegue exportar. Com isso ultrapassa, em termos de difusão, o México e especialmente o Brasil, que produzem filmes em maior quantidade, mas apresentam maiores dificuldades de divulgá-los no exterior. Essa nuance é resultado de políticas governamentais que investem ou não em coproduções e/ou programas de promoção dos filmes nacionais no exterior. A exportação de produtos audiovisuais, além de divulgar a cultura fora do país, gera receita para o filme. No ano de 2006, a Argentina obteve 7.764.443 dólares de box office com a exportação de filmes, enquanto o Brasil só arrecadou 44.984 dólares no mercado externo (NIELSEN, 2007).

II - MERCADO DE CINEMA NO BRASIL SOB A ÉGIDE DO ESTADO REGULADOR: DESENCAIXES CULTURAIS E ECONÔMICOS

Artigo 3º da Lei do Audiovisual[21] (com uma sobretaxa de 11% para aqueles que não usarem o mecanismo), que criou um cinema vinculado às grandes distribuidoras estrangeiras. Essa é uma proposta de cinema nacional industrial, vinculado às distribuidoras internacionais, que tem origem nos anos 1960. Há aumento de investimento através do Artigo 3º da Lei do Audiovisual: de aproximadamente 7.500 milhões de reais em 2000 passa para cerca de 30 milhões em 2007 (ANCINE). Esse mecanismo se mostra um bom negócio para o distribuidor internacional, que abate parte do imposto de renda para investir em coproduções brasileiras e ainda se torna coprodutor, isto é, ganha em percentual de receita.

A associação do capital estrangeiro ao capital nacional se mostra uma das mais eficazes medidas para o sucesso de público de um filme brasileiro nos anos 2000. Os grandes sucessos de público nacionais no Brasil estão associados à forma de distribuição e comercialização internacionais. Um filme distribuído por uma major tem mais chance de se tornar um sucesso de público, pois a distribuidora estrangeira apresenta-se com a expertise internacional, o investimento em produção e a estrutura para o lançamento e a comercialização. Isso se reflete no plano de divulgação e promoção do filme, número de cópias, locais das salas de exibição e prolongamento da vida do filme em outras janelas.

Durante muito tempo, acreditou-se que o aumento na produção do número de filmes realizados fosse suficiente para o funcionamento de uma indústria cinematográfica local. O crescimento real de uma indústria não ocorre apenas quando ela é capaz de produzir mais, mas também quando é capaz de vender mais e melhor seu produto, a partir do qual aumenta a necessidade de crescimento de produção. Como afirma Dahl:

> Nenhum cinema – nem mesmo o hegemônico – consegue sustentar-se exclusivamente em seu mercado interno. A utopia possível de uma relativa autonomia em relação ao Estado passa

---

21 O Artigo 3º da Lei do Audiovisual no Brasil permite à empresa estrangeira, contribuinte do imposto de renda pago sobre o crédito ou a remessa de rendimentos decorrentes da exploração de obras audiovisuais no mercado brasileiro, abater 70% do imposto de renda devido, desde que invista o referido valor em: desenvolvimento de projetos de produção de obras cinematográficas brasileiras de longa-metragem de produção independente; coprodução de obras cinematográficas brasileiras de curta, média e longa-metragem de produção independente; e coprodução de telefilmes e minisséries brasileiras de produção independente. É preciso lembrar que esse tipo de mecanismo já existia desde a época da Embrafilme, conforme Lei nº 1.595. Ver: MELLO, Alcino Teixeira de Mello. *Legislação do Cinema Brasileiro*. Rio de Janeiro: Embrafilme, 1978.

por uma verdadeira globalização da diversidade cultural e linguística, indispensável para a sobrevivência dos cinemas nacionais (DAHL apud MELEIRO, 2007, p. 93).

Nesse sentido, as parcerias nacionais e internacionais podem ser benéficas para o futuro do audiovisual nacional. As coproduções com outros países, com as distribuidoras majors e com a televisão se mostram uma boa alternativa para o filme brasileiro alcançar grande quantidade de público. A realização de coproduções com emissoras de televisão nacionais e coproduções internacionais potencializa e fortalece o cinema brasileiro no mercado interno e externo. Os grandes sucessos nacionais a partir de 2000 estão submetidos à articulação com distribuidoras estrangeiras e a televisão.

Assim, apesar de distribuírem poucos títulos nacionais, as majors dominam o público e a renda de filmes brasileiros, como podemos ver no quadro abaixo:

Gráfico 8: Filmes nacionais lançados com majors – 2000-2007

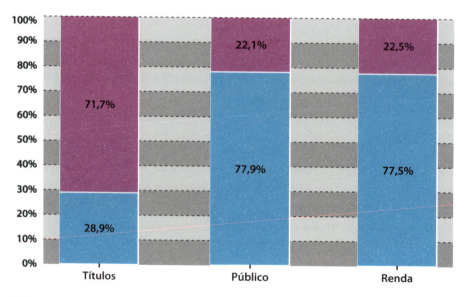

Fonte: Ancine, 2007. Elaborado pela autora.

II - MERCADO DE CINEMA NO BRASIL SOB A ÉGIDE DO ESTADO REGULADOR: DESENCAIXES CULTURAIS E ECONÔMICOS

A desigualdade de forças entre conglomerados transnacionais e distribuidoras independentes nacionais causa distorção no mercado mundial. As distribuidoras independentes nacionais[22] ficam enfraquecidas e não conseguem disputar de igual para igual com as majors. Por um lado, a força das majors no Brasil limita a chegada dos filmes locais às salas de cinema, pois a maioria dos filmes nacionais é comercializada por distribuidoras independentes que têm de disputar espaço nas salas de exibição. Por outro lado, os grandes sucessos de público nacional estão associados à forma de distribuição e comercialização internacionais.

Com a concentração de público em filmes nacionais distribuídos por majors (e não de variedade de títulos) ocorre uma defasagem entre os elos da cadeia produtiva no cinema nacional. Muitos filmes nacionais chegam a ser finalizados, mas não exibidos nas telas de cinema por falta de distribuidor. E, quando o produto brasileiro chega ao cinema, não consegue impulso para seguir na cadeia produtiva, que se subdivide nas seguintes janelas: cinema, home video, TV por assinatura, TV aberta e outras mídias. O filme brasileiro fica restrito ao mercado interno e raramente chega às televisões; ele é exibido, em sua maioria, em salas de arte. Quando se consegue apoio de uma distribuidora norte-americana e/ou de uma emissora de televisão, o filme pode vir a se tornar uma grande produção nacional. Ele passa, então, a fazer parte de um circuito de exibição mais amplo, atingindo maior número de espectadores.

Ao mesmo tempo que se abrem novas janelas para a comercialização do produto audiovisual nacional, a cadeia de exibição se concentra na forte participação de empresas estrangeiras. O mercado exibidor no Brasil é dominado pelo grupo Cinemark, que representa 16,9% do total de salas no país, seguido pelo Grupo Severiano Ribeiro, com 6,5% de participação do total de 2.120 salas em 2007 (Filme B, 2007).

A exibição no Brasil, assim como a distribuição, é dotada de contradições. A chegada dos multiplexes – depois da vertiginosa diminuição das salas de cinemas nos anos 1980 – proporciona novo vigor ao cinema. Seu advento é acompanhado por uma queda abrupta dos cinemas de rua e pela concentração das salas em localidades centrais do país. Na afirmação de Silva, "o cinema torna-se um negócio não apenas urbano como dirigido para os grandes centros urbanos" (2007, p. 107). O desenvolvimento do

---

22 Não há um mecanismo de incentivo correspondente para as distribuidoras brasileiras como o do Artigo 3º da Lei do Audiovisual. Para elas, existe o PAR – Premiação pela Performance do Filme Nacional.

setor está relacionado ao poder de consumo da população local, por isso, o mercado cinematográfico não consegue chegar a cidades menores de baixo poder aquisitivo, nem se sustentar nelas. Diante da concentração de renda do país, o hábito de ir ao cinema se torna privilégio da elite.

Somente 8,7% dos municípios brasileiros têm salas de exibição de cinema (IBGE, 2006). O desenvolvimento do setor cinematográfico está diretamente relacionado ao desenvolvimento socioeconômico e, portanto, ao poder de consumo da população. O parque exibidor brasileiro está concentrado na região Sudeste, que dispõe de 58,8% do total de salas. A região Sul fica com 16,5% das salas, seguida por Nordeste, com 11,2%, Centro-Oeste, com 10,0%, e finalmente Norte, com apenas 3,5% das salas do país (DATABASE FILME B, 2007). Para Getino (2007), sem um mercado local e regional capaz de consumir o produto nacional e assim gerar receita para desenvolver uma produção sustentável e começar a se desprender da tutela governamental, a formação de um mercado cinematográfico torna-se inviável.

A consolidação do novo conceito no mercado modificou o panorama econômico e o mapa da exibição nacional. Segundo dados da Filme B, há uma perda da importância dos cinemas de uma só sala. Em 1999, 61% do parque exibidor brasileiro era composto de uma sala (em geral cinemas de rua). Esse índice caiu para 43,5% em 2007, como vemos no gráfico a seguir.

II - MERCADO DE CINEMA NO BRASIL SOB A ÉGIDE DO ESTADO REGULADOR: DESENCAIXES CULTURAIS E ECONÔMICOS

Gráfico 9: Total de cinemas/salas – 2007

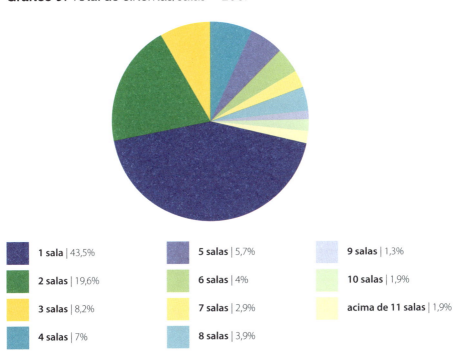

- 1 sala | 43,5%
- 2 salas | 19,6%
- 3 salas | 8,2%
- 4 salas | 7%
- 5 salas | 5,7%
- 6 salas | 4%
- 7 salas | 2,9%
- 8 salas | 3,9%
- 9 salas | 1,3%
- 10 salas | 1,9%
- acima de 11 salas | 1,9%

Fonte: DataBase Filme B, 2007.

A entrada do capital estrangeiro na indústria cinematográfica transforma a dinâmica interna do setor e o comportamento de seu público[23]. A entrada do multiplex, na década de 1990, por meio de investimento estrangeiro, cria um pacote de entretenimento para o público: há um número grande de salas, geralmente em shopping, de tamanhos diferenciados, com uma variedade de cardápio de filmes para que o espectador faça sua escolha. Isso cria um novo hábito para o público de cinema. "Antes do *multiplex*, o único atrativo do espectador era o próprio filme. Depois dele passou a ser,

---

23 A dominação de filmes norte-americanos no mercado nacional é evidente. Grandes produções são lançadas com um número de cópias que ocupam grande parte das salas de exibição no país. Os filmes nacionais e estrangeiros independentes encontram dificuldade de chegar às salas. Quando conseguem, são exibidos em espaços menores, atingindo um pequeno número de espectadores. No interior do país, a distorção aumenta. O número de salas de cinema é reduzido, impossibilitando que alguns filmes consigam ser exibidos uma única vez.

sobretudo, o próprio espaço" (ALMEIDA; BUTCHER, 2003, p. 65). A construção desses complexos dentro dos shopping centers, ilhas de consumo, e a elevação do preço do ingresso promovem a elitização do hábito de ir ao cinema. A entrada do multiplex no país é contraditória: ao mesmo tempo que é benéfica para certo tipo de cinema nacional – a produção comercial – encareceu o preço médio do ingresso e reduziu o acesso da população às salas de cinema.

O aumento do número de salas entre 2000 e 2007 é bem menos significativo do que o dos anos 1990, pois não acompanha o aumento de lançamentos nacionais dos anos 2000, como mostra o gráfico abaixo. Há um recuo do setor de exibição tradicional diante das novas janelas de exibição.

Gráfico 10: Evolução do número de salas de cinema no Brasil – 2000-2007

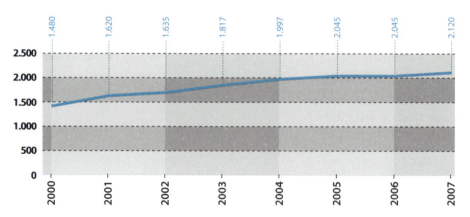

Fonte: Database Filme B, 2007. Elaborado pela autora.

O mercado de salas de exibição no Brasil apresenta um forte diferencial: é marcado pela presença de salas e circuitos de cinemas nacionais de arte. Um mercado de nicho, portanto, que se consolida para atender a um tipo de demanda específica de títulos. Em 2007, das 2.120 salas, 160 são de arte (DATABASE FILME B, 2007). Esse dado sugere que o hábito de ir ao cinema se segmenta no país, formando nichos distintos de espectadores que permitem a exploração diferenciada de filmes.

II - MERCADO DE CINEMA NO BRASIL SOB A ÉGIDE DO ESTADO REGULADOR: DESENCAIXES CULTURAIS E ECONÔMICOS

Para a proteção do conteúdo nacional, o Brasil dispõe do mecanismo da cota de telas – reserva de número mínimo de dias para a exibição de títulos nacionais em salas de cinema. Em razão do fenômeno dos complexos de salas, a cota passa a ser proporcional ao número de salas e de títulos diferentes de lançamento por ano. A cota de tela entre 2000 e 2007 oscilou entre 35 e 28 dias obrigatórios de apresentação para uma sala de exibição, sendo dois títulos o número mínimo de filmes diferentes exibidos – queda significativa se a compararmos aos anos 1970.

Se num passado recente a sala de cinema era o único espaço para o consumo e a exploração de uma obra cinematográfica, agora ela é apenas o primeiro. A sala escura continua tendo lugar privilegiado dentro da cadeia de exibição de um filme, seja pela experiência coletiva diferenciada, seja pela própria lógica comercial. Se o espaço não concentra mais a maior fatia da receita, ele é uma espécie de termômetro de promoção da obra que irá, na grande maioria dos casos, determinar a performance do filme nas janelas subsequentes.

Nos anos 2000, fica evidente o novo papel das salas de exibição tradicionais: vitrine de luxo. Elas continuam sendo a janela principal do filme, porque determinam a performance nos demais meios de exibição. As dinâmicas contemporâneas do audiovisual acabam por criar outras formas de comunicação e hábitos culturais. A cadeia comunicacional dos filmes se alonga, transmitindo o valor simbólico do produto a um maior número de pessoas. A tela de cinema é hoje "apenas a vitrine mais luxuosa de um grande conjunto que ainda passa por vídeo, televisão por assinatura e TV aberta. Essas múltiplas possibilidades de exploração de um filme se inter-relacionam" (ALMEIDA; BUTCHER, 2003, p. 19).

Rodrigo Saturnino Braga, da Columbia, chama atenção para o vício de informação ao focalizar o cinema somente nas salas de exibição. Ele considera ser preciso levar em conta os outros veículos de comunicação que exibem os produtos audiovisuais. Estes são meios eficazes, uma vez que alcançam um maior número de espectadores e garantem que a fala simbólica, o discurso contido no filme, possa chegar a diferentes públicos. A sobrevivência do cinema não depende apenas das projeções nas grandes telas de cinema, mas do desempenho conjunto do campo audiovisual. "Os filmes de hoje são produtos multimídia, que devem ser financiados pelos diversos circuitos que os exibem" (CANCLINI, 2001, p. 193).

O gráfico a seguir mostra como se divide a receita das majors por sala de exibição. A bilheteria soma, aproximadamente, 22% – mas vale sublinhar que é a receita que orienta a performance nas demais janelas de exibição. O mercado de vídeo se torna uma das principais fontes de receita de um filme. A receita de vídeo self-thru (venda) nacional e internacional cresce com o barateamento dos DVDs e se configura como uma das principais formas de exploração comercial. Como consequência, o mercado de rental (aluguel) se mostra menos expressivo, reorganizando o negócio de locadoras, por exemplo[24].

A consolidação e a segmentação da TV por assinatura abrem espaço à comercialização de filmes. No entanto, o espaço televisivo, principal meio de comunicação latino-americano, é atravessado por produtos das grandes empresas de comunicação internacional. O filme nacional necessita negociar espaço de veiculação em um meio no qual a circulação de produtos norte-americanos já está consolidada através de compras de pacotes. No Brasil, a proporção de títulos nacionais exibidos na televisão aberta, em 2007, foi de 12,6% do total de filmes, enquanto os títulos norte-americanos alcançaram 78,7% do total de exibição.

---

24 Ainda não existem informações disponíveis sobre a divisão da receita dos filmes nacionais. O mercado de home video no Brasil ainda é uma caixa-preta.

II - MERCADO DE CINEMA NO BRASIL SOB A ÉGIDE DO ESTADO REGULADOR: DESENCAIXES CULTURAIS E ECONÔMICOS

Gráfico 11: Total de formas de exibição – ano

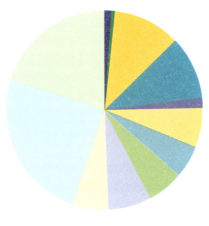

- video on demand EUA | 1,3
- video on demand internacional | 0,5
- bilheterias de cinemas EUA | 11,2
- bilheterias de cinemas internacionais | 10,2
- tv aberta EUA | 1,7
- tv aberta internacional | 6,4
- tv paga EUA | 5,4
- rental EUA | 6
- tv paga internacional | 7,1
- rental internacional | 6
- self-thru EUA | 24,7
- self-thru internacional | 20

Fonte: Filme B. Elaborado pela autora.

As novas formas de exibição – resultado dos avanços tecnológicos – prolongam e alargam a vida de uma obra cinematográfica. Os novos meios, além de possibilitar que a mensagem chegue a um maior número de pessoas, aumentam o potencial de lucratividade. As múltiplas possibilidades de exibição se inter-relacionam e apresentam a dimensão do sucesso comercial. Nos anos 2000, vê-se mais filmes do que em qualquer outra época, no entanto, existem diversas janelas para sua exibição. Muitos estão disponíveis em home video, na televisão aberta e por assinatura e na internet. A vida útil de um filme e sua rentabilidade aumenta, mas fora do conceito tradicional de sala de exibição.

Arlindo Machado tece reflexões sobre uma possível crise do cinema no mundo contemporâneo e afirma haver três "crises do cinema". A primeira seria de natureza econômica, devido ao aumento dos custos de produção; a segunda se refere à mudança de comportamento da população urbana, que se volta cada vez mais para o consumo doméstico de produtos culturais como livro, CD, DVD e televisão; a terceira se relaciona a uma mudança de hábitos perceptivos da imagem. Explica o autor: "A convivência diária com a televisão e os meios eletrônicos em geral tem mudado substancialmente a maneira como o espectador se relaciona com as imagens técnicas e isso tem consequências diretas na abordagem do cinema" (2008, p. 209).

Apesar da crise do cinema, é precipitado subestimar o papel de destaque das salas de exibição na dinâmica do mercado cinematográfico. O modelo de negócio tradicional da indústria cinematográfica garante ao exibidor o poder de decidir o que é tendência e deve "entrar na moda", por isso, sua relação com as empresas de distribuição é estreita. Exibidores e distribuidores formam uma estrutura comercial capaz de decidir os rumos da atividade cinematográfica do país. A distribuição cinematográfica é o setor intermediário – entre produtor e exibidor, este controla os filmes mais relevantes ou lucrativos da produção mundial. A concentração das empresas transnacionais na atividade cinematográfica, portanto, é decisiva para que o cinema se torne um negócio pouco voltado ao interesse público. As empresas se constituem como agentes políticos privilegiados no contexto de uma sociedade mundializada e capitalista. Ortiz resume a atuação das empresas transnacionais no mundo contemporâneo: "A corporação transnacional, ao tomar o planeta como mercado único, redimensiona suas prioridades. Não é a parte que determina o todo, mas o inverso. Sua operacionalidade é ditada pela competição global" (2003, p. 150). As singularidades nacionais e regionais tornam-se secundárias.

O grande desafio das indústrias de cinema e audiovisual no Brasil, neste novo século, não é deslocar as grandes companhias internacionais da região, mas, sim, ocupar um espaço justo e equitativo, no qual possa haver circulação econômica e cultural democrática. As distribuidoras majors e as empresas de exibição estrangeiras desempenham um importante e contraditório papel no mercado cinematográfico brasileiro: capitaneiam recursos para a atividade e a fazem crescer, mas também geram dependência e acirram as desigualdades através de seus dispositivos de poder. O cinema brasileiro teve de mudar seu modo de atuar, buscando alianças internas e externas que o fortalecessem e reestruturando seus mecanismos de financiamento, seus nichos de mercado e sua própria linguagem.

II - MERCADO DE CINEMA NO BRASIL SOB A ÉGIDE DO ESTADO REGULADOR: DESENCAIXES CULTURAIS E ECONÔMICOS

Xavier compartilha com a visão de Salles Gomes e afirma que "na economia do cinema brasileiro, o subdesenvolvimento não é uma etapa, é um estado. Dados os impasses atuais, não se pode vislumbrar ainda o momento em que podemos descartá-la" (2004, p. 45). Incorporar um projeto de industrialização que seja coerente com a condição produtiva, econômica e cultural do país se coloca como questão para o cinema brasileiro dos anos 2000.

Nesse sentido, o projeto de industrialização do cinema brasileiro não pode descartar a televisão dos debates e das políticas. A relação entre cinema e televisão foi ignorada pelo Estado, agentes do setor e pesquisadores até os anos 2000. A criação e atuação da Globo Filmes modifica o panorama do mercado e os discursos históricos e indica novos caminhos para o cinema no país.

III POLÍTICAS PARA O DESENVOLVIMENTO DO CAMPO AUDIOVISUAL NACIONAL: REFLEXÕES SOBRE A RELAÇÃO ENTRE CINEMA E TELEVISÃO NO BRASIL

Durante a pesquisa, tornou-se difícil isolar o cinema dos demais meios audiovisuais, em especial da televisão. Ao longo dos dois primeiros capítulos, mapeamos a atuação do Estado para a construção de um projeto de industrialização cinematográfica e refletimos sobre ela. Não houve historicamente mobilização do campo televisivo por uma participação estatal na atividade. O Estado atuou de modo mais complexo em relação à televisão: construiu a infraestrutura necessária para a formação de uma rede nacional e garantiu a concessão pública às emissoras. O projeto de governo para a televisão beneficiou a cadeia como um todo, diferentemente da atuação do Estado na atividade cinematográfica, que privilegiou o produto fílmico. Assim, no Brasil, a televisão se desenvolveu como negócio híbrido entre o privado e o público, enquanto o cinema se tornou dependente de uma política de Estado.

A perspectiva culturalista que dominou o pensamento cinematográfico brasileiro reprimiu as tentativas de união entre cinema e televisão no país. O campo televisivo foi estruturado dentro de uma lógica empresarial. Esse hiato entre cinema e televisão impediu que houvesse a formação de um campo audiovisual sistêmico, integrado e institucionalizado. O afastamento – ora desejado, ora forçado – enfraqueceu a atividade cinematográfica, que perdeu espaço para os novos meios audiovisuais, em especial para o meio eletrônico, que no Brasil se destacou como "comunidade nacional imaginada". Assim, o cinema brasileiro, além de enfrentar a concorrência do produto estrangeiro, encara um processo de concorrência interna com o produto televisivo, que ocupa o lugar central da cultura audiovisual no país, através da fabricação própria.

Nos anos 2000, o Estado parece cada vez mais atento à importância da televisão para a cultura e para a integração do campo audiovisual no Brasil. O III Congresso Brasileiro de Cinema (CBC) apontou a importância dessa integração e o projeto de lei de criação da Agência Nacional do Cinema e do Audiovisual (Ancinav), de 2004, previu a inclusão da regulação e taxação das emissoras comerciais no Brasil.

A criação da emissora pública, TV Brasil (2007)[1], seria a realização do grande projeto estatal para o campo televisivo. A criação de uma televisão pública no Brasil resulta da ampliação da agenda governamental. A transformação de TV estatal para um modelo de TV pública foi alvo de críticas e gerou calorosos debates na mídia, os quais refletiam sobre a própria condição da televisão pública no país. A TV Brasil foi acusada de

---

1   Decreto 6.246, de 25 de outubro de 2007.

III – POLÍTICAS PARA O DESENVOLVIMENTO DO CAMPO AUDIOVISUAL NACIONAL: REFLEXÕES SOBRE A RELAÇÃO ENTRE CINEMA E TELEVISÃO NO BRASIL

ser dirigista e instrumentalizadora pelo governo federal, já que o canal público está vinculado à Secretaria de Comunicação Social da Presidência da República (Secom). A independência da TV Brasil é questionável, já que ela faz parte da Empresa Brasileira de Comunicação (EBC), vinculada à Secom. O governo respondeu às acusações: "Peço a todos a sensibilidade e grandeza de perceber a importância e a força desse processo, de apostar nesse processo, de fazer dele sua própria história, porque a TV Brasil é de todos e, portanto, de cada um" (MINC, 2007).

O governo federal criou o primeiro canal público nacional de televisão autônomo. O canal deveria garantir pluralidade de fontes de produção e distribuição do conteúdo e da programação com finalidades educativas, culturais, científicas e informativas. Teria como papel promover a cultura nacional e estimular a produção regional e independente. Os principais objetivos do canal seriam contribuir com o debate público de temas de interesse nacional e internacional, incentivar a cidadania e apoiar processos de inclusão social e de socialização do conhecimento.

Além das iniciativas mais institucionais, o governo, através do MinC, lançou diversos editais para produção de pilotos, documentários e séries de televisão nos últimos anos, o que evidencia a entrada da televisão na pauta do Estado. No entanto, a intenção de promulgar quaisquer medidas de regulação e fiscalização voltadas para as emissoras provoca inúmeras tensões e reações no campo audiovisual.

Desde o nascimento da televisão no Brasil, nenhuma atenção foi dada a uma possível integração com o cinema. Bernardet e Galvão apontam a rara exceção do produtor, diretor e crítico Fernando de Barros, que defendeu em 1952 a aliança entre cinema e televisão. Para ele:

> Os homens de cinema devem se unir à TV e já, porque, por enquanto, os homens da TV ainda não são fortes. Há um dirigente de TV que aceitaria fazer um convênio com um grande estúdio, para ele seria preferível, pois não teria que empatar dinheiro em máquinas. Mas os homens de cinema não querem saber de nada, parece que eles têm o rei na barriga (BERNARDET; GALVÃO, 1983, p. 96).

Nos anos 1960, há uma cisão radical, como forma de distinção cultural, entre cinema e televisão: enquanto o primeiro se voltou para questões artísticas, o segundo teve como função entreter. Isso se torna ainda mais evidente com a consolidação do mercado de bens culturais no Brasil ao longo dos anos 1970 e 1980. O cinema seria considerado no imaginário nacional o meio audiovisual artístico e cultural e, ao mesmo tempo, a televisão seria o veículo da comunicação alienadora e de "baixo nível intelectual"[2]. Para Barone, "os cineastas cristalizaram um posicionamento extremamente crítico em relação ao modelo de televisão adotado no Brasil e seus rumos, sobretudo com relação aos vínculos com os governos militares" (2005, p. 123). O meio televisivo serviu ao projeto de integração nacional tendo nele o papel preponderante, em detrimento do cinema.

Entretanto, já final dos anos 1970, alguns cineastas foram chamados para realizar programas especiais, evidenciando a aproximação gradual entre os campos. Foi o caso de Eduardo Coutinho, João Batista de Andrade, Walter Lima Junior, entre outros, que tiveram participação no *Globo Repórter* (Rede Globo), destacado como programa de qualidade na época. Outro exemplo foi o programa *Abertura* (TV Tupi), apresentado por Glauber Rocha, que revelou novas possibilidades do meio eletrônico[3]. Machado analisa os discursos e as práticas envolvidos na relação histórica entre cinema e televisão:

> Olhando retrospectivamente para a história dos meios audiovisuais, pode-se hoje constatar que, a despeito da proliferação de um discurso apocalíptico que atribuiu à televisão a culpa de todos os males do cinema e tenta caracterizar o universo da televisão como uma panaceia em que se concentram todas as formas de banalização visível, há todavia uma longa tradição de diálogo e colaboração entre cinema, televisão e meios eletrônicos em geral (MACHADO, 2008, p. 205).

---

2   Os estudos mostraram que a cultura é um campo de batalha permanente e que as mensagens têm significado negociado.

3   No cenário internacional, diretores como Michelangelo Antonioni, Jean-Luc Godard, Ingmar Bergman, Federico Fellini, Alfred Hitchcock e Roberto Rossellini são exemplos de diretores de cinema que dialogaram com o meio eletrônico, seja através da incorporação de recursos técnicos, seja realizando produtos para televisão (MACHADO, 2008).

III – POLÍTICAS PARA O DESENVOLVIMENTO DO CAMPO AUDIOVISUAL NACIONAL: REFLEXÕES SOBRE A RELAÇÃO ENTRE CINEMA E TELEVISÃO NO BRASIL

Se as práticas indicam projetos de colaboração, historicamente, a atividade televisiva não foi incluída entre as prioridades da agenda cultural governamental, que tampouco apontou a perspectiva de integrá-la à atividade cinematográfica. As lacunas da ação estatal diante das dinâmicas do campo audiovisual no Brasil conformaram modelos de cinema e de televisão isolados institucionalmente. Contudo, se essa articulação não veio pela via política do Estado, ela se materializou através da política privada, em 1998, com a criação da Globo Filmes.

Butcher reflete sobre o processo histórico da relação entre televisão e cinema no Brasil:

> Negligenciada pela mediação do Estado e atravessada por uma desconfiança mútua de ambas as partes, a relação entre cinema e televisão no Brasil sempre foi caracterizada pelo distanciamento. Enquanto a TV se erguia no cenário audiovisual, não houve, por parte dos profissionais de cinema, esforços significativos para uma aproximação efetiva. Por sua vez a emissora de televisão que se firmou como hegemônica no país – a TV Globo – não investiu na produção de longas-metragens nem incorporou de maneira sistemática filmes brasileiros à sua grade de programação, com raras e breves exceções. Por isso, em 1998, quando a TV Globo anunciou, depois de mais de 30 anos de existência, que estava criando uma divisão voltada para coprodução de filmes para cinema, evidenciou-se que uma nova etapa da relação entre cinema e TV no Brasil havia começado (2006, p. 10).

Para entender a complexidade do campo audiovisual brasileiro nos anos 2000, a relação entre cinema e televisão merece ser problematizada. Diante de transformações culturais e tecnológicas, não é mais possível isolar um meio do outro na construção de um projeto de industrialização do cinema nacional.

A terceira parte concentra-se no exame da (des)articulação histórica entre cinema e televisão no Brasil e aponta as mudanças dos discursos e práticas para a integração dos meios nos anos 2000. Para ilustrar esse processo, será estudado o caso da Globo Filmes, um dos maiores agentes do cinema brasileiro contemporâneo.

A participação do departamento de cinema da Rede Globo, maior empresa de comunicação do país, na atividade cinematográfica pode ser percebida como estratégia política em resposta à ameaça da internacionalização da cultura. No início dos anos 1990, a emergência de outras formas de produção e consumo audiovisual alterou os hábitos de assistir a televisão incidindo sobre o protagonismo da Rede Globo no cenário audiovisual nacional. O aparelho televisivo deixou de ser apenas um meio de difusão e passou a contar com novos dispositivos técnicos para se tornar interativo. Houve mudanças pontuais em sua programação, como o investimento em reality shows, que passaram a ocupar espaço nobre na emissora. Se, até os anos 1990, a televisão era um meio aglutinador, destinado à família, a partir dessa década ela absorve o processo de individualização. A transformação pode ser constatada no espaço ocupado pelos televisores na casa, quando eles são deslocados das salas para os quartos.

Nesse momento de desestabilização financeira da televisão brasileira, o cinema nacional começava a sair da crise pós-Embrafilme, como vimos no capítulo anterior. A Rede Globo então reconheceu a importância de se aliar ao cinema como forma de fortalecer a produção de conteúdo nacional e criou a Globo Filmes. Sua entrada no mercado cinematográfico ocorreu, não por acaso, em momento de reestruturação produtiva e institucional do cinema nacional. A criação do departamento de cinema da empresa foi uma estratégia política da emissora, que sentiu sua liderança, como produtora de conteúdo audiovisual nacional, ameaçada pelo fortalecimento e modernização de outros meios, como as telefonias celulares e a internet.

No final dos anos 1990, a revitalização do discurso nacionalista se deu tanto no cinema brasileiro quanto na Rede Globo, dentro de um projeto de tornar o conteúdo brasileiro competitivo em relação ao produto norte-americano. Essa estratégia pode ser considerada uma oportuna demonstração de força em um campo dominado pelo produto estrangeiro. Nesse panorama, o audiovisual nacional se apresentou como um ingrediente político de afirmação cultural em um cenário de globalização.

A entrada da Globo Filmes – força nacional – e das majors – força internacional – na atividade cinematográfica elevou alguns poucos filmes nacionais a um lugar de destaque no ranking de público e de renda, ao lado das grandes produções norte-americanas. Esse movimento teve reflexo imediato no cinema brasileiro, pois trouxe o público de volta às salas de cinema para assistir a obras nacionais, beneficiando produtores, distribuidores e exibidores.

III – POLÍTICAS PARA O DESENVOLVIMENTO DO CAMPO AUDIOVISUAL NACIONAL: REFLEXÕES SOBRE A RELAÇÃO ENTRE CINEMA E TELEVISÃO NO BRASIL

A grande maioria dos filmes de sucesso comercial a partir dos anos 2000 tem a participação da Globo Filmes. Isso configurou novas relações de poder, dependências, desigualdades, assimetrias, mas também ambiguidades e possibilidades de construção da identidade do cinema brasileiro. A visão industrial que a Globo Filmes imprimiu no cinema nacional – o que só foi possível pelo destaque da Rede Globo no cenário nacional – gerou outras formas de fazer cinema no Brasil.

3.1 – Rede Globo e a força do conteúdo nacional

No passado, as identidades culturais eram formadas pelas associações políticas, pelas relações locais e pelo sentimento de pertencimento à nação. Existe um processo de redefinição do senso de pertencimento e identidade, organizado cada vez mais pela vinculação aos meios de comunicação e pela participação em comunidades midiáticas de consumidores. Estabelecem-se assim outras maneiras de informar e de criar laços de identidade cultural.

Os meios eletrônicos fizeram irromper as massas populares na esfera pública, deslocando o desempenho da cidadania em direção às práticas de consumo. Os meios de comunicação contemporâneos põem em evidência uma reestruturação geral das articulações entre público e privado, que pode ser percebida também no reordenamento da vida urbana, no declínio das nações como entidades que comportam o social e na reorganização das funções dos atores políticos tradicionais (CANCLINI, 2001). Canclini discorre sobre o protagonismo das tecnologias eletrônicas na sociedade contemporânea. Para o autor, "mais do que uma substituição absoluta da vida urbana pelos meios audiovisuais, [percebe-se] um *jogo de ecos*" (2006, p. 290).

A televisão se torna um dos principais destaques midiáticos, culturais e políticos da vida contemporânea. Para Machado:

> A despeito de todos os discursos popularescos e mercadológicos que tentaram e ainda tentam explicá-la, a televisão acumulou, nesses últimos cinquenta anos de sua história, um repertório de obras criativas muito maior do que normalmente se

> supõe, um repertório suficientemente denso e amplo para que se possa incluí-la sem esforço entre os fenômenos culturais mais importantes do nosso tempo" (2005, p. 15).

No Brasil, a televisão, inaugurada em 18 de setembro de 1950 (TV Tupi), se tornou o meio de integração cultural por excelência. Para Barbero, o rádio nacionalizou o idioma, mas foi a televisão que unificou os sotaques, deu repertórios de imagem através dos quais o nacional sintonizou com o internacional (2003). Esse movimento no Brasil é singular e compõe-se, em linhas gerais, de elementos políticos, econômicos e culturais. Se o cinema era até então o meio de comunicação da modernidade, a partir da década de 1960 ele passou a enfrentar um novo e poderoso concorrente, que entrava e organizava o cotidiano da sociedade brasileira: a televisão. O cinema brasileiro se distanciou dessa mídia que se tornaria o grande veículo de mediação do mundo. A televisão brasileira mesclou o modelo narrativo clássico de Hollywood com o recrutamento de profissionais do rádio, garantindo-lhe simultaneamente um lugar diferenciado do rádio e do cinema.

> Na medida em que o rádio fornecia aos iniciantes um passado exclusivamente sonoro, restava ao cinema cumprir o papel imagético. Nesse caso, o cinema americano, hegemônico durante as décadas de 1940 e 1950, que se impõe, uma vez que inexistia uma cinematografia nacional que pudesse servir de base para aqueles que começavam a enfrentar problemas técnicos e artísticos em relação à imagem (ORTIZ; BORELLI; ORTIZ RAMOS, 1988, p. 40).

O processo de formação da televisão brasileira foi baseado, desde meados dos anos 1960, na produção racionalizada[4]. A TV Excelsior, em 1963, estruturou uma programação vertical combinada com uma horizontal (os programas eram exibidos de segunda a sexta-feira em horários fixos), aliando a ideia de rotina familiar à programação televi-

---

4   Os primeiros tempos da televisão no Brasil carregaram as marcas do improviso e da experimentação.

III – POLÍTICAS PARA O DESENVOLVIMENTO DO CAMPO AUDIOVISUAL NACIONAL: REFLEXÕES SOBRE A RELAÇÃO ENTRE CINEMA E TELEVISÃO NO BRASIL

siva. A mentalidade empresarial imposta na década modificou a lógica de produção e buscou consolidar uma audiência que viria a ter abrangência nacional anos mais tarde.

A televisão ocupou o imaginário cotidiano da sociedade brasileira como lugar de reapresentação da modernidade, enquanto o cinema buscou se posicionar com o status de arte. A popularização e o crescimento da TV geraram transformações em todas as cinematografias do mundo[5]. No caso brasileiro, a televisão se solidificou de maneira isolada do cinema, no mesmo período em que a Embrafilme entrava em decadência, levando a atividade cinematográfica a um processo de deterioração[6].

Ao longo da história da televisão no Brasil, o Estado, através de seus governos, atuou de diversas maneiras nessa indústria e teve como diretriz principal o investimento no modelo de televisão comercial. Durante o regime militar, as telecomunicações foram consideradas estratégicas na política de desenvolvimento e integração do país. O governo investiu na infraestrutura necessária para ampliação da abrangência da televisão e mantinha certo poder de ingerência na programação das emissoras. O sistema de transmissão micro-ondas e de comunicação via satélite e a participação com verbas de propagandas oficiais estavam em conformidade com a finalidade do governo militar de integração nacional centralizada. Na afirmação de Ortiz:

> A ideia de "integração nacional" é central para a realização desta ideologia que impulsiona os militares a promover toda uma transformação na esfera das comunicações. Porém, como simultaneamente este Estado atua e privilegia a área econômica, os frutos desse investimento serão colhidos pelos grupos empresariais televisivos (2001, p. 118).

---

5   Butcher destaca dois países como emblemáticos nesse processo: Os Estados Unidos, cuja legislação e forças econômicas redesenharam a cadeia do audiovisual de forma que a televisão e o cinema fizessem parte de um mesmo campo, sem que perdessem certo grau de autonomia; e a França, onde a televisão, majoritariamente pública até os anos 1980, levou os canais a se tornar principais meios financiadores do cinema através da intermediação estatal (BUTCHER, 2006).

6   A Empresa investiu, sem sucesso, em 22 pilotos visando ao mercado de TV, seguindo as diretrizes do nacionalismo cultural do Estado (AMANCIO, 2000).

A televisão se desenvolveu como um investimento empresarial moderno estimulado pelo governo sob a ideologia da construção da integração nacional; no entanto, coube ao Estado o controle sobre o processo de concessão de canais. O crescimento da televisão, apesar de autônomo do ponto de vista econômico, estava vinculado às estruturas políticas, o que conformou um meio híbrido (entre o público e o privado). Esther Hamburger analisa a atuação do Estado no meio televisivo:

> A indústria televisiva se consolidou em conexão com o Estado sob o regime militar. O governo investiu em infraestrutura, controlou a programação através da censura, da propaganda e de "políticas culturais" e, apesar da interferência estatal, a televisão brasileira manteve sua natureza comercial privada (2005, p. 35).

O apoio estatal ao cinema nacional, através da Embrafilme, e o crescimento da Rede Globo no cenário nacional se inseriram no mesmo projeto nacionalista do Estado autoritário, pós-64. No entanto, os desenvolvimentos do cinema e da televisão no período se deram de forma desarticulada e até dicotômica. Para Butcher: "No projeto cultural da ditadura militar persiste uma clara divisão entre a 'cultura de massa', a cultura popular e 'artística' – sendo que a televisão se insere no primeiro grupo, e o cinema no segundo" (2006, p. 38). Isso pode ser percebido na forma diferenciada de ação do governo: para a cultura de massa, houve um alto investimento em infraestrutura de telecomunicações (criação do Sistema Nacional de Telecomunicação operado pela Embratel), mas a administração dos meios de comunicação foi repassada à iniciativa privada. Para as atividades artísticas, entre as quais o cinema estava incluído, foram criadas instituições e empresas estatais.

A Rede Globo, criada em 1965, foi a maior beneficiária dessas novas políticas governamentais em âmbito nacional. Como é sabido, a empresa aderiu ao projeto do governo militar, que envolveu tanto interesses de controle ideológico quanto de expansão do mercado de bens industriais. Para Figueirôa e Yvana Fechine, há um duplo nesse jogo nacionalista imposto pelos militares: "Esse apelo nacionalista serviu tanto ao projeto de integração nacional dos governos militares quanto à estratégia de defesa de mercado da Rede Globo contra os 'enlatados americanos' [...]" (FIGUEIRÔA; FECHINE, 2008, p. 22).

III – POLÍTICAS PARA O DESENVOLVIMENTO DO CAMPO AUDIOVISUAL NACIONAL: REFLEXÕES SOBRE A RELAÇÃO ENTRE CINEMA E TELEVISÃO NO BRASIL

A limitação de concessões a emissoras no Brasil e a devoção ao projeto militar permitiram à Rede Globo se consolidar como oligopólio altamente concentrado, presente em todo o país. Um único grupo midiático concentrou a produção audiovisual nacional, conquistando grande poder político, econômico e cultural. Por consequência, ao entrar e ocupar espaço central da produção audiovisual brasileira, a Rede Globo tomou para si o papel de escultora da "identidade nacional". Ela buscou referência em modelos já consolidados da televisão nacional que apresentaram narrativas de fundo nacionalista. A emissora se apropriou de experiências já consagradas para desenvolver seu próprio modelo de nação. As telenovelas dos anos 1950 e 1960 da Excelsior, da Record e da Tupi e os festivais de música popular brasileira da Record dos anos 1960 guiaram o projeto nacionalista da Rede Globo.

O adensamento do protagonismo da Rede Globo na produção de conteúdo e no imaginário nacional e o espaço híbrido ocupado pela televisão no Brasil – entre o público e o privado – geraram um meio desigual, dominado pelo capital privado e pelo consumo, no qual a diversidade jamais se estabeleceu por completo. O processo de estruturação da televisão foi acompanhado por uma concentração de capital e conteúdo que enfraqueceu as diversas possibilidades da multiplicidade de expressões culturais do país. Para Butcher, "formula-se uma espécie de batalha jamais explicitada para a manutenção de seus poderes, em detrimento de outras possibilidades de produção e difusão do audiovisual, assim como de uma multiplicidade de expressões culturais" (2006, p. 16). Ao mesmo tempo, a televisão, ao se apropriar de elementos da cultura popular e da cultura de elite, abre atalhos para a passagem de transformações não autoritárias emanadas do mercado e da sociedade civil, através do processo da mediação.

O fortalecimento comercial da televisão nos anos 1960 e 1970 aprofundou a fragilidade da estrutura industrial do cinema e sua afirmação como arte autônoma. O processo de modernização audiovisual brasileiro é próprio de país periférico: é feito de maneira desarticulada e incompleta: cinema e televisão não integraram um sistema audiovisual interdependente.

O cinema brasileiro daquele momento encontrou dificuldade diante dos fluxos tecnológicos internacionais e das transformações internas do país e assumiu o subdesenvolvimento como condição estruturante. O sistema televisivo brasileiro, por sua vez, foi financiado por meio da publicidade e se consolidou como padrão industrial, competitivo internacionalmente. A televisão montou uma indústria cultural adequada à nova fase de desenvolvimento e modernização capitalista (ORTIZ; BORELLI; ORTIZ RAMOS, 1988). A ausência de uma estrutura industrial cinematográfica no país fez com que o audiovisual brasileiro "pulasse" uma etapa, consolidando a indústria audiovisual através do meio eletrônico (ORTIZ RAMOS, 2004). A televisão simbolizou a modernização, deixando para trás o discurso moderno de industrialização cinematográfica de outrora.

Para Ortiz, é o desenvolvimento da televisão o que melhor caracteriza o advento e a consolidação da indústria cultural no Brasil (1988). A televisão, preponderantemente local na década de 1950, realizou uma integração de mercado nacional nas décadas seguintes. Com sua intensa penetração, o meio se constituiu no Brasil como uma verdadeira "comunidade nacional imaginada", seja pela presença no cotidiano dos brasileiros, seja pela sua afirmação como referência de qualidade[7] em conteúdo nacional no cenário brasileiro e internacional. O slogan "Globo, a gente se vê por aqui" reflete o projeto de unidade nacional através do discurso da emissora.

A televisão fornece e expressa aos cidadãos um repertório comum de representações, constantemente atualizadas, sinalizando um projeto de integração e conexão virtual em um novo tempo. O predomínio da estética naturalista e realista somado à narrativa do cotidiano embala as telenovelas e minisséries que, com soluções ficcionais, desenvolvem elementos identificáveis pelo público como conhecidos e familiares. Na afirmação de Hamburger:

> [...] a televisão, principalmente por meio das novelas, capta, expressa e alimenta as angústias e ambivalências que caracterizaram essas mudanças, constituindo-se em veículo privile-

---

7 Arlindo Machado questiona a associação da expressão qualidade à televisão. Para o autor, essa associação produz uma discriminação que pode ser nociva à própria ideia que se quer defender. Para Machado, "talvez se deva buscar, em televisão, um conceito de *qualidade* a tal ponto elástico e complexo que permita valorizar trabalhos nos quais os constrangimentos industriais (velocidade e estandardização da produção) não sejam esmagadoramente conflitantes com a inovação e a criação de alternativas diferenciadas, nos quais a liberdade de expressão dos criadores não seja totalmente avessa às demandas da audiência, nos quais ainda as necessidades de diversificação e segmentação não sejam inteiramente refratárias às grandes questões nacionais e universais" (MACHADO, 2005, p. 25).

III – POLÍTICAS PARA O DESENVOLVIMENTO DO CAMPO AUDIOVISUAL NACIONAL: REFLEXÕES SOBRE A RELAÇÃO ENTRE CINEMA E TELEVISÃO NO BRASIL

> giado da imaginação nacional, capaz de propiciar a expressão de tramas privadas em termos públicos e dramas públicos em termos privados (1998, p. 458).

O meio televisivo, intermidiático por sua própria condição, foi formado a partir de referências nacionais e estrangeiras, populares e elitistas, conformando um modelo nacional particular, constantemente renovado e modernizado. A linguagem coloquial e a aproximação a referências e eventos realistas e contemporâneos introduzidos nas telenovelas, somadas à estrutura de serialização e produção de correlatos, elevaram a televisão a um lugar de destaque nos projetos de desenvolvimento capitalista e de modernização do país. A televisão é resultado e instrumento de um mesmo projeto. Através de estratégias de comunicabilidade e da relação social de reconhecimento, representa uma contemporaneidade que é constantemente atualizada nas telas.

A posição da televisão na organização da sociedade brasileira se refletiu na cinematografia nacional desde a época da Embrafilme. São exemplos: *Bye Bye Brasil* (1979), que levou a discussão sobre televisão para dentro da tela grande, e *Dona Flor e Seus Dois Maridos* (1976), que se valeu de códigos televisivos para a realização do filme. A televisão passou a ser percebida mais como mediação do que meio, uma vez que se reconhece então a imagem televisiva como agente de mudanças socioculturais.

O surgimento do videoteipe na década de 1970 proporciona novo vigor, possibilidades e criação de outros formatos que passam a utilizar as especificidades que o meio eletrônico permite. A partir desse momento, houve programas que romperam com o modelo clássico naturalista televisivo – baseado no rádio e no cinema de Hollywood – e que tiveram origem no movimento de vídeo independente. Em um primeiro momento, o vídeo foi utilizado por artistas plásticos como forma de expressão e expansão das artes plásticas, criando o movimento da videoarte. Nos anos 1980, uma nova geração de realizadores reorientou a trajetória do vídeo brasileiro em uma tentativa de desconstrução do modelo anterior[8]. Para Machado:

---

8   Dois grupos criados no início dos anos 1980 se destacaram nesse processo ao buscar espaço nas emissoras de televisão: TVDO, constituído por Tadeu Jungle, Walter Silveira, Ney Marcondes, Paulo Priolli e Pedro Vieira; e Olhar Eletrônico, formado por Marcelo Machado, Fernando Meirelles, Renato Barbieri, Paulo Morelli e Marcelo Tas.

> Trata-se da geração do vídeo independente, constituída em geral de jovens recém-saídos das universidades, que buscavam explorar as possibilidades da televisão como sistema expressivo e transformar a imagem eletrônica num fato da cultura de nosso tempo. O horizonte dessa geração é agora a televisão e não mais o circuito sofisticado dos museus e galerias de arte (2007, p. 18).

Enquanto o meio televisivo incorporava as potencialidades do videoteipe, o cinema reagiu, tentando se proteger e se salvaguardar diante desse novo suporte, pois ainda tentava se legitimar no Brasil enquanto a televisão e o vídeo avançavam e cresciam substancialmente na sociedade do consumo e difusão de imagens.

O movimento de vídeo independente dos anos 1980 buscou pensar a televisão dentro do próprio meio. Paradigmático desse processo foi o programa *Abertura* (TV Tupi), realizado entre 1979 e 1980 com participação do cineasta ícone do Cinema Novo, Glauber Rocha. Contudo, na maioria dos casos, as emissoras ignoraram a produção independente, que se voltou para circuitos alternativos de exibição viabilizados pelo uso doméstico do videocassete no país a partir de 1982.

Embalada pelo crescimento e popularização, a televisão brasileira produziu uma série de programas com a intenção de criar uma pedagogia do meio, antecipando a formação do espectador televisivo. Foi a partir dessa dinâmica que se revelou a centralidade do veículo na organização do cotidiano brasileiro. "É essa reflexividade que nos faz compreender a função pedagógica que esses programas tiveram, antecipando a formação de um sujeito comum amplamente reconhecedor dos seus códigos e da importância do veículo no cotidiano brasileiro" (CAMINHA, 2008, p. 4).

Com o fim do regime militar e com a estruturação de um mercado de bens simbólicos no país marcado pelo desenvolvimento econômico capitalista, a televisão voltou-se para si apontando um novo caminho estético e político em um tempo de mudanças. Para Fechine, a autorreferencialidade é a característica mais evidente da programação televisiva contemporânea. Afirma a autora: "Não poderia ser diferente, já que a televisão se tornou a principal aliada da atual sociedade do consumo e, para tanto, precisa estimular, antes de tudo, o consumo de si mesma" (2003). Assim, a televisão tornou-se autopromocional.

III – POLÍTICAS PARA O DESENVOLVIMENTO DO CAMPO AUDIOVISUAL NACIONAL: REFLEXÕES SOBRE A RELAÇÃO ENTRE CINEMA E TELEVISÃO NO BRASIL

Os anos 1980 assistiram à entrada da chamada "geração televisiva" no meio que "buscou criar uma representação de cotidiano brasileiro amplamente atravessado pelas indústrias culturais, ao mesmo tempo que se propôs discutir as potencialidades técnicas oferecidas pela imagem eletrônica" (CAMINHA, 2008, p. 4). A televisão dos anos 1980 caracterizou-se pelo ingresso de intelectuais conhecedores do arsenal de conceitos e técnicas televisivos, intelectuais que reconhecem sua centralidade como organizadora da sociedade brasileira. Esses profissionais mostraram-se capazes de utilizar as especificidades e potencialidades desse meio eletrônico. O ingresso deles na televisão gerou contradições na medida em que questionou os lugares de distinção e qualificação dos meios.

Para Fechine, a geração que cresceu assistindo à programação padronizada das emissoras vê a possibilidade de operar criativamente dentro dessa própria programação. Essa era uma alternativa concreta de inserção comercial, mas era também uma "dose necessária de renovação que ressemantiza a repetição inerente ao modo de organização da TV" (2003). Dois programas podem ser destacados como paradigmáticos dessa geração que reflete sobre o fazer televisivo e a sociedade de bens de consumo: *Armação Ilimitada* (1985-1988) e *TV Pirata* (1988-1990).

Armação Ilimitada, dirigido por Guel Arraes e baseado na temática do surfe, misturou linguagens de quadrinhos, rádio, cinema, publicidade e videoclipe[9], aproximando o jovem do universo televisivo a partir da reinvenção e da mescla dos gêneros midiáticos. *TV Pirata*, também dirigido por Arraes, explodiu esse processo de autorreflexão, trabalhou a televisão dentro da televisão, "a partir da paródia constante da grade de programação da Rede Globo, incluindo também os espaços reservados ao faturamento das emissoras através dos comerciais e vinhetas de abertura" (CAMINHA, 2008). Figueirôa e Fechine complementam: "No *TV Pirata*, a grande piada era, em última instância, o próprio modo de produção da televisão e seus formatos já institucionalizados" (2002). Arraes reflete sobre o processo do programa:

---

9   Para Arlindo Machado, o videoclipe reúne atitudes transgressivas no plano de invenção audiovisual que encontram um público de massa (MACHADO, 2005); para Canclini, a linguagem descontínua, acelerada e paródica do videoclipe é pertinente para examinar as culturas híbridas.

> Na época em que fazia o *TV Pirata* o grupo se deu conta que era provavelmente a primeira geração de realizadores de televisão que cresceu assistindo a televisão, que tinha o universo da televisão como referência comum, que não problematizava a televisão desde pequeno porque cresceu com ela (ARRAES in FIGUERÔA; FECHINE, 2008, p. 293).

Os dois programas são emblemáticos e se tornaram referência na televisão brasileira. *Armação Ilimitada* e *TV Pirata* explicitaram a importância do meio eletrônico na organização social brasileira, trabalharam com as potencialidades do meio através do humor e foram dirigidos por um jovem intelectual.

Arraes possui formação política de esquerda e se diz influenciado pelo *Cinema Verité*, de Jean Rouch, e pelos cineastas Jean-Luc Godard e Glauber Rocha. Ele entra na televisão e vai implementar o que chamaremos aqui de "situação de trânsito". O Núcleo Guel Arraes, que funciona desde 1991 na Rede Globo, é credenciado justamente pelos experimentalismos, fronteiras e interfaces entre os diversos setores que compõem o campo audiovisual. Para Figueirôa e Fechine:

> Os programas dirigidos por Guel Arraes tendem a se organizar justamente no trânsito entre a tradição e a sua subversão: formatos que emergem do reconhecimento de determinadas matrizes organizativas para que se dê, já no mesmo ato, sua reinvenção e seu consequente estranhamento (2008).

Como afirma o próprio diretor, o trabalho do núcleo sempre foi orientado pela preocupação em transformar propostas de criação mais autorais (nascidas dentro do grupo) em programas de audiência e com produção viável no dia a dia da televisão:

III – POLÍTICAS PARA O DESENVOLVIMENTO DO CAMPO AUDIOVISUAL NACIONAL: REFLEXÕES SOBRE A RELAÇÃO ENTRE CINEMA E TELEVISÃO NO BRASIL

> Nunca pensamos em fazer na TV programas que não fossem comerciais. Queremos que eles sejam comerciais! Comerciais, mas legais. Com adaptações, nunca foi diferente [...]. Nossa proposta, de modo geral, sempre foi fazer obras atraentes para o público, mas ao mesmo tempo com uma preocupação de linguagem. Ficar na corda bamba entre o experimental e o comercial é a característica comum a todo esse grupo (ARRAES, 2008, p. 303-313).

O trabalho de Arraes se destacou por explicitar a intermediação audiovisual e apontar outros caminhos para o audiovisual nacional. Se o diálogo entre cinema, vídeo e televisão foi marcado por reações e rupturas, e não se efetivou como política, essa relação aconteceu de maneira discreta nas práticas audiovisuais. Dinâmicas de interação, trânsito e distinção ocupam a relação entre cinema e televisão desde os anos 1980.

O papel de destaque da televisão na sociedade brasileira modificou a relação de forças dos campos cultural e audiovisual no país. A crescente popularização do meio no Brasil pode ser mensurada quantitativamente: é o quarto país em número de aparelhos televisivos no mundo (HAMBURGER, 1998). Para além do destaque mundial, em pesquisa do IBGE, constatou-se que 93% dos domicílios brasileiros possuem televisão, ultrapassando o percentual de lares com rádio e com geladeira (90% e 89% respectivamente) (PNAD, 2006).

Tabela 4: Proporção de domicílios com televisão por região – Brasil, 1960-2006

	1960	1970	1980	1991	2006
BRASIL	4,6%	22,8%	56,1%	71%	93%
Norte	0%	8%	33,9%	48,7%	85%
Nordeste	0,3%	6%	28,1%	47,2%	86,8%
Centro-Oeste	0,3%	10,5%	44,7%	69,7%	93%
Sudeste	12,4%	38,4%	74,1%	84,4%	96,8%
Sul	0,8%	17,3%	60,5%	79,7%	95,6%

Fonte: HAMBURGER, 1998, e PNAD (IBGE), 2006. Elaborado pela autora.

O lugar da televisão extravasa o próprio meio e ganha destaque junto a outras mídias, tornando-se presente no imaginário coletivo e na rotina da casa do brasileiro. Isso faz com que mais do que saber decodificar a imagem televisiva o indivíduo televisivo se sinta parte desse universo. São diversas as publicações e os programas de televisão destinados a falar sobre o meio. Podemos exemplificar o processo com a publicação *Revista da TV*[10] e a exibição do programa *Video Show*[11]. Ambos são dedicados a narrar e fortalecer o meio televisivo. Para Autran, "a televisão ocupou o lugar de vetor fundamental no avanço do capitalismo de modo a integrar o país como mercado" (2004, p. 213).

O produto nacional é valorizado no meio televisivo, sendo maioria e, geralmente, exibido em horário nobre. A telenovela brasileira, que ocupa junto com os telejornais locais e nacionais essa faixa de horário, é produto de referência nacional e internacional. Segundo Hamburger: "A televisão brasileira inverteu a direção dos circuitos internacionais de mídia, exportando novelas para países em todos os continentes, a começar, em 1975, por Portugal, a ex-metrópole" (HAMBURGER, 1998, p. 444).

As informações expostas abaixo sobre a origem dos programas exibidos na TV aberta evidenciam que a proporção de programas estrangeiros não ultrapassa 50% em nenhum dos canais. Por razões distintas, a TV Cultura e o SBT são as que veiculam relativamente maior número de programas estrangeiros.

---

10 Revista semanal publicada na edição de domingo do jornal *O Globo* cujo tema central é o universo televisivo, em especial, da emissora Rede Globo.

11 Programa exibido diariamente na Rede Globo, na hora do almoço, cuja pauta é a própria emissora, seus programas e atores.

Gráfico 12: Programas (exceto filmes) na TV aberta por emissora por país de origem – 2007

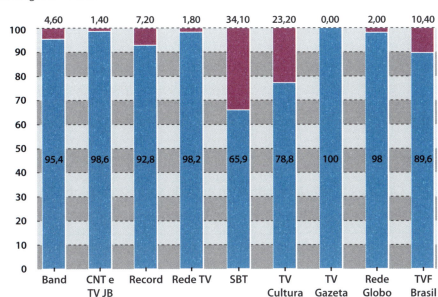

Fonte: Ancine, 2008 – Superintendência de Acompanhamento de Mercado. Elaborado pela a autora.

A conquista do mercado interno pelo conteúdo nacional é resultado de dois processos complementares: de um lado, a eficiência do modelo industrial moderno e, de outro, a representação da coletividade nacional imaginada. O conteúdo da Rede Globo pode ser categorizado como o que Ortiz chamou de "cultura internacional popular" (2003). A empresa produz conteúdos que podem ser lidos em diversas localidades do país e do mundo. Como resultado, a emissora exportará conteúdo nacional, firmando-se como uma referência audiovisual mundial.

A construção do "padrão Globo de qualidade" impõe um modelo rígido de programação, rotina interna e equipe técnica qualificada capaz de realizar programação em escala industrial, em diálogo direto com as demandas de mercado. Além dessa aludida excelência técnica, reafirma-se o interesse pelo nacional através da grade padrão de programação, como o jornalismo (local e nacional) e a ficção (telenovela e minissérie) no horário noturno, garantindo fidelidade e reconhecimento do público. O conteúdo "nacional-popular" está presente tanto nos noticiários e transmissões esportivas quanto nas telenovelas e minisséries da emissora.

Admitindo, tal como Robert Stam (2003), que o audiovisual é parte inseparável da cultura e impossível de ser compreendido fora do contexto geral cultural de determinada época, a internacionalização da cultura enfatizou a defesa e o fortalecimento do conteúdo nacional através de ações comerciais. A participação da Rede Globo no cinema nacional, através da Globo Filmes, imprimiu novas marcas no campo cinematográfico brasileiro, gerando transformações no mercado e na linguagem audiovisual do país.

3.2 – Cinema e televisão no Brasil: o caso de sucesso da Globo Filmes

A criação da Globo Filmes (1998)[12] pode ser entendida como estratégia política e econômica da Rede Globo em resposta à ameaça da internacionalização da cultura. Ela faz parte de um conjunto de ações relacionado à política da empresa, cuja diretriz principal é a defesa e a dominação do conteúdo nacional. Tanto o cinema, por meio da Retomada do Cinema Brasileiro, quanto a televisão, através da "defesa do conteúdo nacional", reativaram o discurso nacionalista.

A criação da Globo Filmes, que propositadamente coincide com o período de recuperação da atividade cinematográfica brasileira, potencializa a posição do produto nacional em um contexto mais amplo do mercado audiovisual. A partir do final da década de 1990, o cinema nacional ganha novo impulso com a criação da Lei Rouanet e da Lei do Audiovisual. No plano institucional, é criada a Ancine, uma clara demonstração de transformação política no campo audiovisual.

Mudanças estruturais são percebidas nessa nova fase do cinema nacional. Uma das mais relevantes é a participação da TV no cinema brasileiro. A televisão já exercia influência sobre o filme brasileiro, mesmo antes da criação da Globo Filmes; são exemplos desse processo os filmes dos Trapalhões e da Xuxa, que ocuparam lugar de destaque de público do cinema nacional. Em seu estudo sobre os filmes dos Trapalhões, Ortiz Ramos defende as produções como "populares de massa", que perpassam a relação entre cinema, televisão e mídia em geral. Para o autor:

---

12 Em um primeiro momento, a Globo Filmes seria produtora e distribuidora de conteúdo.

III – POLÍTICAS PARA O DESENVOLVIMENTO DO CAMPO AUDIOVISUAL NACIONAL: REFLEXÕES SOBRE A RELAÇÃO ENTRE CINEMA E TELEVISÃO NO BRASIL

> Os Trapalhões acabam por embaralhar elementos dos dois polos de produção [...] o "popular de massa" e o "culto". Numa estratégia análoga à TV Globo para a dramaturgia, os cômicos vão tragando artistas e técnicos com formações diversas, concentrando práticas cinematográficas e televisivas, acionando tradições e construindo uma serialização bem sedimentada. Conseguem, assim, uma solidificação de padrão fílmico adequada à modernização audiovisual (2004, p. 39).

Se o fenômeno Trapalhões avança rumo à modernização audiovisual no final dos anos 1970, apoiado em preceitos nacionalistas e populares, é a criação da Globo Filmes, no final dos anos 1990, que institucionaliza a relação entre cinema e televisão no Brasil. Mas é a partir do ano 2000, com o lançamento de *O Auto da Compadecida*, que a empresa passa a ter uma atuação efetiva no mercado de cinema nacional. Foi também a partir do processo desse filme que a Globo Filmes alterou o debate sobre a função cultural da televisão no Brasil.

O apoio da televisão ao setor cinematográfico, protagonizado pela Rede Globo, foi possível pela força que a emissora adquiriu como agente social nacional. Segundo Butcher: "A TV Globo arregimentou setores da produção e passou a interferir com firmeza no sentido de tornar alguns filmes brasileiros produtos competitivos em relação ao produto americano, o que seria uma oportuna demonstração de forças em um campo dominado pelo produto estrangeiro" (2006, p. 15), mas seria também uma estratégia de dominação comercial e simbólica do conteúdo audiovisual brasileiro.

A metodologia de trabalho da Globo Filmes é singular e cumpre de maneira eficaz os seus objetivos. A empresa, na grande maioria dos casos, não investe dinheiro nas produções em que se envolve, mas garante espaço na mídia no momento do lançamento. Esse espaço varia de acordo com a porcentagem da participação da Globo Filmes no contrato e a expectativa comercial do filme. O grande benefício de uma coprodução com a Globo Filmes é a estrutura nacional de promoção e divulgação. O processo de coprodução está sempre associado à credibilidade e ao padrão de qualidade da Rede Globo, "colaborando com o definitivo amadurecimento do setor e criando outra forma de fazer cinema no Brasil" (site Globo Filmes, acesso em 17 ago. 2007).

A parceria com a Globo Filmes pode acontecer em todas as fases da produção, inclusive em filme já finalizado. Porém, a preferência é estabelecer contratos ainda em fase do roteiro, para acompanhar o desenvolvimento do projeto de perto. Segundo Carlos Eduardo Rodrigues, diretor executivo da Globo Filmes:

> Quando se fala em participação da Globo Filmes em um sucesso, só se presta atenção na mídia, enquanto o processo é bem mais abrangente. Temos participação ativa desde o momento em que escolhemos o projeto até a hora do lançamento. Estamos interessados em obras de conteúdo nacional, de qualidade e potencial popular [...]. A parceria que a gente propõe ao cinema é esta: desenvolver projetos que aproximem o público brasileiro do nosso cinema, criem o hábito de ver filmes nacionais, assim como a TV aprendeu a acompanhar e entender o gosto dos brasileiros (FILME B, 2003, p. 1).

O modelo de produção da Rede Globo, pelo qual ela produz quase tudo o que exibe, é contrastante ao modelo cinematográfico nacional, que carece de capacidade produtiva. Somado a isso, a velocidade da produção da televisão se diferencia do modelo de produção de cinema no país. A atuação da Globo Filmes é, portanto, uma espécie de oferecimento de know how da visão industrial e comercial dos produtos audiovisuais, traduzindo-se em uma intervenção direta no projeto do filme.

Uma produção cinematográfica coproduzida pela Globo Filmes sofre interferência dela em todas as fases do projeto: roteiro, escolha de elenco, corte final, escolha do título, campanha de lançamento, entre outros. No entanto, nem o forte apoio de mídia por parte da Globo Filmes, inclusive de *cross-media* (promoção dentro do conteúdo), garante o sucesso de um filme (exemplos disso são os dois filmes do Casseta & Planeta e *Acquaria*). O sucesso de um filme depende de uma série de variáveis, como: tema, elenco, data de lançamento, público-alvo, pontos de exibição e campanha de marketing, variáveis que, por vezes, fogem ao controle dos produtores e distribuidores.

III – POLÍTICAS PARA O DESENVOLVIMENTO DO CAMPO AUDIOVISUAL NACIONAL: REFLEXÕES SOBRE A RELAÇÃO ENTRE CINEMA E TELEVISÃO NO BRASIL

A Globo Filmes aposta na popularização do cinema nacional e popular entendido aqui como reconhecido, atraente ao grande público. A partir do final dos anos 1990, o cinema brasileiro passou a ter uma preocupação com a recuperação da capacidade de se comunicar com o público. A Globo Filmes passa a atuar, então, principalmente em três modalidades de participação em projetos: transformar minisséries em longas-metragens, desenvolver projetos cinematográficos para o elenco da emissora e apostar em filmes de qualidade, com potencial de público, apresentados por produtores independentes[13]. A empresa opta por projetos que incorporem os conceitos de repetição/inovação e reconhecimento/estranhamento em suas coproduções, tendo por objetivo alcançar o maior número de espectadores. O campo audiovisual trabalha com a dialética entre divulgação e distinção, isto é: necessita ampliar o mercado de consumo para obter mais lucro, ao mesmo tempo que precisa enfrentar os efeitos massificadores da divulgação, através de signos de distinção (CANCLINI, 2006). Produtos cinematográficos oriundos de programas da Rede Globo, como é o caso de *Os Normais* (2003), os filmes do Casseta & Planeta (2003 e 2006) e *A Grande Família* (2007), são cada vez mais produzidos.

A Globo Filmes entra no cenário cinematográfico brasileiro com o intuito de fortalecer a indústria audiovisual brasileira, aumentar a sinergia entre cinema e televisão e afirmar a hegemonia da Rede Globo no audiovisual nacional. Barbero argumenta que as mídias detêm a capacidade de representar o social e construir a atualidade, além de se constituir hoje como atores sociais que intervêm ativamente na realidade. Essa função é realizada de forma multimidial, termo que aponta para o fato de as mídias, diante das novas tecnologias de informação e das grandes alianças entre as empresas de comunicação, passarem a complementar umas às outras (BARBERO, 2004).

Contudo, os meios audiovisuais, em especial o cinema e a televisão, ocupam lugares diferentes na hierarquia da cadeia do audiovisual. Há uma hierarquia de valor e de gosto: apesar de a televisão ter se tornado o meio audiovisual dominante a partir da segunda metade do século XX, "em termos de prestígio, o cinema ainda é considerado uma expressão artisticamente mais nobre, enquanto a TV, em geral, é vista como um veículo de massa marcado pela redundância e pela pobreza estética" (BUTCHER, 2006, p.18).

---

13   Interessante perceber que a última modalidade de participação se volta para produtoras independentes que já tenham incorporado a dinâmica de trânsito audiovisual em seus trabalhos. Na maioria dos casos, essas empresas trabalham com o amplo espectro que o audiovisual permite, produzindo videoclipes, programas para televisão, filmes publicitários e institucionais e longas-metragens.

DISCURSOS, POLÍTICAS E AÇÕES: PROCESSOS DE INDUSTRIALIZAÇÃO DO CAMPO CINEMATOGRÁFICO BRASILEIRO

Há autores e diretores atuantes tanto no cinema quanto na televisão a declarar que as linguagens de cinema e TV são muito próximas. Jorge Furtado, diretor de programas da Rede Globo e de filmes para o cinema, compartilha essa visão e diz que a diferença essencial reside na recepção. "São a mesma linguagem, com os mesmos signos, a mesma força da fotografia, músicas, palavras, luz e movimento. A diferença não é como se faz, é como se vê" (FURTADO, s/d). No entanto, parece não haver dúvidas sobre as distinções em relação ao produto final. O como "se vê" incide fortemente no "como se faz". Arraes, por sua vez, acredita em um cinema brasileiro popular de qualidade[14], isto é, consumido largamente e de reconhecido valor cultural. Segundo Butcher, os dois diretores "acreditam ser possível uma 'estratégia de ocupação', buscando desenvolver, dentro da televisão, um trabalho que seja ao mesmo tempo comunicativo e sofisticado, recorrendo à metalinguagem em uma tentativa de explodir os signos televisivos" (2006, p. 100).

Em que pese ainda existir estratégias de distinção cultural entre os meios, há cada vez mais aproximação e deslocamentos de fronteiras. Cada vez mais diretores da Rede Globo realizam obras cinematográficas. Guel Arraes, Jorge Furtado, Luiz Fernando Carvalho, Maurício Farias, José Alvarenga, Jorge Fernando e Daniel Filho ilustram esse processo. A Rede Globo fortalece sua imagem de liderança no campo audiovisual através dessas produções cinematográficas e, ao mesmo tempo, conserva em seus quadros os consagrados profissionais de cinema. Há, portanto, uma quebra no discurso de outrora, que desqualificava a priori o conteúdo audiovisual televisivo, taxando-o de "inculto" e exaltava a erudição do audiovisual cinematográfico.

Arraes sai em defesa da televisão brasileira e da atuação conjunta capaz de desenvolver o campo audiovisual no país:

> A exigência que a televisão preste um serviço público me parece correta. Mas acho que a discussão não pode ficar por aí. Do modo como se fala da televisão, parece até que o cinema brasileiro tem um prestígio incrível, que faz filmes geniais, que é uma indústria florescente e maravilhosa, e que a televisão é uma coi-

---

14   A discussão sobre o popular na história do cinema brasileiro reflete diferentes abordagens. Ver: BERNARDET, Jean-Claude; GALVÃO, Maria Rita (1983).

III – POLÍTICAS PARA O DESENVOLVIMENTO DO CAMPO AUDIOVISUAL NACIONAL: REFLEXÕES SOBRE A RELAÇÃO ENTRE CINEMA E TELEVISÃO NO BRASIL

> tadinha que só faz coisa ruim. Se você observar historicamente, a situação é bem outra. Desde os anos 1960, a televisão não parou de crescer, de revelar e formar bons artistas. Na TV não foram só criadas coisas popularescas, foram criadas coisas incríveis. É preciso olhar também para o que é bom. Se você fizer uma contabilidade do que realmente tem de bom na televisão brasileira, vai encontrar uma quantidade de obras muito boas, provavelmente muito maior do que no cinema brasileiro, até porque a televisão produz muito mais, e é muito mais rica. Não se trata apenas de defender a televisão, mas se trata de defender uma atuação conjunta, capaz de contribuir para os dois. Para mim a combinação *Cidade dos Homens* na TV e *Cidade de Deus* no cinema foi uma das coisas mais importantes que aconteceram na televisão e no cinema do Brasil (ARRAES, 2008, p. 318)

Sob essa acepção, a produção imagética da Rede Globo exerce influência direta no cinema nacional contemporâneo ao ocupar o lugar de referência cultural coletiva do país e se apresentar como meio integrador e de identificação da nação brasileira. Se, em período recente da história, os filmes nacionais sofriam influência de um modelo estrangeiro (europeu ou norte-americano), agora esse modelo está dentro do país: trata-se do "padrão Globo de qualidade".

O referencial televisivo adquire novos horizontes e se apresenta de modo explícito na filmografia brasileira a partir do final dos anos 1990. Segundo Butcher: "Todos os filmes lançados a partir dos anos 1990 não escapam a esse novo referencial" (2005, p. 69). É observável, tanto nas adesões quanto nas reações à nova hegemonia formada no campo audiovisual brasileiro, esse "padrão Globo de qualidade". Como afirma Barbero, os meios de comunicação, especialmente na América Latina, são mediações entre os diversos níveis de cultura que se misturam, se hibridizam e estão em constante negociação e disputa.

Tais evidências sinalizam que a participação da televisão no cinema nacional gera aproximação dos meios e também produtos híbridos e deslocados. A intermediação está na base da arte e da produção cultural. Na contemporaneidade, as trocas simbólicas se intensificam e acabam por transformar os processos culturais. Em tempo de internacionalização da cultura, a busca pela pureza de outrora dá lugar à explosão da intertextualidade e da hibridização.

As narrativas veiculadas pela televisão convivem e disputam com as cinematográficas, alimentam-se delas e vice-versa. São exemplos dessa nova condição: a migração da minissérie *O Auto da Compadecida* (2000) da televisão para o cinema; a produção para televisão da obra literária *A Pedra do Reino* (2007) com estética e concepção cinematográfica; e o lançamento do produto televisivo inspirado no filme *Cidade de Deus* (2002), o programa *Cidade dos Homens* (2002), que gerou um filme de mesmo nome em 2007. Para Figuerôa e Fechine, os discursos se organizam no trânsito e no movimento entre formas, resultando em um hibridismo de linguagens e de mídias na contemporaneidade (2002). Observamos, pois, o aprofundamento das interfaces entre cinema e televisão nos produtos audiovisuais brasileiros.

Os projetos de trânsito evidenciam experiências de mercado e de renovação que remetem às referências das obras classificadas como integrantes da cultura de elite. Esses produtos parecem apontar para a necessidade de intermediação e de deslocamento em tempos de mundialização da cultura. Segundo Renato Gomes, a minissérie da Rede Globo *Hoje É Dia Maria* (2005) foi uma experiência de mercado que pôde renovar o desgaste narrativo e mesclar tradição com referências da cultura de elite (2006). Esse tipo de produção continua ocupando um nicho supérfluo na programação da televisão, tendo horário e duração restrita. A lógica se assemelha ao mercado cinematográfico nacional, no qual os filmes brasileiros "não comerciais" ocupam um pequeno espaço.

Por sua vez, os filmes *Olga* (2004) e *Se Eu Fosse Você* (2006) podem ser tomados como exemplo da incorporação de códigos televisivos no cinema, encaixando-se nos modelos de mercado cinematográfico e televisivo. A opção pelos atores, pelo plano médio e pelo close nos enquadramentos, pelos cenários de estúdio e pela onipresença da trilha sonora – utilizada para acentuar a dramaticidade e evitar os silêncios – são características essencialmente televisivas. Machado afirma que, "cada vez mais, os filmes parecem ter sido feitos para a televisão, em termos de iluminação, enquadramento e formato. Tudo nos leva a crer que, em grande parte do mundo, a estética da televisão está substituindo completamente a estética do cinema" (2008, p. 203). Ismail Xavier, por sua vez, afirma que o cinema brasileiro perdeu sua forte dimensão utópica de outrora, dimensão que projetava um futuro melhor para a arte e a sociedade (2001). As atuais coproduções do cinema brasileiro com a televisão aberta modificam a relação do produto nacional com o mercado e também sofrem influência e mutações de ordem ideológica e estética.

III – POLÍTICAS PARA O DESENVOLVIMENTO DO CAMPO AUDIOVISUAL NACIONAL: REFLEXÕES SOBRE A RELAÇÃO ENTRE CINEMA E TELEVISÃO NO BRASIL

A participação da Globo Filmes no cinema nacional nos anos 2000, no entanto, não pode ser considerada uma integração entre cinema e televisão sistêmica e oficial. O movimento de integração veio por meio de uma política privada, com a entrada da Rede Globo no campo cinematográfico. Não houve nenhuma lei que determinasse a parceria entre os meios, a obrigatoriedade da presença do cinema brasileiro nas emissoras nem a cobrança de taxas das TVs destinadas ao financiamento do cinema, como reivindicado pela classe e previsto pelo Gedic.

Como vimos ao longo deste trabalho, o cinema, por mais que tenha tentado se industrializar nos anos 2000, não se livrou das amarras culturalista e individualista. A televisão, por sua vez, nasceu no Brasil como negócio altamente verticalizado, com sua própria estrutura industrial. Em seu marcante texto "Mercado É Cultura", de 1977, Dahl já chamava a atenção para o fato de o cinema ser um veículo de comunicação de massa, assim como a televisão. O cinema foi desde sempre uma arte industrial com possibilidade de reprodução, sendo, portanto, um meio de comunicação de massa. O surgimento da televisão, entretanto, afastou o cinema de tal condição.

A ausência da televisão na política cinematográfica – ela ficou de fora de qualquer medida de regulação – enfraqueceu o projeto de industrialização do cinema brasileiro. A promessa de união entre a televisão aberta e o cinema não foi viabilizada pela força política e econômica que a Rede Globo adquiriu. Coube à emissora implementar uma metodologia privada de articulação entre os meios. A política da Globo Filmes trouxe alterações ao mercado de cinema nacional.

3.3 – Globo Filmes e o cinema nacional dos anos 2000: reflexões mercadológicas

Entre 1998 e 2007, a Globo Filmes participou da produção de mais de 60 filmes nacionais, que conseguiram um total aproximado de 70 milhões de espectadores nas salas de cinema. Entre as dez maiores bilheterias desse período, nove são filmes coproduzidos pela empresa. Devido ao progressivo sucesso de público, o apoio da Globo Filmes ao cinema nacional cresceu ao longo dos anos: em 2000, foram 2 filmes; em 2001, 3; em 2002, 2; em 2003, 11; em 2004, 9; em 2005, 7; em 2006, 12; e, em 2007, 15 filmes.

Gráfico 13: Evolução Globo Filmes 2000-2007

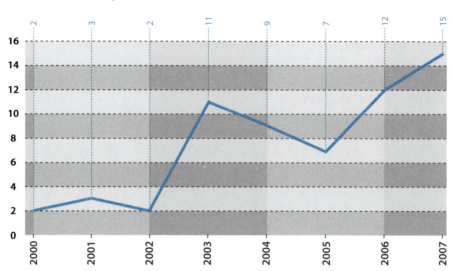

Fonte: Globo Filmes. Elaborado pela autora.

A demonstração de força da Globo Filmes e sua associação ao filme nacional atingiram o auge no ano de 2003, considerado um ano histórico para o mercado cinematográfico brasileiro: os filmes nacionais representaram 21,4% desse mercado, o número total de espectadores de produções nacionais chegou a 22 milhões, um crescimento de público de 205% em relação ao ano de 2002. O filme *Carandiru* levou 4,7 milhões de pessoas às salas de cinema. E mais três produções apoiadas pela Globo Filmes obtiveram um público de mais de 2 milhões de pessoas cada uma: *Lisbela e o Prisioneiro*; *Os Normais*; e *Maria – A Mãe do Filho de Deus*. Quarenta e sete títulos foram lançados, 12 em coprodução com a Globo Filmes, que corresponderam a 88% do total de ingressos vendidos. Os resultados de 2003 mostram uma alta concentração de público nas coproduções da Rede Globo, "enquanto a grande maioria, 70% dos lançamentos brasileiros (ou mais), não consegue atingir a marca de 100 mil espectadores" (BUTCHER, 2006, p. 90).

Tal partilha assimétrica redundou em um mal-estar e a produção de filmes dividiu-se nas categorias "com Globo Filmes" e "sem Globo Filmes". Em 2004, a emissora criou um sistema de apoio para algumas produções consideradas "menores", mas ainda assim sua atuação se voltou para produtos com alta potencialidade de público. Alguns dados evidenciam a alta concentração de espectadores e da renda em filmes apoiados pela Globo Filmes.

III – POLÍTICAS PARA O DESENVOLVIMENTO DO CAMPO AUDIOVISUAL NACIONAL: REFLEXÕES SOBRE A RELAÇÃO ENTRE CINEMA E TELEVISÃO NO BRASIL

Gráfico 14: Filmes nacionais lançados com Globo Filmes 2000-2007

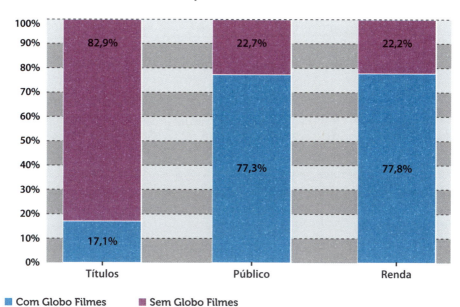

Fonte: Ancine, 2008. Elaborado pela autora.

* Filmes nacionais lançados entre janeiro de 2000 e dezembro de 2007.

\# Dados de público e renda atualizados até 29.9.2008.

A Globo entrou na atividade cinematográfica objetivando a comercialização intensa do filme e o retorno de bilheteria. Ela tem como meta se debruçar sobre produções cinematográficas com alto potencial de público e renda. Essa visão industrialista gera descontentamento em uma parcela dos profissionais do setor cinematográfico, que compartilha a ideia de cinema nacional fortemente comprometido culturalmente. A discussão entre culturalistas e industrialistas não é nova. Desde os anos 1950, duas vertentes ideológicas divergentes atuam no campo cinematográfico: uma que concebe o cinema como atividade industrial (grupo paulista) – filme como mercadoria – e outra como atividade cultural (grupo cinemanovista) – filme como produtor de sentido imerso no plano ideológico. A dicotomia clássica ganha novos contornos com a participação da televisão na atividade cinematográfica e com o desenvolvimento de mídias de entretenimento audiovisuais.

DISCURSOS, POLÍTICAS E AÇÕES: PROCESSOS DE INDUSTRIALIZAÇÃO DO CAMPO CINEMATOGRÁFICO BRASILEIRO

Cinema, televisão, games, DVD, internet e outras mídias convivem e se relacionam no mundo contemporâneo. Essas interfaces geram redefinições tanto na produção de conteúdo quanto nos meios de exibição. A reconfiguração do espaço público e privado, bem como o advento das novas tecnologias de produção cultural nas sociedades contemporâneas, subscreve uma nova condição social e simbólica para o audiovisual.

A entrada da Globo no mercado cinematográfico dá nova vitalidade ao cinema nacional, ao atrair público e renda para essas produções e alargar a cadeia produtiva do filme brasileiro. Quando se consegue apoio de uma major e/ou da televisão, o filme pode vir a se tornar uma grande produção nacional. Ele passa a fazer parte de um circuito mais amplo e atinge maior número de espectadores. O mercado torna-se altamente concentrado e o "padrão Globo de qualidade" passa a estar presente também nas telas de cinema.

Ainda que a política privada da Globo Filmes tenha gerado efeitos no mercado cinematográfico nacional, ela não garantiu a relação sistêmica entre os meios. Ismail Xavier analisa os limites de atuação da entrada da Rede Globo no campo cinematográfico:

> Embora tenha havido uma aceleração substancial nas relações entre cinema e TV aberta, as emissoras continuam a resistir a qualquer ideia de regulamentar uma reserva de espaço para o cinema brasileiro na programação (2004, p. 117).

A exibição de filmes nacionais na televisão aberta ainda encontra resistência e dificuldade para entrar na grade de programação permanente das emissoras, inclusive na própria Rede Globo. O gráfico a seguir mostra a predominância expressiva do cinema norte-americano nas emissoras abertas do país.

Gráfico 15: Número de títulos de longa-metragem exibidos na TV aberta por país de origem – 2007

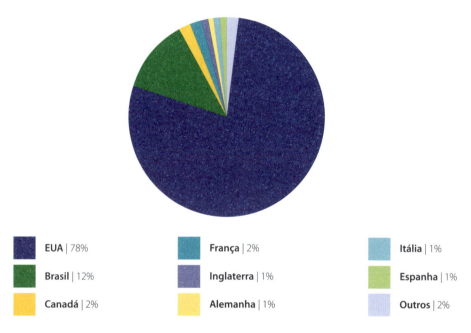

- EUA | 78%
- Brasil | 12%
- Canadá | 2%
- França | 2%
- Inglaterra | 1%
- Alemanha | 1%
- Itália | 1%
- Espanha | 1%
- Outros | 2%

Fonte: Ancine, 2008 – Superintendência de Acompanhamento de Mercado. Elaborado pela autora.

Nem a Rede Globo foi capaz de inserir o filme nacional de forma representativa em sua grade de programação. A emissora criou, em 2003, o *Festival Nacional*, dedicado à exibição de filmes brasileiros em sua programação. Era uma tentativa de inserir a filmografia do país de modo atraente para o espectador televisivo, diante do sucesso de público da Retomada do Cinema Brasileiro. Obviamente, optou-se pela programação de filmes nacionais coproduzidos pela Globo Filmes. A *Sessão Brasil*, criada em 2007, é outra medida adotada para a exibição de títulos brasileiros.

Aparentemente, há vontade de que o filme nacional entre na grade da emissora, mas desde que isso não fira seus índices de audiência. A Rede Globo, ao ser coprodutora, através da Globo Filmes, tem interesse de difundir esse produto para além das salas de cinema, que são apenas uma das janelas de exploração. Contudo, a programação com produções brasileiras ainda apresenta riscos à empresa, o que motiva o estabelecimento de espaços especiais para a exibição do filme nacional.

Analisando cada emissora, a TVE se destaca pela exclusividade de exibição de filmes nacionais. A Rede Globo, com os especiais para o cinema nacional, prioriza a exibição de filmes brasileiros comerciais recentes, diferentemente da CNT e da TV Cultura, que exibem, em sua maioria, longas-metragens anteriores ao ano de 1995. Essa diferença de política de programação explica os índices de exibição superiores na CNT e TV Cultura em relação à Rede Globo.

Gráfico 16: Origem de longa-metragem exibido (por hora de programação) na TV aberta por emissora – 2007

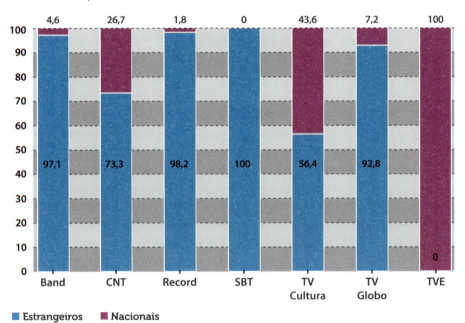

Fonte: Ancine, 2008 – Superintendência de Acompanhamento de Mercado. Elaborado pela autora.

A relação entre cinema e televisão aberta no Brasil é feita sem intervenção orgânica do Estado, seja para fomentar, seja para regular ou fiscalizar essa mediação. A não intervenção e a não atuação passaram a ser uma política estatal contínua, já que é uma atitude sucessiva dos diversos governos autoritários e democráticos que se estendem desde os anos 1960. A opção dos governos de não desenvolver mecanismos regulatórios para a televisão faz parte da condição de modernização conservadora do país.

III – A PROTEÇÃO JURÍDICA DE EXPRESSÕES CULTURAIS DE POVOS INDÍGENAS SOB O ESTALÃO DA PROPRIEDADE INTELECTUAL

Vale destacar que existe um mecanismo específico para incentivar a produção nacional em cinema e em televisão no texto legal da Ancine (Artigo 39 da MP 2228-1)[15]. Esse dispositivo se dirige exclusivamente às programadoras internacionais[16] e permite que elas tenham a opção de investir valores correspondentes a 3% do pagamento do Condecine na produção nacional para cinema e televisão. São exemplos de produções realizadas a partir desse mecanismo a série *Mandrake*, exibida na HBO (2005 e 2007), e a série *Filhos do Carnaval*, também exibida na HBO (2006).

Esse mecanismo isolado, no entanto, não estrutura uma política de integração orgânica entre os meios. Vários países possuem modelos que obrigam a participação da televisão na atividade cinematográfica mediante uma taxa estipulada pelo Estado e a obrigatoriedade de exibição de filmes nacionais nas televisões abertas. O modelo híbrido adotado no Brasil – de concessão pública, exploração privada e ausência de política sistêmica de integração entre os meios – gera implicações mercadológicas e culturais dentro do campo audiovisual.

O Estado ainda teve força e/ou interesse no enfrentamento e no avanço da regulamentação da relação entre cinema e televisão no Brasil, o que levou à separação oficial entre os meios. O cinema se desenvolveu dentro de uma diretriz artística e dependente do Estado enquanto a televisão se desenvolveu como indústria cultural em constante diálogo com o mercado.

Nesse sentido, "a televisão não seria assunto de cultura, só de comunicação" (BARBERO, 2003, p. 310). A distinção entre cultura e comunicação é problemática. Toda cultura, para se tornar produto social, tem de passar por uma mediação, sendo comunicacional por natureza; por outro lado, a comunicação é mediada pela cultura. Portanto, uma não se sustenta sem a outra: "não há comunicação sem cultura e não há cultura sem comunicação" (KELLNER, 2001, p. 53).

---

15 Artigo 39 da MP nº 2.228-1 (Condecine 3%) – Ancine isenta do pagamento da Condecine 11% as programadoras estrangeiras de TV por assinatura que invistam 3% do valor da remessa ao exterior na coprodução de obras audiovisuais brasileiras de produção independente.

16 Programadora internacional é aquela gerada, disponibilizada e transmitida diretamente do exterior para o Brasil por satélite ou qualquer outro meio de transmissão ou veiculação, pelos canais e pelas programadoras ou empresas estrangeiras, destinada às empresas de serviço de comunicação eletrônica de massa por assinatura ou de quaisquer outros serviços de comunicação que transmitam sinais eletrônicos de som e imagem.

É possível apontar duas breves conclusões sobre a política do Estado brasileiro em relação à preservação da distinção entre cinema e televisão: ou ainda não há acumulação em torno da problemática da dinâmica produzida pela televisão na memória e no imaginário das identidades culturais por parte dos gestores culturais ou o Estado prefere cerrar os olhos para não se indispor com um meio dotado de grande poder no Brasil. Evidentemente, é plausível supor que a combinação das duas razões justifique a alternativa política de desarticulação entre cinema e televisão. O fato é que a televisão brasileira não é contemplada como cultura no país, portanto, não é passível de políticas públicas culturais, o que enfraquece a complexidade do campo audiovisual nacional no contexto global. Para Dahl, "no Brasil a gente não sabe se a televisão é uma concessão do Estado ou se o Estado é uma concessão da televisão" (depoimento à autora em 6 fev. 2009).

A atuação isolada da Globo Filmes mobiliza produtores, distribuidores e exibidores, e eles são unânimes ao afirmar que a participação dessa empresa na coprodução ou no apoio ao lançamento dos filmes brasileiros é especialmente importante no resultado de bilheteria dos filmes nacionais e no desenvolvimento do cinema como indústria no Brasil. Assim, é possível supor que a entrada da Globo Filmes afrouxou a oposição que marcou as posições do setor cinematográfico em relação à televisão e estabeleceu uma nova etapa da relação entre cinema e televisão no Brasil. A participação dela no cinema nacional está relacionada, hoje, muito menos à colaboração possível entre os meios do que ao conflito mortal entre eles. O mais significativo de tudo é que, paradoxalmente, a televisão, acusada de ser a maior inimiga do cinema nacional, torna-se seu mais relevante e significativo aliado. Produtos lançados no cinema e exibidos na televisão ilustram a integração promovida com a institucionalização da metodologia da Rede Globo e de seu departamento de cinema.

3.4 – Novos produtos, formatos e recepções: impressões sobre *O Auto da Compadecida* e *A Pedra do Reino*

O aprofundamento das interfaces entre cinema e televisão nos conteúdos audiovisuais brasileiros pode ser observado em produtos lançados nos anos 2000. A multiplicação de possibilidades técnicas para a produção da imagem e as diversas possibilidades geradas pela tecnologia digital também subsidiam essa ressignificação simbólica. Nas palavras de Figueirôa:

III – POLÍTICAS PARA O DESENVOLVIMENTO DO CAMPO AUDIOVISUAL NACIONAL: REFLEXÕES SOBRE A RELAÇÃO ENTRE CINEMA E TELEVISÃO NO BRASIL

> Abre, também, novos campos de produção cultural, que se caracterizam pelo lugar da representação audiovisual e do sujeito espectador, uma vez que os dispositivos fotográficos e eletrônicos não são mais vistos como opostos, mas complementares, formando novos recursos imagéticos e construindo sentidos em que o mais importante é estabelecer espaço de linguagem e experimentação estética, capaz de dissolver o antagonismo entre cinema e televisão (FIGUEIRÔA; FECHINE, 2008, p. 165).

O Auto da Compadecida e *A Pedra do Reino* evidenciam esse processo. A primeira é a obra pioneira de um novo tipo de produção e experiência audiovisual e a segunda faz parte de um projeto televisivo continuado, que trabalha dentro de "situação de trânsito" e do recurso da intermediação: ambas têm origem na literatura brasileira, rompem o formato tradicional de linguagem e a hierarquia das janelas de exploração audiovisual e impõem novas possibilidades geradas pela hibridação cinema-televisão. O *Auto* será analisado sob o foco de sua relevância na história do audiovisual brasileiro e *A Pedra do Reino* a partir de seus processos de construção.

O Auto da Compadecida cumpre papel de inovação na televisão brasileira. A adaptação de uma obra teatral, marcadamente regional, para a Rede Globo e depois para o cinema evidencia uma nova experiência audiovisual. Cinema, televisão, teatro e literatura se misturaram dentro de um mesmo projeto, a partir de estratégias de rompimentos e de continuidades. Para Machado, "é também uma perfeita síntese do popular e do erudito, do simples e do sofisticado, da inovação da linguagem e da acessibilidade a um público mais amplo" (2005, p. 42).

O diretor utilizou diferentes tradições para formar o universo da cultura popular nordestina sem esquecer das necessidades técnicas e do universo simbólico da televisão. Na afirmação de Arraes: "Em todas as escolhas, a preocupação não era um compromisso com o armorial, mas com o popular. O *Auto* já era uma das peças mais populares do Brasil, mas, quando se vai para a televisão, é preciso achar o tom" (ARRAES, 2008, p. 308). O produto audiovisual tornou-se um híbrido de linguagens. Canclini defende que a interação entre o culto e o popular dentro da estrutura de produção e circulação dos bens simbólicos com padrões e imposições empresariais altera os dispositivos e os parâmetros do que se entende por "ser culto" na modernidade (2001, p. 63).

Arraes, que em sua trajetória pela Rede Globo sempre foi um defensor do audiovisual brasileiro, destaca-se como diretor que combina o popular e o experimental e cria um modelo televisivo e cinematográfico brasileiro. Para ele, "talvez seja mais importante, em alguns momentos, fazer um cinema popular e uma TV de vanguarda" (2008, p. 25). Fechine discorre sobre o papel do diretor na Rede Globo:

> A atuação do grupo liderado por Guel Arraes na Rede Globo já é uma experiência duradoura o bastante para servir de referência e bem-sucedida o suficiente para mostrar que se pode atender às exigências de público e publicidade sem abrir mão do experimentalismo capaz de promover a renovação necessária à TV (FIGUEIRÔA; FECHINE, 2008, p. 18).

No projeto *O Auto da Compadecida*, o diretor subverte a cadeia tradicional do audiovisual ao levar um produto exibido na televisão para o cinema, o que evidencia o deslocamento das fronteiras entre os meios. Figueirôa afirma, entretanto, que a transformação dessa minissérie em filme "tem como finalidade essencial facilitar a mediação do processo de leitura da obra, exibida no cinema de modo a diferenciá-la da leitura para a televisão" (FIGUEIRÔA; FECHINE, 2008, p. 163). Arraes respalda a diferenciação dos lugares de leitura:

> Para muita gente, *O Auto*, no cinema, foi uma coisa inteiramente nova. Isso só mostra que, na televisão, às vezes, a gente "vê e não vê". Se ficasse só na TV, teria sido só mais um excelente programa; no cinema, virou uma interpretação clássica de um clássico de Ariano Suassuna. No entanto era a mesma coisa. O cinema cria outra relação (2008, p. 321).

III – POLÍTICAS PARA O DESENVOLVIMENTO DO CAMPO AUDIOVISUAL NACIONAL: REFLEXÕES SOBRE A RELAÇÃO ENTRE CINEMA E TELEVISÃO NO BRASIL

Os lugares de distinção não são apagados do imaginário, mas se tornam deslocados e frágeis. Para Figueirôa, "Guel Arraes está entre os realizadores que desejam negar definitivamente a existência de limites entre o cinematográfico e o televisivo" (2008, p. 147).

A transformação da minissérie em longa-metragem foi o primeiro grande projeto da Globo Filmes para borrar e dar circularidade às fronteiras entre televisão e cinema. A transitoriedade entre os dois meios está presente antes desse projeto, como mostrou o estudo, mas é *O Auto da Compadecida* que institucionaliza o processo no Brasil. Ele representa um marco no cenário de convergência entre os dois campos no país.

A renomada peça de Ariano Suassuna foi adaptada pelo diretor para produção de uma minissérie televisiva toda filmada em película. Ela foi exibida em quatro capítulos, com duração de duas horas e trinta e sete minutos, em 1999. Um ano mais tarde, a partir do mesmo material, realizou-se uma versão de uma hora e vinte e quatro minutos, levada às salas de cinema. Esses dois produtos foram comercializados no mercado de home video em uma mesma caixa. A exibição deles suscitou a discussão sobre a existência ou não de linguagens distintas para os dois meios[17]. Tal exibição foi um grande sucesso de público e crítica, tanto na televisão quanto no cinema. O diretor explica o processo de *O Auto*:

> Topei, estimulado pelo Daniel Filho, fazer todo o trabalho em película, já pensando no cinema, ainda que fosse a última coisa que eu fizesse na emissora. E, "sem querer querendo", o projeto nos deu ânimo, criou uma estratégia nova que, no final, deu muito prestígio ao grupo e à televisão. No caso de *O Auto*, o filme é, de certo modo, um subproduto da televisão porque passou lá primeiro. No entanto, foi muito elogiado, foi um sucesso de público, foi bom até para a estima da TV, com todo o debate que gerou. Considero que fizemos, então, dois gols porque *O Auto* tanto deu ânimo para o nosso trabalho na televisão quanto ajudou na criação de uma nova estratégia da Globo Filmes, que deslanchou

---

17 Guel Arraes realizou outra série, *A Invenção do Brasil* (2000), com equipamento HDTV, que também foi transformada em filme, com o título *Caramuru – A Invenção do Brasil* (2001), exibido em película nas salas.

> depois disso. A Globo Filmes não se propunha originalmente a fazer isto: transformar projetos de minisséries em filme. A ideia era produzir cinema de roteiro original. Essa associação da Globo Filmes com a televisão foi totalmente fortuita. Surgiu dessa percepção de que se podia fazer coisas na televisão que não eram descartáveis. Hoje, muitos trabalhos na TV já são feitos em filmes, pensando em desdobramentos (ARRAES, 2008, p. 315).

O filme, apoiado por uma intensa campanha de mídia da Rede Globo, confirmou o potencial da empresa para posicionar seus produtos no mercado cinematográfico brasileiro. Em 2000, *O Auto da Compadecida* estreou em 95 salas de cinema e chegou a ter 199 cópias em circulação, atraindo mais de 2,1 milhões de espectadores. Foi encarado como um sucesso surpreendente, uma vez que a obra já havia ido ao ar na TV. *O Auto da Compadecida* pontua um novo tipo de processo produtivo, pautado na mediação entre cinema e televisão e que implica uma ressignificação dos espaços midiáticos audiovisuais no país.

A microssérie *A Pedra do Reino* – de Luiz Fernando Carvalho, exibida em 2007 pela Rede Globo – é um projeto televisivo pautado pela explosão da intermediação cultural. É uma adaptação da obra literária de Ariano Suassuna e marca o início de um conjunto de quatro microsséries brasileiras integrantes da primeira fase do Projeto Quadrante. A cargo de Luiz Fernando de Carvalho (*Os Maias* e *Hoje É Dia de Maria*), esse projeto tem como proposta valorizar o imaginário brasileiro, contando o país através de releituras de obras clássicas da literatura de autores de diferentes regiões do Brasil. As quatro primeiras obras realizadas são: *A Pedra do Reino*, de Ariano Suassuna (PB); *Capitu*, a partir de *Dom Casmurro*, de Machado de Assis (RJ); *Dançar Tango em Porto Alegre*, de Sérgio Faraco (RS); e *Dois Irmãos*, de Milton Hatoum (AM). Esse projeto vai ao encontro do objetivo da Rede Globo de "defesa do nacional", à medida que leva obras da literatura brasileira para a televisão e reafirma a identidade cultural do país.

Segundo Carvalho, a cultura nacional, no Projeto Quadrante, é fator essencial para a construção da identidade e o desenvolvimento da nação, porque transporta a literatura para um veículo de massa e apresenta uma nova proposta de televisão no Brasil. "A literatura é um universo amplo, que dá margem a mil interpretações." O diretor afirma que o principal objetivo do projeto é negar o clichê e levar à televisão uma nova

III – POLÍTICAS PARA O DESENVOLVIMENTO DO CAMPO AUDIOVISUAL NACIONAL: REFLEXÕES SOBRE A RELAÇÃO ENTRE CINEMA E TELEVISÃO NO BRASIL

imagem de brasilidade, a que está além do eixo Rio-São Paulo. "Um sentimento que me toca muito é esse, o do desperdício da nossa cultura; o país é o conjunto, é uma unidade, mas é fruto de uma grande miscigenação" (Site G1, acesso em: 10 jun. 2007).

A preocupação de Carvalho com a banalização da narrativa televisiva é transposta para a convocação de roteiristas como Braulio Tavares, Luís Alberto de Abreu e de si mesmo para roteirizar *A Pedra do Reino* para a televisão. O trabalho foi realizado em parceria direta com o escritor Suassuna, que voltou à sua obra 40 anos depois, para criar soluções narrativas e transformar seu texto em imagem junto com o diretor e sua equipe.

O livro é um memorial do personagem Quaderna, por isso é narrado na primeira pessoa do singular. O diretor mantém essa característica narrativa na microssérie e transporta trechos do texto original para as falas dos personagens, sendo fiel ao universo e à forma narrativa fantástica do escritor. Quaderna escreve seu memorial ao narrar sua história. Há presença visual do ato de escrever e das palavras sendo redigidas; ao mesmo tempo, o texto declamado pelo protagonista garante força à cultura oral que está presente na obra de Suassuna.

O diretor agrega elementos visuais e sonoros coerentes com a narrativa à microssérie. Não é apenas o livro que serve de referência para a criação, mas todos os demais elementos: geografias, imaginários e pessoas se tornam textos essenciais. A cultura, o folclore, as artes plásticas, a música, tudo é explorado através dos recursos audiovisuais e constitui uma multiplicidade de referências culturais que resultam em um conjunto de figurino, cenário e música livre de qualquer essência, o que valoriza a mistura, como é próprio da cultura brasileira.

Com isso, a microssérie torna-se polifônica no sentido bakhtiniano do termo, pois acompanha a característica da pluralidade de textos e de vozes em constante transformação no romance. Bakhtin utiliza a palavra carnaval para definir momentos de subversão e inversão temporária da ordem, um tempo em que o baixo se torna alto e o alto baixo; o momento de reviravolta, de transgressão. No carnaval, a pureza da distinção binária – alta e baixa cultura – é transgredida. O baixo invade o alto, ofuscando a imposição da ordem hierárquica, criando formas híbridas e revelando a interdependência do baixo com o alto e vice-versa. Para Bakhtin, "os romances modernos têm muitas vozes e abarcam diversos campos complementares de visão, nos quais o todo é formado pela interação de diversas consciências" (BAKHTIN apud STAM, 2000, p. 37).

O realismo fantástico de Suassuna é incorporado pelo diretor sob o ponto de vista político, como possibilidade de transformação da realidade. Carvalho afirma que faz televisão para o povo brasileiro e que esse público precisa sonhar com um mundo melhor para poder gerar mudanças na realidade concreta (2007). Na microssérie, não existem animais reais; os bichos são reconstruídos plasticamente, oferecendo um universo mágico ao espectador. A escolha da luz, das cores e dos movimentos corporais dos personagens e a montagem circular, sensorial – entre tantos outros recursos estéticos imersos nessa obra audiovisual – contribuem para a criação de um mundo fantástico. Para o diretor, "trata-se de um modelo de comunicação e educação em que a ética e estética andam juntas" (REVISTA ROLLING STONES, 2007, p. 48). O resultado desse processo é uma obra rica em elementos considerados cinematográficos, o que a distancia do tradicional processo televisivo.

A produção da microssérie rompe com a narrativa realista dominante na Rede Globo e imprime uma estética não usual na televisão brasileira. Os elementos visuais da obra se aproximam do que se reconhece por linguagem cinematográfica e teatral. O diretor, no entanto, recusa a ideia de que esteja fazendo cinema na televisão. Ele considera que *A Pedra do Reino* é, sim, televisão, mas outra televisão, bem distanciada do excesso de naturalismo habitual. Ele declara que, se fosse adaptar a obra para o cinema, faria de forma diferente. Assim como Bakhtin, o diretor defende que a linguagem é um campo de batalha social, o local onde os embates são travados tanto pública quanto intimamente.

Suas ponderações sobre as fronteiras entre a televisão e o cinema transbordam e abalam os discursos sobre o que é cinema e o que é televisão. O processo de pré-produção, produção e filmagem da microssérie, assemelhado ao processo cinematográfico, serviu como uma imersão no universo de Suassuna, do nordestino, do sertanejo e do brasileiro. Toda a equipe passou três meses no sertão, na cidade onde se passa a história, Taperoá (PB), preparando-se para as filmagens. Cerca de 300 pessoas estavam envolvidas no projeto e moradores locais participaram do trabalho, seja como figurantes, seja como figurinistas ou músicos.

> Estar no sertão foi fundamental para a preparação de tudo. O território é a semente. É como se tivéssemos entrado no espaço da ancestralidade. Não é só do autor, Ariano, mas dos atores, que

> são todos nordestinos. Caminhei no sentido inverso da ideia de folclore, até mesmo de regionalismo. Não há regionalismo, há o Sertão. Ao mesmo tempo esse Sertão tem profundas relações com a Península Ibérica, com a Espanha de Cervantes, de Garcia Lorca, com o Mediterrâneo, com o mundo árabe. O Sertão é um mundo, um estado de alma que não depende necessariamente de uma geografia (CARVALHO, 2007).

A microssérie foi viabilizada de forma independente pela produtora Academia de Filmes. É, portanto, uma produção que foge às regras da televisão brasileira. Elementos narrativos evidenciam ainda mais a interface com o cinema: a câmera sensorial, que percorre os corpos e o ambiente e acompanha o ritmo da narrativa não se prendendo a closes nem à dramaticidade individual; a montagem não linear, atemporal, que não atende ao modelo de dramaturgia clássica ou ao cuidado com a luz e com a minuciosa construção e caracterização dos personagens. Somado a tudo isso, a microssérie não se apoia essencialmente no diálogo, nem no campo-contra-campo; o diretor opta por monólogos e cenas de silêncio.

O universo da microssérie rompe com a estética televisiva e cria uma estética híbrida entre televisão, cinema e teatro: a narração teatral, o olhar dos personagens para a câmera, a escolha do elenco, a trilha sonora, o cenário, o figurino, a fotografia e a maquiagem teatral. *A Pedra do Reino* se torna uma obra emblemática da hibridação dos meios na contemporaneidade e do transbordamento de fronteiras entre alta e baixa cultura; cinema e televisão.

Carvalho potencializa a circulação da cultura ao lançar a microssérie na íntegra em salas de cinema digital de alta resolução. Os episódios foram exibidos em sete estados, em circuito de arte. A exibição foi acompanhada de debates com o diretor, a equipe e o elenco após a sessão. Foi a primeira vez que uma série de TV migrou para o cinema conservando seu formato original. As exibições tiveram sessões divididas em duas partes: episódios 1, 2 e 3; intervalo; episódios 4 e 5. Os espectadores puderam assistir às sessões em sequência ou em dias distintos, conformando uma nova experiência audiovisual. Foram 14 exibições, o que somou um total de 1.220 espectadores.

DISCURSOS, POLÍTICAS E AÇÕES: PROCESSOS DE INDUSTRIALIZAÇÃO DO CAMPO CINEMATOGRÁFICO BRASILEIRO

A sucessão de obras geradas a partir do trabalho de Suassuna – a adaptação para a televisão, a exposição nas salas de cinema e o lançamento do DVD, do CD e de dois livros – escancara a intermediação contida nas expressões contemporâneas. Essas duas publicação reúnem o caderno de filmagem com seis livros, que traz o roteiro separado por capítulos e um diário de filmagens, além do livro de fotografias da microssérie, e tem como principal objeto a imagem. Ambas são diagramados de forma a privilegiar a imagem, a letra, as anotações e os rabiscos do diretor e oferecem uma visão íntima do processo de criação. Através da organização sensorial dos desenhos, das declarações e das fotos pessoais, o leitor saberá como se deu o trabalho de produção com os talentos locais, uma aventura que se quer tão fantástica e poética quanto o próprio universo de Suassuna. O apelo visual do projeto gráfico leva o audiovisual para dentro das páginas. Esses livros são, por si mesmos, obras híbridas. Basta atentar para a tendência visual do projeto, que tira partido do audiovisual. O livro de fotografias de Renato Rocha Miranda se desdobra em dois: um com o registro em preto e branco do minucioso trabalho de preparação dos atores e outro com a documentação em cor das filmagens.

Para Figueiredo, "o texto literário, associado em sua edição a um produto audiovisual, seja através de fotos, notas introdutórias, seja através da inclusão do roteiro no mesmo volume, parece também suscitar um tipo de recepção diferente, já que todos esses elementos interferem na leitura" (2007, p. 13). A autora vai além e afirma que a literatura deixa de ser vista como um produto final, como uma obra acabada, para integrar um processo criativo mais amplo e em constante movimento. "A literatura passa, então, a ocupar outro lugar na hierarquia cultural" (ibid., p.13). A fronteira entre os tipos de bem cultural se torna cada vez mais tênue com a hibridação dos produtos e dos meios de veiculação pela mídia na sociedade do consumo. Isso é especialmente verdade para o caso do audiovisual que atravessa o próprio campo e passa a dialogar com outros produtos e campos culturais.

O Auto da Compadecida e *A Pedra do Reino* serviram para ilustrar as transformações do campo audiovisual, que abandona gradativamente a postura binária da distinção e cede lugar à multiplicidade de entrecruzamentos e articulações. A atuação da Rede Globo – especialmente da Globo Filmes – imprime um reordenamento do campo audiovisual, que afrouxa as fronteiras entre os meios e marca uma nova etapa do cinema e da televisão no Brasil.

III – POLÍTICAS PARA O DESENVOLVIMENTO DO CAMPO AUDIOVISUAL NACIONAL: REFLEXÕES SOBRE A RELAÇÃO ENTRE CINEMA E TELEVISÃO NO BRASIL

Tendências internacionais são combinadas com heranças históricas locais, o que estrutura novas dinâmicas produtivas no audiovisual brasileiro. Há uma redefinição tanto na produção de conteúdo quanto nos meios de exibição e consumo. A reconfiguração do espaço público e do espaço privado – bem como o advento das novas tecnologias de produção cultural nas sociedades contemporâneas – subscreve uma nova condição social e simbólica para o audiovisual. A inevitável evolução tecnológica entre os suportes conforma novos modelos de produção e circulação. Há uma crescente utilização dos meios eletrônicos e digitais no cinema contemporâneo, que são incorporados aos mecanismos televisivos. As dificuldades de estruturar uma política sistêmica para a indústria audiovisual brasileira são diversas, antigas e se complexificam neste novo tempo.

A discussão sobre o campo audiovisual avança para além da relação entre cinema e televisão e se estende para o home video, a internet, os jogos eletrônicos, as telecomunicações etc. O tempo institucional está atrasado em relação ao tempo real, que já experimenta novas dinâmicas produtivas e culturais. Os discursos e as práticas indicam novos processos e abrem novas lacunas de investigações.

CONSIDERAÇÕES FINAIS

O trabalho percorreu um longo caminho a fim de traçar uma revisão crítica dos projetos e processos de industrialização do cinema nos anos 2000. Não era possível ignorar o mapeamento histórico da relação entre o Estado e a industrialização do cinema no Brasil nem as dinâmicas dos agentes no interior do campo audiovisual. Sem esse olhar anterior, não se evidenciaria como as discussões e práticas do cinema brasileiro são marcados por inúmeras continuidades. A partir dos anos 1930, o Estado brasileiro estabeleceu marcos regulatórios para a atividade cinematográfica. A criação da Embrafilme representou o projeto de realização das demandas industriais da classe cinematográfica. Porém, a atuação do poder estatal não se deu de maneira continuada e, em 1990, uma nova crise se instalou. Uma característica, entretanto, atravessou todas as iniciativas estatais para a economia da atividade: sua ancoragem no projeto de nação e cultura brasileiras.

A ênfase no discurso sobre o nacional, recorrente em países periféricos, acompanhou os projetos para a cultura, os discursos e a constituição do campo cinematográfico brasileiro. O nacional é o fio condutor e o denominador comum que justifica os projetos de industrialização do cinema do país. As relações entre cinema e Estado no Brasil estiveram historicamente concentradas nas mãos das áreas da educação e da cultura, conformando uma narrativa do campo cinematográfico no qual a visão culturalista predomina em detrimento da industrialista. Essa concepção se estende à contemporaneidade, como vimos no decorrer da pesquisa. As relações entre cinema e Estado no país não evoluíram segundo uma progressão continuada de conquistas industriais e modernizadoras, mas, sim, pelo estabelecimento de um incansável embate de ideias dentro do próprio campo.

O estudo evidenciou que os esforços para moldar uma política de Estado voltada à construção de uma indústria cinematográfica nacional foram isolados, uma vez que o cinema nunca esteve na agenda prioritária de desenvolvimento econômico do país. O Brasil não inseriu a atividade de audiovisual em seu projeto desenvolvimentista porque fazê-lo significa intervir e, para tanto, os grandes interesses do cinema americano e da televisão aberta teriam de ser domesticados e administrados.

Constatamos ainda que o cinema brasileiro contemporâneo torna-se dependente da vertente internacional (majors e salas de exibição) para se constituir e se desenvolver. A entrada da Globo Filmes na atividade imprimiu novas dinâmicas que potencializaram a popularidade dos filmes nacionais no mercado nacional, mas também gerou novas concentrações e exclusões. A imbricação do nacional com o internacional passa a ser estrutural no cinema nos anos 2000. A cinematografia brasileira se insere na globalização cultural e econômica e apresenta contornos próprios da sua condição periférica no contexto global. Os cinemas nacionais se estruturam como possibilidade de luta, negociação e resistência dentro da sociedade da internacionalização da cultura. A disputa, no entanto, é marcada pela desigualdade de forças econômicas e, por isso, as políticas públicas para o setor são consideradas vitais para a produção e o consumo de produtos próprios nos espaços interno e externo.

A partir da mobilização de agentes do campo cinematográfico, alguns projetos para o cinema nacional foram elaborados ao longo de sua história. Mas nenhum deles, desde a criação da Embrafilme nos anos 1970 – o meio de institucionalização da política pública para o cinema até a organização da Ancine nos anos 2000 –, pode ser caracterizado como um projeto sistêmico para a industrialização do cinema nacional. Esse projeto de industrialização não se viabilizou nem mesmo depois do III CBC, quando parecia que o Estado reconheceria a importância do mercado audiovisual nacional no mundo contemporâneo e estabeleceria uma política industrial continuada para o setor.

As rupturas também são evidentes. Há mudanças tópicas nos anos 2000: a vertente industrial do cinema se fortalece e é valorizada pelo papel de destaque que as indústrias audiovisuais ocupam no mundo globalizado. Os debates públicos indicam essa percepção. Reconhece-se a importância da construção de indústrias culturais próprias na dinâmica econômica e cultural contemporânea. A centralidade da cultura confere novas formas de poder na sociedade que não são ignoradas pelos agentes do campo cinematográfico nem pelo Estado brasileiro.

A criação da Ancine nos anos 2000 é uma resposta parcial a esses novos desafios globais. A política pública para o cinema, apesar de avanços evidentes, ainda não conseguiu dar conta da abrangência e da complexidade do campo cinematográfico. A industrialização do cinema nacional e a formação do mercado brasileiro persistem como projetos pontuais e não como prática executiva.

O foco excessivo na produção cinematográfica acompanha a construção da relação entre cinema e Estado no país, obscurecendo a dimensão industrial pela ausência de visão sistêmica. Não seria equivocado afirmar que a política de fomento foi o eixo do projeto de governo para o campo audiovisual. O tão sonhado projeto integrado para o audiovisual no Brasil não logrou contornar os interesses privados e particularistas. Optou-se por patrocinar a produção e não provocar conflito com os poderosos agentes do mercado audiovisual. Por isso, a construção de uma agência reguladora do cinema, tendo por objetivo avançar para além do campo da cultura e em direção à construção de um projeto industrial, ainda não se efetivou. Instaurou-se um modelo híbrido e ambíguo, que é reflexo das próprias disputas internas do campo. Há um hiato entre discurso e prática na atuação do Estado em relação ao cinema.

O Estado, através de seus dispositivos, não implantou políticas resolutivas nem para vertente cultural nem para a vertente industrial do cinema nacional. Por um lado, a constituição de uma indústria audiovisual tradicional é centralizadora e monopolista, o que contraria o discurso pluralista do Estado brasileiro. Por outro, a ideia de promoção da diversidade cultural reduz o potencial de implantação de uma política voltada para a igualdade. Como se encaixam os preceitos de democratização audiovisual apoiados na descentralização e na pulverização nesse modelo industrial? O Estado reconhece a importância da construção de uma indústria cinematográfica forte dentro do cenário da globalização cultural e econômica, mas esse projeto tem de estar em consonância com os preceitos de democratização audiovisual apoiados na descentralização e na pulverização. O Estado patina num modelo híbrido entre o mais extremo liberalismo – que nos anos 2000 está travestido de política de inclusão – e um projeto democrático desbotado.

Ainda existe a dificuldade de reconhecer e encarar o cinema nacional como meio massivo e produto próprio da cultura de massa. As diversas formas de distinção cultural que elevam o cinema brasileiro a um lugar de destaque na cultura nacional terminam por reprimir sua dimensão comunicacional massiva. Nos anos 2000, torna-se difícil isolar o cinema dos outros meios audiovisuais. A produção e o consumo mudam de paradigma na contemporaneidade. Eles devem ser pensados em circuitos integrados e mutuamente alimentados. A televisão, apesar de sua força de ordenação social, pode ser considerada uma mídia velha. O home video, a TV por assinatura, o celular e a internet indicam novos modelos, que devem ser tomados como integrantes de um mesmo processo. O Estado brasileiro precisa atualizar suas políticas públicas em razão de novas tecnologias e de novos hábitos culturais, já que o tempo real está na frente do tempo institucional.

CONSIDERAÇÕES FINAIS

O debate sobre audiovisual no Brasil é datado e referenciado no passado. Os discursos são semelhantes aos dos anos 1970. Não resolvem a questão do cinema nem indicam soluções para as mídias futuras. A única coisa que permanece é o velho fomento à produção de cinema brasileiro, que é cada vez mais questionado por causa do baixo retorno diante do alto investimento do Estado. O consumo cinematográfico não está condicionado para o aumento da produção, uma vez que o ato de consumir é um processo sociocultural.

O cinema brasileiro ainda não conseguiu superar a herança histórica elitista e culturalista. A indústria não é convergente, apesar de avanços importantes que se materializam nas práticas e não na política. Seria preciso investigar com mais densidade os processo de trânsito e mediações entre o campo audiovisual no Brasil. Essa discussão ainda não emite sinais suficientemente fortes para caracterizá-la como uma política de Estado e é dinamizada quase que exclusivamente por processos de inovação da contemporaneidade, agenciados por políticas privadas.

Os novos modos de produção e consumo demandam outros padrões de atuações no âmbito público e privado. Apesar da magnitude do audiovisual brasileiro, parte considerável dos diagnósticos institucionais ignora esse fato, uma vez que a televisão brasileira é quase sempre ignorada nessas publicações.

A integração entre produção, distribuição, exibição e consumo e a multiplicação dos dispositivos de realização e acesso ampliaram as possibilidades do audiovisual no mundo. As mediações e integrações entre as etapas exigem novas dinâmicas de poder. A regulação do conteúdo da televisão e dos outros meios de comunicação audiovisual, no entanto, permanece sem espaço definido na estrutura estatal.

Os lugares de distinção entre os setores que compõem o campo audiovisual se mantêm vivos. Basta observar que o anteprojeto de lei da criação da Agência Nacional do Cinema e do Audiovisual ressalta o lugar do cinema. Por que não Agência Nacional do Audiovisual? Essa designação já não abrangeria o campo cinematográfico? Essas questões aparentemente irrelevantes indicam os distintos circuitos da cultura audiovisual e explicitam o corporativismo do campo, a resistência e a demarcação do lugar do cinema diante das outras mídias.

As marcas de distinção são circulares: encontram-se no campo da produção, vão em direção ao consumo e vice-versa. O cinema ocupa lugar cultural e político de destaque na sociedade brasileira. Essas demarcações de poder são pouco compatíveis com o cruzamento multimidiático e intercultural, que leva ao redimensionamento do culto, do popular e do massivo. Elas também são pouco responsivas à recomposição dos modos de produção, dos públicos e do consumo diante dos desencaixes e da fluidez contemporânea, que abalam as estruturas estabelecidas. O cinema não deve ser visto como expressão inerte às transformações contemporâneas, mas, sim, como um campo que reage e se incorpora aos novos desafios tecnológicos, culturais, econômicos e políticos, em uma dinâmica de distinção e adesão.

O processo de massificação e de distinção próprio da sociedade moderna fez surgir no Brasil alguns ensaios de construção audiovisual que se deslocam dos espaços preestabelecidos e potencializam a circulação de meios e linguagens. Esses produtos, ainda considerados exceções, geram desencaixes e hibridações que perpassam os modos de produção e o consumo cultural e abalam as fronteiras de distinções demarcadas no campo audiovisual brasileiro. O cenário aponta novos modos de produção, produtos com formatos híbridos, circularidade segmentada das obras e novos tipos de recepção e apropriação da produção, o que dialoga com tendências mundiais e heranças históricas.

A reorganização cultural do poder reconfigura o lugar do cinema no campo audiovisual brasileiro. Existe a necessidade de expansão dos mercados culturais em direção às massas, ao mesmo tempo que há uma luta pelo controle do culto, a fim de marcar a distinção em relação a outros meios audiovisuais. Um embate ideológico atravessa os discursos, as políticas e as ações de agentes, empresas e Estado.

O objetivo desta pesquisa não foi apontar soluções para o cinema brasileiro, mas, sim, explicitar as disputas e tensões do setor audiovisual no terreno institucional e sociocultural. Acredito que a maior contribuição do trabalho é tornar as contradições dos projetos e processos de industrialização do cinema brasileiro evidentes. A partir da releitura histórica e da análise dos anos 2000, foi possível diagnosticar: contemporaneamente, a reflexão sobre industrialização precisa atravessar as fronteiras do cinema e ir em direção ao campo audiovisual integrado, sistêmico e interdependente. Novas questões, desafios e possibilidades se abrem para o debate.

REFERÊNCIAS BIBLIOGRÁFICAS

ADORNO, Theodor. *Indústria cultural e sociedade*. São Paulo: Paz e Terra, 2002.

ANDERSON, Benedict. *Comunidades imaginadas*. Lisboa: Edições 70, 2005.

ALMEIDA, Paulo Sérgio; BUTCHER, Pedro. *Cinema, desenvolvimento e mercado*. Rio de Janeiro: Aeroplano, 2003.

AMANCIO, Tunico. *Artes e manhas da Embrafilme*. Niterói: EdUFF, 2000.

_____. Pacto cinema e Estado: Os anos da Embrafilme. In: *EMBRAFILME e o cinema brasileiro*. São Paulo: Centro Cultural São Paulo, 2008.

Anais III Congresso Brasileiro de Cinema. Porto Alegre, 2000.

Anuário Nielsen, 2007.

Anteprojeto de Lei que criaria a Agência Nacional do Cinema e do Audiovisual (ANCINAV).

AUTRAN, Arthur. *O pensamento industrial cinematográfico brasileiro*. São Paulo: Unicamp, 2004.

BARBERO, Jesús Martín. *Dos meios às mediações*. Rio de Janeiro: UFRJ, 2003.

_____. *Os exercícios do ver:* hegemonia audiovisual e ficção televisiva. São Paulo: Senac, 2004.

_____. De las políticas de comunicación a la reimaginación de la política. *Nueva Sociedad*, Caracas, n. 175, set.-out. 2001.

BARONE, João Guilherme Reis e Silva. *Comunicação e indústria audiovisual:* cenários tecnológicos & institucionais do cinema brasileiro na década de 1990. Tese de Doutorado – Pontifícia Universidade do Rio Grande do Sul. 2005.

BENJAMIN, Walter. *Obras escolhidas:* magia e técnica, arte e política. São Paulo: Brasiliense, 1994.

BOURDIEU, Pierre. *Coisas ditas*. São Paulo: Brasiliense, 1990.

_____. *A distinção:* crítica social do julgamento. São Paulo: Edusp, 2008.

BUTCHER, Pedro. *A dona da história*. Dissertação de Mestrado – Universidade Federal do Rio de Janeiro, 2006.

_____. *O cinema brasileiro hoje.* São Paulo: Publifolha, 2005.

BNDES. Seminário sobre Economia Criativa, apresentação Sérgio Sá Leitão, 2007.

BRASIL. Ministério da Cultura. Disponível em: http://www.cultura.gov.br.

_____. Medida Provisória 2.228-1 de 6 de setembro de 2001.

_____. Diagnóstico Governamental da Cadeia Produtiva do Audiovisual, MinC, 2000.

_____. Plano Nacional de Cultura: Diretrizes Gerais, MinC, 2007.

_____. Emenda Constitucional nº 48 de 10 de agosto de 2005.

_____. ANCINE. Disponível em: http://www.ancine.gov.br.

_____. Decreto 6.246 de 25 de outubro de 2007.

DIEGUES, Cacá. *Depoimentos para posteridade*. São Paulo: MIS, 2008.

CAMINHA, Marina. *Retrato Falado:* uma fábula cômica do cotidiano. Dissertação de Mestrado – Universidade Federal Fluminense. 2007.

_____. Narrativa televisiva dos anos 1980: uma abordagem preliminar. *Anais do Congresso História da Mídia*, 2008.

CANCLINI, Néstor Garcia. *Consumidores e cidadãos*. Rio de Janeiro: UFRJ, 2001.

_____. *Globalização imaginada*. São Paulo: Iluminuras, 2003.

_____. América Latina: mercados, audiências e valores num mundo globalizado. *Conferência da 4º Cúpula Mundial de Mídia para Crianças e Adolescentes*. Rio de Janeiro: Multirio, 2004.

_____. *Diferentes, desiguais e desconectados*. Rio de Janeiro: UFRJ, 2005a.

REFERÊNCIAS BIBLIOGRÁFICAS

_____. Todos tienen cultura: ¿quiénes pueden desarrollarla? *Conferência no Seminário sobre Cultura y Desarrollo*. Washington: Banco Interamericano de Desenvolvimento, 2005b.

_____. *Culturas híbridas:* estratégias para entrar e sair da modernidade. São Paulo: Editora da Universidade de São Paulo, 2006.

CARVALHO, Luiz Fernando. *A Pedra do Reino*. São Paulo: Editora Globo, 2007.

CASTELLS, M. Introdução; Paraísos comunais: identidade e significado na sociedade de rede. In: *O poder da identidade*. A era da informação: economia, sociedade e cultura. v. 2. São Paulo: Paz e Terra, 1999. p.17-92.

COETZEE, J. M. *Diário de um ano ruim*. São Paulo: Companhia das Letras, 2008.

DAHL, Gustavo. Mercado é cultura. *Cultura*. Brasília, v. 6, n. 24, jan.-mar. 1977.

DAHL, Gustavo. Depoimento à autora em 6 fev. 2009.

FECHINE, Yvana. Televisão e experimentalismo: o núcleo Guel Arraes como paradigma. *Anais do Congresso Intercom*, 2003.

FIGUEIREDO, Vera Lúcia Follain de. *Roteiro, literatura e mercado editorial:* o escritor multimídia. Disponível em: http://www.uff.br/ciberlegenda/artigo1_maio2007.html. Acesso em: 30 set. 2007.

FIGUEIRÔA, Alexandre. *Cinema novo:* a luta por uma estética nacional. 2008. Disponível em: http://catalogos.bn.br/redememoria/cinovo.html. Acesso em: 29 jan. 2009.

FIGUEIRÔA, Alexandre; FECHINE, Yvana. Guel Arraes: do Cinéma Verité à dramaturgia na TV. *Anais do Congresso Intercom*, 2002.

FIGUEIRÔA, Alexandre; FECHINE, Yvana (ed.). *Guel Arraes:* um inventor no audiovisual brasileiro. Recife: CEPE, 2008.

FILME B, *Database Filme B*, 2007.

FILME B. Boletim n. 284, abr. 2003. Disponível em: http://www.filmeb.com.br.

FORNAZARI, Fábio Kobol. Instituições do Estado e políticas de regulação e incentivo ao cinema no Brasil: o caso da Ancine e Ancinav. *RAP*, v. 40, n. 4, p. 647-677, 2006.

FURTADO, Jorge. *Cinema e televisão*. Disponível em http://www.nao-til.com.br/nao-74/furtado2.htm. Acesso em: 22 ago. 2007.

GALVÃO, Maria Rita; BERNARDET, Jean-Claude. *O nacional e o popular na cultura brasileira:* cinema. São Paulo: Brasiliense, 1983.

GATTI, André Piero (Org.). *Embrafilme e o cinema brasileiro*. São Paulo: Centro Cultural de São Paulo, 2008.

GEDIC. *Pré-Projeto de Planejamento Estratégico Sumário Executivo* 23 mar. 2001.

GETINO, Octavio. *Cine Iberoamericano:* Los desafios del nuevo sigo. Buenos Aires: Fundación Centro Integral Comunicación, Cultura Y Sociedad, 2007.

GRAHAM, Allen. *Intertextuality*. New York: Routledge, 2000.

GOMES, Paulo Emílio Salles. *Cinema:* trajetória do subdesenvolvimento. Rio de Janeiro: Paz e Terra/ Embrafilme, 1980.

GOMES, Renato Cordeiro. *Matrizes culturais e formatos industriais:* uma série brasileira de televisão, Trabalho apresentado na Compós, 2006.

GONZAGA, Luiz Assis de Luca. As Cinco Embrafilmes. *Embrafilme e o cinema brasileiro*. São Paulo: Centro Cultural de São Paulo, 2008.

Governo quer criar indústria brasileira do cinema. *O Estado de São Paulo*, São Paulo, 19 set. 2000.

HALL, Stuart. *A identidade cultural na pós-modernidade*. Rio de Janeiro: DP&A editora, 2003a.

_____. *Da diáspora:* identidades e mediações culturais. In: *LIV* Sovik (Org.). Belo Horizonte: Editora UFMG, 2003b.

_____. A centralidade da cultura. Notas sobre as revoluções culturais do nosso tempo. *Revista Educação e Realidade*, v. 22, n. 2, p.15-46, jul.-dez. 1997.

REFERÊNCIAS BIBLIOGRÁFICAS

HAMBURGER. Esther. Diluindo fronteiras: A televisão e as novelas no cotidiano. In: SCHWARCZ, Lilia Mortiz (Org.). *História da vida privada no Brasil 4*. São Paulo: Companhia das Letras, 1998.

_____. *O Brasil antenado: A sociedade da novela*. Rio de Janeiro: Jorge Zahar, 2005.

HOUAISS, Antônio. *Dicionário Houaiss da língua portuguesa*. Rio de Janeiro, 2001.

HENNEBELLE, Guy. *Os cinemas nacionais contra Hollywood*. Rio de Janeiro: Paz e Terra, 1978.

KELLNER, Douglas. *A cultura da mídia*. Bauru: Edusc, 2001.

IBGE. *Pesquisa Nacional por Amostra de Domicílios (PNAD)*, 2005.

_____. Munic, 2006.

INCAA. Argentina, 2008.

KOGUT, Patrícia. Controle Remoto. *O Globo*, Rio de Janeiro. 19 ago. 2007. *Revista da TV*, p. 6.

LISBÔA, Cristiane. A salvação da TV?. *Rolling Stone Brasil*. São Paulo, p. 48 -52, mai. 2007.

MACHADO, Arlindo. *A televisão levada a sério*. São Paulo: Senac, 2005.

_____. (Org;). *Made in Brasil:* três décadas do vídeo brasileiro. São Paulo: Iluminuras – Itaú Cultural, 2007.

_____. *Pré-cinemas & pós-cinemas*. Campinas: Papurus, 2008.

MAIA, Rousiley. Identidades coletivas: negociando novos sentidos, politizando as diferenças. *Contrampo – Revista da Pós-Graduação em Comunicação da UFF*. Niterói, n. 5, p. 47-66, 2000.

MARSON, Melina Izar. *O cinema da retomada:* Estado e cinema no Brasil da dissolução da Embrafilme à criação da Ancine. São Paulo: Unicamp, 2006.

MATTELART, Armand. *Diversidade cultural e mundialização*. São Paulo: Parábola, 2005.

MELEIRO, Alessandra (Org). *Cinema no mundo:* indústria, política e mercado. v. 2. São Paulo: Escrituras Editora, 2007.

MELLO, Alcino Teixeira de Mello. *Legislação do cinema brasileiro*. Rio de Janeiro: Embrafilme, 1978.

MENEGHINI, Carla. *A Pedra do Reino revela universo encantado de Ariano Suassuna*. Disponível em: http://g1.globo.com/Noticias/PopArte/0,,MUL50062-7084,00.html. Acesso em: 10 jun. 2007.

NAGIB, Lúcia. *O cinema da retomada*. São Paulo: Editora 34, 2002.

OPINIÃO DO LEITOR. A Pedra do Reino: o que você achou? *O Globo*, Rio de Janeiro, 24 jun. 2007. *Revista da TV*, p. 3.

ORTIZ, Renato. *Cultura brasileira e identidade nacional*. São Paulo: Brasiliense, 2006.

_____. *A moderna tradição brasileira*. São Paulo: Brasiliense, 2001.

_____. *Mundialização da cultura*. São Paulo: Brasiliense, 2003.

ORTIZ, Renato; BORELLI, Silvia Helena Simões; ORTIZ RAMOS, José Mário. *Telenovela*: história e produção. São Paulo: Brasiliense, 1988.

ORTIZ RAMOS, José Mário. *Cinema, estado e lutas culturais*: anos 50, 60 e 70. Rio de Janeiro: Paz e Terra, 1983.

_____. ORTIZ RAMOS. *Cinema, televisão e publicidade*: cinema popular de massa no Brasil nos anos 1970-1980. São Paulo: Annablume, 2004.

ORTIZ RAMOS, José Mário; BUENO, Maria Lucia. Cultura audiovisual e arte contemporânea. *Perspec*. v. 15, n. 3, p. 10-17, 2001.

ORICCHIO, Luis Zanin. *Cinema de novo*: um balanço crítico da retomada. São Paulo: Estação Liberdade, 2003.

PACHECO, Regina Silva. Regulação no Brasil: desenho das agências e formas de controle. *RAP*. v. 40, n. 4, p. 523-543, 2006.

PARANAGUÁ, Paulo. *Cinema na América Latina*. Porto Alegre: L&PM Editores Ltda., 1985.

PECI, Alketa (Org.). Regulação comparativa: uma (des)construção dos modelos regulatórios. In:

Regulação no Brasil: desenho, governaça e avaliação. São Paulo: Atlas, 2007.

PEREIRA, Luiz Carlos Bresser. Governabilidade democrática na América Latina no final do século XX. In: PEREIRA, Luiz Carlos Bresser; SPINK, Peter (Org.). *Reforma do Estado e administração pública gerencial*. Rio de Janeiro: FGV, 2006.

PÓ, Vinícius Marcos; ABRUCIO, Fernando Luiz. Desenho e funcionamento dos mecanismos de controle e accountability das agências reguladoras brasileiras: semelhanças e diferenças. *RAP.* v. 40, n. 4, p. 679-698, 2006.

POLANYI, K. *A grande transformação:* as origens de nossa época. Rio de Janeiro: Campus, 2000.

PRICEWATERHOUSE, Coopers. *Folha de São Paulo*, 23 jun. 2007.

PRYSTHON, Angela. *Cosmopolitismos periféricos:* ensaios sobre modernidade, pós-modernidade e estudos culturais na América Latina. Recife: Bagaço, 2002.

SANTOS, Milton. *Por uma outra globalização:* do pensamento único à consciência universal. Rio de Janeiro: Reccord, 2000.

SCHWARZ, Roberto. *Cultura e política*. São Paulo: Paz e Terra, 2005.

SARMENTO, Claudia. É televisão. *O Globo,* Rio de Janeiro, 7 jun. 2007. *Segundo Caderno*, p. 1.

SARMENTO, Claudia; KOGUT, Patrícia. Eu sou devoto do tempo. *O Globo*, Rio de Janeiro, 10 jun. 2007. *Revista da TV*, p. 14.

SILVA, Denise Mota da. *Vizinhos distantes:* circulação cinematográfica no Mercosul. São Paulo: Annablume, 2007.

SILVA, Tomaz Tadeu da (Org.). *Identidade e diferença:* a perspectiva dos estudos culturais. Rio de Janeiro: Vozes, 2007.

SIMIS, Anita. *Estado e cinema no Brasil*. São Paulo: Annablume, 1996.

Site Globo Filmes. Disponível em: www.globofilmes.com.br. Acesso em: 17 ago. 2007.

Site do Projeto Quadrante. Disponível em: www.quadrante.globo.com. Acesso em: 17 ago. 2007.

SORLIN, Pierre. Existem cinemas nacionais? *Revue Sociétés et Représentation*, n. 3, p. 409-419, nov. 1996.

STAM, Robert. *Introdução à teoria do cinema*. Campinas: Papirus, 2003.

_____. *Bakhtin:* da teoria literária à cultura de massa. São Paulo: Editora Ática, 2000.

VIEIRA, João Luiz. Introdução à paródia no cinema brasileiro. *Filme e cultura*, ano XVI, n. 41/42 – Embrafilme, mai. 1983.

XAVIER, Ismail. *Cinema brasileiro moderno*. São Paulo: Paz e Terra, 2001.

XAVIER, Ismail; DE ALMEIDA, Heloísa Buarque; STURM, André; CALIL, Carlos Augusto. Limites do controle: A proposta de regulação do setor audiovisual brasileiro. *Novos Estudos,* n. 70, p. 115-139, nov. 2004.

ZALLO, Ramón. Nuevas políticas para la diversidad: las culturas territoriales en riesgo por la globalización. In: BOLAÑO, César e outros (Ed.). *Economía política, comunicación y conocimiento:* una perspectiva crítica latinoamericana. Buenos Aires: La Crujía, 2005. p. 229-250.

POSFÁCIO

É notório o crescente interesse pelas pesquisas de cinema focadas no mercado, na industrialização e nos processos produtivos de audiovisual no Brasil. Esses estudos conformam um campo de estudo recente no cinema brasileiro, que tem por objetivo voltar os olhos para uma lacuna histórica. *Discursos, Políticas e Ações: Processos de Industrialização do Campo Cinematográfico Brasileiro* integra e renova esse acervo recente ao dialogar com esse conjunto de investigações.

O campo cinematográfico brasileiro é vivo e está em constante transformação mediante seus discursos, suas políticas e suas ações. O cinema não está isolado das dinâmicas socioeconômicas do país e do mundo. Seu desenvolvimento ou recuo guarda relação direta com as políticas econômicas e sociais globais e locais. Longe de encerrar quaisquer questões, o trabalho mapeou e analisou os projetos e processos de industrialização, tendo como foco os anos 2000, mais precisamente até o ano de 2007. Esses foram tempos de agitação e politização do campo audiovisual por meio da mobilização de seus agentes e iniciativas do Estado. A criação e a atuação da Ancine foram o resultado mais visível de um processo de reestruturação do cinema circunscrito pelas tensões políticas e pelos alinhamentos a vertentes culturais, forças internacionais e singularidades locais.

A continuidade dos debates e das alterações na institucionalização da atividade audiovisual explicita a existência de novos questionamentos sobre a natureza, a intensidade e a direcionalidade da intervenção estatal no audiovisual. Tendo como pressuposto a mobilidade do campo, gostaria de tecer algumas notas sobre conquistas, entraves e desafios que considero relevantes para inspirar novas investigações que contribuam para o aprofundamento e o alargamento do campo cinematográfico brasileiro.

As informações

Os estudos contemporâneos sobre mercado e indústria no Brasil ainda não dispõem da totalidade de informações públicas e oficiais. A Ancine criou o Observatório de Cinema e Audiovisual (OCA), que pode ser considerado uma conquista para o campo audiovisual brasileiro. Ele poderá se tornar referência institucional para pesquisadores e agentes no mercado, amenizando as dificuldades do acesso à informação.

Entre as definições de observatórios socioculturais, opto aqui por "organismos auxiliares, colegiados e integrados de forma plural, que têm a função de facilitar o acesso público à informação de qualidade e propiciar a tomada de decisões por parte das autoridades responsáveis" (MAIORANO apud ALBORNOZ; HERSCHMANN, 2003). As atribuições de observatórios culturais estariam reunidas na elaboração de base de dados, metodologias de categorização e classificação, conexão e articulação entre agentes, instituições e organizações do campo, aplicações de ferramentas técnicas e análise de tendência, prognóstico e publicação.

O OCA está em fase de estruturação e amadurecimento técnico e metodológico. Ainda encontra dificuldade para coletar e sistematizar informações do mercado, devido a forças externas e internas: resistência de seus agentes e falta de normatização no processo de envio de informações para a agência são exemplos de entrave.

Em seu discurso de posse, a diretora Vera Zaverucha considerou a gestão da informação como uma das tarefas estruturantes da agência:

> A gestão da informação é estruturante e, de certa forma, faz parte da razão de ser de uma agência reguladora. A transparência e a simetria do acesso às informações entre o mercado e a agência reguladora representam um desafio a ser vencido [...] Ainda nos deparamos, dentro da Ancine, com a precariedade de informações, lidamos ainda com um percentual de informações imprecisas e é dentro das limitações e possibilidades de um órgão regulador que precisamos estabelecer uma parceria com os agentes do setor cinematográfico e audiovisual para partilhar e multiplicar essas informações [...] Criar sistemas de informação para regular o mercado, e ao mesmo tempo encontrar o ponto de equilíbrio para a redução da intervenção estatal, é desafio que também se impõe (ANCINE, 11 jul. 2011).

O OCA pode ser uma grande contribuição do Estado para o mercado e para a pesquisa do campo audiovisual nacional. No entanto, está longe de ser prioridade da política pública. Resta saber se haverá interesse político, público e privado de investir e dar ao observatório destaque institucional e liberdade de atuação.

Ainda que o OCA seja uma promessa, por enquanto pesquisadores e agentes do mercado continuam tendo a necessidade de recorrer a diferentes fontes para dar conta da complexidade do campo audiovisual.

A atualização da política federal

É possível observar avanços nas políticas federais nesses últimos anos. O desgaste e a incoerência do modelo das leis de incentivo fazem com que o Estado resgate seu papel decisório na política para o cinema no país. A diversificação de ações, como lançamento de editais públicos e criação de programas e fundos especiais para fomento da cadeia do cinema, reflete o processo de expansão da atuação do Estado na atividade cinematográfica. A produção, o projeto fílmico, continua protagonizando as ações governamentais, por meio das leis de incentivo federais. No entanto, os resultados advindos das normatizações e regulamentações dos Fundos de Financiamento da Indústria Cinematográfica (Funcines), em 2003, do Prêmio Adicional de Renda (PAR) e do Fundo Setorial do Audiovisual (FSA), em 2007, indicam investimento gradual do Estado em outros elos da cadeia: distribuição e exibição.

O Estado desenvolveu um conjunto de medidas para atender à totalidade da cadeia produtiva. Esses dispositivos são originários da Embrafilme e reavivados nos anos 2000 ou são inspirados no projeto final do Gedic. Cada um dos mecanismos tem sua especificidade e por isso se coaduna com os estímulos a um ou outro elo da cadeia. Não cabe aqui esmiuçar as características e os pormenores desses, mas somente apontar que a Ancine avança, ainda que de maneira gradual, para além da esfera da produção. Parece ter ficado claro que a existência de uma indústria cinematográfica vai além dos limites da produção e da gestão privadas. Para a efetivação de um mercado, deve haver troca e articulação entre seus agentes, e a política pública deve atuar nesse sentido.

A política pública aciona um novo agente: o consumidor. Este é incorporado ao processo produtivo do audiovisual por meio da criação do Projeto de Lei do Governo Federal Vale-Cultura, do MinC[1]. Nos anos 2000, as políticas públicas de cultura parecem atentar, ainda que de forma tímida, para a circularidade da cultura, invertendo o eixo privilegiado de investimento[2].

O programa do governo federal foi discutido pela classe artística e pela sociedade civil e está inserido no programa de desenvolvimento socioeconômico do governo. Em sua redação, o programa se dirige prioritariamente para trabalhadores que recebem até cinco salários mínimos. Cada trabalhador receberá um vale-cultura de 50 reais mensais que se destinará às seguintes áreas culturais: artes visuais; artes cênicas; audiovisual; literatura e humanidades; música; e patrimônio cultural. Assim, o Estado reconhece o papel central (e quase vital) da cultura na contemporaneidade ao redigir um projeto de lei para a criação do vale-cultura no Brasil (assim como há o vale-refeição/alimentação e o vale-transporte).

Ainda que o projeto não tenha sido regulamentado até 2011, o ideal que o orienta é garantir à cultura papel central e expandir o circuito produtivo ao destinar recurso público para o consumidor. O vale-cultura tem por objetivo beneficiar toda a cadeia cultural, só que invertendo a direção da cadeia produtiva clássica, que tem o consumidor como último elo. O que o projeto propõe é começar pelo consumo, por meio do incentivo ao consumidor, no caso do cinema: consumidor-distribuidor-exibidor-produtor. A tentativa de colocar a relação produção-consumo de cabeça para baixo, ancorada nas linguagens clássicas, herdeiras da alta cultura, carrega consigo uma concepção restrita de cultura.

Assim, o governo federal amplia seu escopo de atuação, mas continua tendo dificuldade em articular o discurso e a execução da industrialização do cinema. O campo cinematográfico é fruto de disputas históricas materializadas nos paradoxos e desencaixes da performance da Ancine. A instituição tem como objetivo precí-

---

1   Projeto de Lei nº 5.798, de 2009.

2   Privilegiando o deslocamento de poder do produtor para o consumidor, existem programas específicos direcionados ao consumo de cinema em salas de exibição a partir dos anos 2000. Os programas Vá ao Cinema (governo de São Paulo), Cinema para Todos (governo do Rio de Janeiro) e o Projeto de Lei do Governo Federal Vale-Cultura explicitam esse deslocamento da direção da produção para a esfera do consumo.

puo a construção de um projeto viável de industrialização para o cinema brasileiro inserido nas diretrizes do MinC[3].

A política pública para o cinema no Brasil, e suas diversas instituições, tem dificuldade de congregar as disputas culturais e industriais em seu discurso político e na atuação executiva. A geração de ações e programas concentrados em apenas um dos vértices do campo cinematográfico pressupõe domar e estabilizar processos conflitivos que resultam na negação dos processos vivos e circulares do audiovisual. Ao implementar dispositivos antissistêmicos, restringem-se os limites de atuação das políticas públicas. Alternativamente, ao colocar em cena a dimensão do fluxo, ou seja, a interdependência do campo audiovisual, exige-se que as políticas públicas entrelacem questões conceituais, discursivas e políticas.

Cinema e televisão

Nos anos 2000, as abordagens baseadas na polarização entre cinema e televisão parecem ter perdido potência explicativa diante das demandas do capitalismo contemporâneo e do discurso da convergência transmidiática[4]. A matriz de interdependência fundamental entre os meios está na base do processo produtivo do audiovisual global. Existe uma reorganização importante de bases transnacionais. No entanto, tais mudanças estão moduladas pela formação sociocultural do audiovisual brasileiro. As inovações mundiais ganham roupagem singular no país, dialogando com continuidades e contradições históricas locais e demandas e tendências globais.

O movimento contemporâneo de entrecruzamento dos meios audiovisuais, principalmente cinema e televisão, se apresenta no cenário como um recurso para viabilizar o tão sonhado projeto de industrialização do campo audiovisual brasileiro e, dessa

3   O PNC em vigor foi instituído pela Lei nº 12.343, de 2 dez. 2010. É composto de um conjunto de diretrizes, estratégias e ações que nortearão as políticas culturais pelo prazo de dez anos. Foi resultado da sistematização de propostas elaboradas e pactuadas entre Estado e sociedade, por meio da realização de pesquisas e estudos e de debates e encontros participativos, como conferências nacionais de cultura, câmaras setoriais, fóruns e seminários. Todos esses momentos geraram um conjunto de elementos que nortearam o Executivo e o Legislativo federais na construção do documento final.

4   Convergência representa uma transformação cultural para além de avanços tecnológicos (JENKINS, 2008).

forma, potencializar os produtos nacionais no mercados local e global. Assim, encarar cinema e televisão como meios isolados e dicotômicos torna-se artificial. Espaços midiáticos, que até então se encontravam segregados dentro da hierarquia cultural, se misturam, por meio do processo da hibridação, gerando produtos de trânsito.

Como consequência, há alargamento de fronteiras do culto e do popular na produção de filmes, séries e programas de televisão. Canclini afirma que, mais do que a dissolução das categorias tradicionais do culto e do popular no mercado cultural, o que se rompe é a pretensão de cada campo de se considerar autônomo (2006). Um dos desdobramentos mais conspícuos do fenômeno das convergências cultural, tecnológica, mercadológica, de linguagens e de formatos, que têm caracterizado de maneira cada vez mais acentuada o campo audiovisual brasileiro, situa-se no desconforto de críticos, especialistas e pesquisadores, acostumados a lidar com o cinema e a televisão como formas de expressão audiovisual isoladas.

Historicamente os meios audiovisuais têm recebido no Brasil tratamentos distintos na análise teórica e nas formulações políticas. Enquanto o olhar sobre a televisão é dirigido para a indústria, o enfoque sobre o cinema volta-se para o artístico; enquanto a televisão é um negócio empresarial-comercial, o cinema é majoritariamente política estatal. Essas dicotomias observadas entre cinema e televisão se estendem para outras mídias e fundamentam os estudos sobre o campo audiovisual brasileiro. Contudo, as experiências contemporâneas de processos de intermediação do campo audiovisual e a geração de produtos mesclados deslocaram os rígidos lugares historicamente estabelecidos.

Henry Jenkins analisa o processo contemporâneo por meio da cultura da convergência: "a cultura da convergência é aquela na qual novas e velhas mídias colidem, a mídia corporativa e mídia alternativa se cruzam e o poder do produtor de mídia e o poder do consumidor interagem de maneiras imprevisíveis" (2008, p. 27). Novos e velhos meios de comunicação passam a conviver e interagir uns com os outros, de maneira que não há substituição dos meios mais antigos, mas suas funções e status são transformados pela introdução de novas tecnologias. O autor defende que, "se o paradigma da revolução digital presumia que as novas mídias substituiriam as antigas, o emergente paradigma da convergência presume que novas e antigas mídias irão interagir de formas cada vez mais complexas" (ibid., p. 30).

Esses processos são recentes no país e ainda estão em consolidação; contudo, já apontam mudanças nos discursos e nas práticas. Os agentes do campo audiovisual parecem despertar para a importância da televisão para a industrialização e o desenvolvimento do campo audiovisual brasileiro. A criação de grupos de trabalho, articulações, manifestações de classe e a oferta de dispositivos de fomento voltados para a televisão são cada vez mais recorrentes e estabelecem novas demarcações para o audiovisual nos anos 2000.

O Estado desenvolve instrumentos de fomento pontuais e isolados para a integração entre cinema e televisão no país, por meio da Ancine e do MinC. O diretor-presidente da Ancine, em exercício, explicou a política do órgão:

> Há várias formas de se promover a integração da produção audiovisual independente e do cinema com a televisão. O caminho que temos percorrido até aqui é o do estímulo a esta integração e vamos operar o aprofundamento dessas relações. Acreditamos que num futuro próximo teremos mais produção independente na televisão brasileira e mais parcerias entre emissoras e programadoras de TV com produtores independentes brasileiros, como já faz a Globo Filmes, declarou o diretor-presidente da Ancine, Manoel Rangel (ANCINE, 29 mar. 2011).

Foi aprovado pelo Senado, no dia 16 de agosto de 2011, o Projeto de Lei da Câmara (PLC) 116, anteriormente PL 29, que se destaca por criar novos marcos legais para a televisão por assinatura. O projeto, que estava em tramitação há cinco anos, abre o mercado para as operadoras de telefonia e estabelece cotas e obrigatoriedade de exibição de conteúdo brasileiro independente na grade de programação, entre outras medidas. A Ancine passará a ter responsabilidades sobre a regulamentação e a fiscalização das atividades de programação e empacotamento, expandindo suas atribuições para além do mercado de cinema. A agência fiscalizará as cotas de conteúdo audiovisual brasileiro e definirá as faixas de horário nobre a partir das quais as cotas serão aplicadas. Caberá à Agência Nacional das Telecomunicações (Anatel) a fiscalização da atividade de distribuição, compreendendo tecnologia, oferta de serviço e uso das redes. A aprovação do PLC 116 representa um ganho político do setor audiovisual e promete gerar expansão do campo audiovisual brasileiro independente em direção às televisões por assinatura. O projeto aguarda a sanção da presidente Dilma Rousseff.

Apesar de avanços pontuais importantes, ainda não foi enunciada uma política pública orgânica de integração entre cinema e televisão. Existem medidas isoladas da Ancine e da Secretaria do Audiovisual (SAV) de colaboração entre os meios, como criação de instruções normativas, regulamentações de artigos da MP 2.228-01 e lançamento de editais.

No entanto, se a institucionalização entre meios não veio de política pública, emergiu de iniciativas privadas: a Globo Filmes é o principal expoente do processo contemporâneo de entrecruzamento dos meios audiovisuais nacionais, ao criar uma metodologia própria para a criação de produtos declaradamente híbridos e de trânsito com destaque midiático, de público e renda. A criação da Globo Filmes confere adensamento dos discursos públicos sob a lógica da prática privada. É esse contexto, no qual as ações públicas e privadas são elaboradas para a integração do cinema e da televisão, que convoca o Estado a se posicionar e executar mecanismos colaborativos entre os meios.

O projeto de industrialização do audiovisual no Brasil é interdependente da institucionalização da circulação e da colaboração do cinema e da televisão, meios já consolidados no imaginário nacional. O debate está aberto e, nesse sentido, parece não haver retorno. A intermediação entre os meios audiovisuais marca uma nova etapa de fazer e pensar o audiovisual no Brasil.

Coprodução internacional

A estratégia de coprodução internacional configura um discurso e uma prática cada vez mais utilizados para o desenvolvimento do audiovisual no mundo globalizado de economia capitalista. A coprodução como recurso é uma tendência mundial contemporânea e se apresenta no cenário cultural como fundamental para a ampliação da produção, da circulação e do consumo de obras audiovisuais. Os produtos realizados em coprodução seriam resultado de trocas econômicas e simbólicas e teriam como benefício a ampliação do espectro de exploração comercial das obras. Ainda como elemento positivo, as coproduções abririam espaço para promoção, exibição e difusão da cultura nacional fora do país de origem e alargariam o público consumidor dos produtos audiovisuais.

Os acordos de livre-comércio e integração supranacional nos anos 2000 conferem novas dinâmicas institucionais para o audiovisual, que propiciam a interface do nacional e global, do próprio e alheio. Nessa estrutura global, os acordos transnacionais são defendidos por profissionais e pesquisadores como ferramenta de sustentabilidade da produção e da difusão das cinematografias dos países latino-americanos. Os discursos atrelados aos acordos de coprodução prometem benefícios como o aumento e a circulação de capital, trocas simbólicas e expansão do consumo dos produtos cinematográficos.

O mercado internacional deixa de ser apenas uma janela de exibição para se tornar parceiro de realização por meio de acordos de coprodução. O intercâmbio com outros países e culturas tem por objetivo principal potencializar o filme no mercado internacional. A coprodução como recurso próprio da interculturalidade levaria, assim, a uma intermediação cultural e econômica.

No Brasil, a coprodução é apontada como potente e promissor mecanismo de expansão de mercado para além das fronteiras nacionais que mobiliza a Ancine, a SAV e o Ministério das Relações Exteriores (MRE). Está na agenda das políticas internacionais para o cinema brasileiro uma ampla e diversificada rede de possibilidades de negociação que inclui cinematografias da Europa e da América Latina.

Há crescimento gradual de coproduções brasileiras[5]; no entanto, a política brasileira ainda é deficitária em mecanismos e investimentos sistêmicos para a coprodução internacional. A simples troca de capital não é garantia de interculturalidade, circulação e promoção cultural de um filme no espaço global. O país avança no discurso, mas ainda carece de instrumentos concretos de estímulo à política de coprodução internacional.

Procurei apontar algumas notas fundamentais para se pensar o campo audiovisual brasileiro contemporâneo. Avanços e contradições irresolutas pautam os discursos, as políticas e as ações de agentes, empresas e Estado. O tempo real está à frente do

---

5   Portugal é o país com maior número de coproduções com o Brasil, totalizando 27 parcerias entre 2000 e 2009. A seguir vêm Chile, com 12 projetos, e Argentina, somando cinco filmes. Com outros países, o Brasil possui no máximo três obras realizadas em sistema de coprodução (fonte: OCA, Ancine. Acesso em: 21 jan. 2011).

institucional. As práticas indicam dinâmicas audiovisuais que têm a intermediação e o alargamento de fronteiras históricas como condição produtiva. Diante de um cenário de transformações de ordem internacional, é preciso problematizar as negociações, as possibilidades, os limites e as tensões do campo audiovisual nacional, atentando para as rupturas, continuidades e singularidades históricas e para o futuro deste, que está em constante (re)formulação.

Lia Bahia

20 de agosto de 2011

REFERÊNCIAS BIBLIOGRÁFICAS

ALBORNOZ, Luís; HERSCHMANN, Micael. Os observatórios ibero-americanos de informação, comunicação e cultura: balanço de uma breve trajetória. *Revista da Associação Nacional dos Programas de Pós-Graduação em Comunicação – Compós*, dez. 2006, p. 2-20.

BRASIL. *Projeto de Lei da Câmara 116*, ago. 2011.

CANCLINI, Néstor García. *Culturas híbridas*: estratégias para entrar e sair da modernidade. São Paulo: Edusp, 2006.

JENKINS, Henry. *Cultura da convergência*. São Paulo: Aleph, 2008.

RANGEL, Manoel. Site da Ancine. Acesso em: 13 jul. 2011.

ZAVERUCHA, Vera. *Discurso de posse na diretoria da Ancine*. 11 jul. 2011. Disponível em: http://www.ancine.gov.br/media/discursoVeraZposse.pdf. Acesso em: 12 jul. 2011.

POSFÁCIO

ANEXO 1

	Ranking de filmes brasileiros lançados (2000-2007)		
	TÍTULO	ANO DE LANÇAMENTO	COPRODUÇÃO
1	Dois Filhos de Francisco	2005	Globo Filmes + Major
2	Carandiru	2003	Globo Filmes + Major
3	Se Eu Fosse Você	2006	Globo Filmes
4	Cidade de Deus	2002	Globo Filmes + Major
5	Lisbela e o Prisioneiro	2003	Globo Filmes + Major
6	Cazuza	2004	Globo Filmes
7	Olga	2004	Globo Filmes
8	Os Normais	2003	Globo Filmes + Major
9	Xuxa e os Duendes	2001	Major
10	Tropa de Elite	2007	Major
11	Xuxa Pop Star	2000	Globo Filmes + Major
12	Maria, Mãe do Filho de Deus	2003	Globo Filmes + Major
13	Xuxa e os Duendes 2	2002	Globo Filmes + Major
14	Sexo, Amor e Traição	2004	Globo Filmes + Major
15	Xuxa Abracadabra	2003	Globo Filmes + Major
16	O Auto da Compadecida	2000	Globo Filmes
17	A Grande Família – O Filme	2007	Globo Filmes + Major
18	O Cupido Trapalhão	2003	Globo Filmes + Major
19	Deus É Brasileiro	2003	Globo Filmes + Major
20	A Partilha	2001	Globo Filmes + Major

Ranking de filmes brasileiros lançados (2000-2007)

	NÚMERO DE CÓPIAS	RENDA	PÚBLICO
1	319	36.728.278,00	5.319.677
2	247	29.623.481,00	4.693.853
3	183	28.916.137,00	3.644.956
4	100	19.066.087,00	3.370.871
5	218	19.915.933,00	3.174.643
6	152	21.230.606,00	3.082.522
7	263	20.375.397,00	3.078.030
8	246	19.874.866,00	2.996.467
9	311	11.691.200,00	2.657.091
10	336	20.395.447,00	2.417.754
11	304	9.625.191,00	2.394.326
12	303	12.842.085,00	2.332.873
13	303	11.485.979,00	2.301.152
14	154	15.775.132,00	2.219.423
15	305	11.677.129,00	2.214.481
16	199	11.496.994,00	2.157.166
17	246	15.482.240,00	2.035.576
18	135	8.984.535,00	1.758.579
19	150	10.655.438,00	1.635.212
20	143	8.797.925,00	1.449.411

Lia Bahia entrevista Gustavo Dahl em 6 de fevereiro de 2009, em São Conrado, Rio de Janeiro

Como você interpreta a repolitização do cinema nacional?

A ideia do Terceiro Congresso Brasileiro de Cinema nasceu de um seminário feito pela Fundação Cultural de Brasília, no festival de Brasília, em 1998/1999, chamado "Cinema Brasileiro, Estado e Mercado", organizado por Augusto Sevá e por mim, sob o patrocínio de Nilson Rodrigues. Foi nesse seminário, com a participação de alguns agentes do cinema, que surgiu o conceito de repolitização do cinema brasileiro e, por meio dele, Nilson Rodrigues soube fazer uma coisa maior, um congresso.

A ideia da repolitização no cinema nacional fundamentalmente era uma reorganização política, a partir, digamos, de uma mobilização. Em 1998, publiquei uma série de artigos no *Jornal do Brasil*, "O X da Questão" e "Filme e Ficção". Nesses artigos, abordava o modelo de interpretação do Estado no cinema brasileiro, apontando a falta de visão sistêmica. A crítica era: não adiantaria investir em produção se a distribuição, a exibição e as novas mídias estivessem desvinculadas. Ainda que o mecanismo da Lei do Audiovisual tivesse uma mobilização política, no cinema brasileiro cada um buscava seu patrocínio. Ao mesmo tempo havia um descontentamento com o Ministério da Cultura (MinC), que não tinha capacidade operacional nem uma visão, uma proposta muito clara. Ele não dava conta do cinema brasileiro. Essa é a origem do conceito.

Como se deu o processo de criação da Ancine?

O Estado e as prefeituras de Porto Alegre e Brasília estavam sendo governados pelo PT. Havia, também, em Porto Alegre, uma vontade de fazer uma reunião. E havia o formato de congresso originado nos anos 1950, quando a participação no cinema brasileiro era muito ligada ao Partido Comunista Brasileiro. Esse modelo permaneceu. Num primeiro momento, convidaram Roberto Farias para presidir e ele, por sua vez, me convidou para ser secretário executivo. Roberto não pôde mais continuar no cargo e eu me tornei presidente. O congresso foi a mobilização e a reorganização política: 50 entidades, todos os setores, de pesquisadores a exibidores, alguns um pouco mais cautelosos do que outros, mas todos estavam lá.

A primeira diretriz do encontro era manter o congresso e a segunda a organização do órgão gestor. O que o Collor tinha feito? Tinha acabado com a Embrafilme, com o Conselho Nacional de Cinema e com a nova Fundação do Cinema Brasileiro – tudo havia se tornado uma secretaria dentro do MinC. A ideia, então, era voltar a dar ao cinema brasileiro um órgão que tivesse essa função reguladora, gestora da área. Em dado momento, havia uma insatisfação latente. Luis Carlos Barreto, Cacá Diegues e outros tiveram contato com a Presidência da República. Eles queriam uma entrevista e eu fui representando o terceiro congresso. Eram eles: Fernando Henrique e Francisco Weffort. Então, apresentei duas questões. Primeira: a época era 2000 ou 2001; investiram-se 500 milhões de dólares em cinema e nada se consolidou, não se investiu em gestão. Segunda, será que compete ao MinC essa política industrial? Fernando Henrique disse não. Então, Francisco Weffort sugeriu a criação de um grupo executivo, que passou a se chamar Grupo Executivo da Indústria Cinematográfica (Gedic).

Em 1998, sugeri a criação da Secretaria Nacional de Política Audiovisual vinculada à Casa Civil, com ação horizontal e interministerial. Francisco Weffort tinha considerado a proposta uma afronta. Então, a criação do Gedic foi o estuário, deu certo o esgotamento do modelo. Nele se trabalhou mais de um ano. A ideia era criar um planejamento estratégico de política industrial vinculado ao Ministério do Desenvolvimento, Indústria e Comércio. E ele chegou a ter o pré-relatório, do qual eu era o relator da parte civil, pois o Gedic era meio a meio, sociedade e governo. Nesse pré-relatório, Cacá Diegues, Luis Carlos e Rodrigo Saturnino participaram, mas o grande produto foi a MP 2.228. Ao ouvir sobre o relatório, Pedro Parente me disse: "Vamos ser pragmáticos e partir direto para a criação da Medida Provisória".

O formato de agência, que era tucano por excelência, surgiu e então começou a se trabalhar nele, não sem alguma oposição do Ministério do Planejamento até o fim. Mas a ideia era uma agência fundamentalmente reguladora; depois se agregou a ela o papel de desenvolvimento e de fomento. A visão das agências era substituir com vantagem os ministérios, ou seja, haveria menos burocracia, mais agilidade – era outro modelo que parecia vantajoso. Agora, não se tratava absolutamente de um esvaziamento da Secretaria do Audiovisual, era uma descentralização, querendo-se dizer: aqui se desenvolve uma política industrial e o MinC vai desenvolver uma política de invocação, de cultura, de acesso, digamos, uma política social.

A Ancine deveria ir para Ministério do Desenvolvimento, Indústria e Comércio um ano depois que foi criada, era o final do governo de Fernando Henrique. Em junho, a Casa Civil enviou o decreto de que a transferência se daria no final do ano. Eu reclamei e disse que não entraria num governo novo sem definição, e comecei a defender a vinculação da Ancine ao Ministério do Desenvolvimento, Indústria e Comércio. O ministério não defendeu a vinculação num primeiro momento, e o Ministério da Cultura voou em cima. Na Ancine havia 122 cargos comissionados e 120 cargos comissionados técnicos. Ela havia sido criada para ser uma estrutura forte, com relativa autonomia. Houve o embate entre o governo, e, no primeiro ano do governo Lula, a Ancine foi vinculada ao MinC. Ela já vinha funcionando, mas era muito instável. Esse é o capítulo de criação da Ancine.

Quando a Ancine foi criada, ela excluiu a televisão, que estava prevista nos termos do Terceiro Congresso Brasileiro de Cinema.

Houve o momento em que Pedro Parente, ministro-chefe da Casa Civil, cogitou a hipótese de incluir também a televisão. O Gedic tinha um representante da televisão, o Evandro Guimarães. Quando surgiu essa possibilidade, Cacá, pragmático, disse: "É muita areia para o nosso caminhão". Luís Carlos Barreto ficou excitadíssimo: "Vamos amarrar as camisas", e eu fiquei em uma posição intermediária, mas seguimos em frente.

Na verdade, as reivindicações consistiam em aplicar 2% do faturamento ou 1% da produção. Em suma, era botar o cinema brasileiro dentro da televisão, fundamentalmente dentro da Rede Globo. A emissora inseriu na minuta a definição da empresa brasileira, que a defendia da concorrência com as telefônicas. No final, a televisão não tinha a menor vontade de ser minimamente regulada. Diz a lenda que João Roberto Marinho desceu de helicóptero no Palácio da Alvorada e as emissoras, todas basicamente fechadas, fizeram uma pressão política em cima do governo, dizendo: "Tirem a televisão dessa jogada". No último mês do Gedic, Evandro Guimarães não participava mais das reuniões, pois já tinha sinalizado que estavam se metendo onde não deviam.

Estávamos à beira de uma campanha eleitoral, eram os últimos meses do governo FHC. Houve um aumento, no qual o governo deu pra trás, e queria ganhar o jogo. Conversei com Cacá, Luis Carlos Barreto, Rodrigo Saturnino e Severiano Ribeiro, da parte de cinema e, então, fechamos um acordo e enviamos um recado para Casa Civil, dizendo que depois de um ano de trabalho isso seria um problema.

A maneira de resolver esse impasse foi retirar a televisão e adotar a fórmula de videofonografia, que era o vídeo. Era de competência da Ancine aquilo que tinha suporte, o cinema e o vídeo; as TVs aberta e por assinatura ficavam de fora. A questão da regulação da televisão é complicada. A proposta de fazer a Agência Nacional do Cinema e do Audiovisual (Ancinav) não prosperou, e o Projeto de Lei 29 agora está tendo problema.

Desde o início, acredito que, se fizessem uma agência de cinema e, depois, fossem para o vídeo, se chegaria à questão do conteúdo brasileiro na televisão por assinatura e depois na aberta. E, a partir daí, da regulação da presença do conteúdo brasileiro nessas televisões se instalaria na prática uma relação na qual se fazia o que a Ancine diz que quer ser hoje, uma agência de conteúdo audiovisual independente do meio. Quando houve a vitória do Lula, e Orlando Senna entrou na cena política, uma das propostas que ele e o grupo do PT fizeram foi dizer que fariam uma agência de acordo com o projeto original, colocando a televisão dentro. Eu disse: "A televisão é um buraco mais embaixo".

Eu me lembro de ter dito ao Juca Ferreira em uma reunião oficial: "Vocês acham que o lugar de fala do MinC tem como enquadrar a Rede Globo?". Ele respondeu: "Neste governo vão". Eu me propus a cooperar defendendo a tese de uma estrutura modular, primeiro o cinema, depois a televisão por assinatura e o conteúdo brasileiro na televisão aberta... Surgiu, então, dentro do MinC a proposta de fazer a Ancinav, e criou-se a articulação para a Casa Civil do novo governo. O negócio da Ancinav pegou fogo, virou uma campanha nacional.

Quando a televisão apertou o governo, Lula chamou os agentes do MinC, Manoel Rangel e Orlando Senna, e disse: "Não vai dar pé, mas a proposta é regular pelo fomento. Fomentando o conteúdo brasileiro, então vocês terão 200 milhões". Esses 200 milhões terminaram virando o Fundo Setorial do Audiovisual, que é alimentado pelas receitas da própria Ancine, previstas na MP 2.228. O governo Lula trocou a Ancinav por assumir o custeio da Ancine. A questão da televisão ficou, dessa maneira, congelada, pois a televisão pressionou o governo para retirá-la na formatação da MP 2.228. Com o projeto da Ancinav, fez-se uma campanha nacional e agora com o PL 29, que não estou acompanhando muito, mas sei que está dando problema.

Modestamente, uma tirada minha: no Brasil, a gente não sabe se a televisão é uma concessão do Estado ou se o Estado é uma concessão da televisão. Diga-se de passagem que a Rede Globo passa conteúdo brasileiro; ela não tem espaço é para produção independente, esse é o modelo verticalizado, autocrático, mas essa é outra história.

Quando se criou a Ancine, foi criado também um modelo de agência. Por quê?

Desde o início se pensou em modelo de agência. Eu tinha feito uma proposta de criação da Secretaria Nacional de Política Audiovisual, mas almoçando com Cacá Diegues, que é um velho parceiro, ouvi que tinha de fazer uma agência. Transformei a proposta da secretaria em agência. Era um modelo novo, e, sobretudo, administração indireta, autonomia administrativo-financeira, mediação da intervenção do Estado... Houve reação, pois o modelo se imaginava sempre feito a serviços públicos. Uma agência de cinema... as pessoas ficaram espantadas. A ideia que o cinema brasileiro era um bem público... mas veja se não é: gastam-se 170 milhões por ano e não se devolve a mínima parte disso... se não for um bem público, fica questionável.

A Ancine foi criada para ser uma proposta não intervencionalista, diferente do que foi a Embrafilme?

Sim, pois já existiam os mecanismos de incentivo fiscal, a grande fonte de financiamento, só que o MinC também não dava conta. Então, a primeira coisa que a Ancine fez foi administrar essa parte do fomento. Fundamentalmente, era para regular o mercado e tornar a presença do cinema brasileiro mais econômico, fazer com que ele não ficasse inteiramente dependente do subsídio. É evidente que isso hoje tem um ar de utopia na medida em que a realidade demonstrou que entrar no espaço de exibição e distribuição tradicionais equivale a invadir militarmente os Estados Unidos.

Uma coisa elaborada no Gedic, que foi a dinamização do artigo terceiro, no sentido de criar uma sobretaxa para quem não o utilizasse, fez com que se criasse um cinema vinculado às grandes distribuidoras, sobretudo, que aí era uma proposta de cinema industrial, e que fez grande sucesso. O cinema brasileiro chegou a ocupar 22%, 23% do mercado com esse artigo. É evidente que faltava uma correspondência do artigo com distribuidores brasileiros. A ideia era a do fomento regulador, em vez de investir onde estaria faltando. Mas fundamentalmente era deixar o mercado um pouco mais solto, criando-se uma política de investimento meritocrática, de resultados, que não precisava ser exclusivamente de mercado, podia ser também de reconhecimento... imagem também é produto.

Quando vieram os novos diretores da Ancine, fiquei sem apoio político. Manoel Rangel, pelo MinC, e Nilson Rodrigues, pelo PT, eram presenças do governo e significavam a metade dos votos da diretoria da agência. O MinC não tinha uma política desenhada e eu não tinha muito espaço político no novo governo. Tinham querido me tirar para fazer a Ancinav: Orlando Silva me demitiu no ar do programa *Roda Viva* e Juca Ferreira me disse que eu seria o diretor-presidente da Ancine numa cerimônia da Fiesp, do Sindicato. Vejo isso como política e não tenho nenhum ressentimento.

Na época, eu explicava que me tirar assim significava romper o contrato e precedente para outras agências, que não haveria condições políticas para isso... Eles levaram certo tempo para entender. O processo de afirmação da Ancine, estando limitado politicamente ao governo, fez com que se trabalhasse a constituição da própria agência na gestão, o que terminou bem, porque a agência ficou solidamente instalada – é uma estrutura administrativa e de gestão institucional forte. Mas continuo achando que não há visão sistêmica, e que se privilegia a área de produção.

Com a consolidação da Ancine, você acha que se conseguiu programar um pensamento e uma visão executiva de cinema industrial?

Não, nem pensar. Repartir é fácil e selecionar é difícil. Uma vez vi um neurocientista gaúcho dizendo isso sobre pesquisa científica. A Ancine manteve o mesmo modelo, levou um tempo para se falar sobre a possibilidade de classificação de empresas, de diretores por resultados obtidos. O conceito de meritocracia demorou muito para ser implantado e a descoberta de que deveria haver exibição do cinema brasileiro também. Hoje, o hábito de ir ao cinema está prejudicado pela internet, pelos DVDs, pela televisão por assinatura e outros meios. A exibição nas salas existe, não vai acabar, roda entre a indústria grande, os multiplexes estão por aí mesmo, a juventude quer sair de casa, mas o consumo da imagem audiovisual mudou de patamar, mudou de paradigma.

A Ancine criou o Fundo Setorial do Audiovisual e conseguiu incluir a TV aberta nos mecanismos de fomento. A TV aberta e a própria TV a cabo, contemplada no artigo 39 que já abria a perspectiva. Sem dizer nada, a Ancine já tinha uma interface com a televisão, uma interface de produção e que rendeu frutos. Estou querendo dizer que a televisão hoje é considerada uma mídia velha, tanto quanto o cinema foi. A TV aberta está em crise, a TV por assinatura tem alcance limitado. Hoje o consumo da imagem audiovisual passa pela internet, pelo celular e por eventualmente novas formas que sejam inventadas.

Não acompanhei muito, mas a sensação que tenho é que há um grande campo no consumo da imagem e do som em movimento que passa pelo cinema, pela TV e pelo DVD (o DVD é o vídeo hoje relativamente em crise também). O cinema brasileiro é especialista em perder as oportunidades nos mercados criados pela tecnologia. Foi assim no vídeo, é assim no DVD, na TV por assinatura, em que se decidiu encapsular o filme brasileiro em um só canal. A Ancine poderia se expandir, até mesmo por sua competência. Tem é que redefinir, restabelecer, atualizar, modernizar as definições tecnológicas.

Veja o que aconteceu com a indústria fonográfica: ninguém compra mais 12 músicas em um CD, as pessoas compram uma música por vez. Isso está acontecendo com a imagem também. O negócio de trocar filmes pela internet já está implementado. É possível ver que a relação do Estado brasileiro com a internet ainda é muito cautelosa e com a televisão também. A briga é: as telefônicas podem ou não fazer conteúdo? Como a TV aberta se tornou de peso político na campanha eleitoral, o governo, que é feito de partido, tem algumas lutas que não encaram. Agora é que o MinC começa a conversar com o Ministério da Ciência e Tecnologia. Durante muito tempo houve uma rivalidade entre o Ministério das Comunicações e o MinC, e tudo isso desembocou na TV Brasil, que seria a realização do grande projeto estatal que daria espaço ao conteúdo brasileiro. Mas a TV é briga de cachorro grande, sobretudo a TV aberta. A TV Brasil existe há um ano e ainda está, digamos, em crise de gestação.

Em certa época, parecia que o governo teria uma política audiovisual e uma continuidade, coisa que os governos anteriores nunca tinham tido. Acho o seguinte: o debate é muito datado, muito referenciado no passado, não resolve a questão do cinema, do

DVD, das televisões aberta e fechada nem da internet. Os problemas estão aí, virgens. A única coisa que continua é o velho fomento à produção do cinema brasileiro. E agora há uma reclamação da sociedade, fala-se que para o investimento feito o resultado em público é muito pequeno e também no fato de ter caído a cota de tela. Eu diria que, tirando de fomento, não se sente um projeto de governo para a área audiovisual.

Você falou que a lei de incentivo desarticulou o setor. Como você vê o mecanismo hoje? Ainda funciona? É o único modelo possível?

Acho que ela tem de ficar porque foi a responsável e já está inserida na cadeia econômica do cinema brasileiro. A criação do Fundo Setorial do Audiovisual realiza uma vontade política do Manoel Rangel que é recuperar para o Brasil a capacidade de investimento, e nesse sentido compensar a perda de poder de decisão sobre a produção que a lei de incentivo traz. Quem decide o que vai produzir é o detentor do benefício fiscal. Acho que a Ancine como agência reguladora poderia qualificar melhor ou pior os agentes no setor, segundo a própria performance. Isso mudaria o modelo, porque é esta coisa: faz-se um filme com 5 milhões, que não dá para nada. Depois, com mais 5 milhões, que não dá para nada, se faz outro filme. O refinanciamento não está ligado à performance do filme.

O setor é extremamente corporativo. A sensação que tenho é que o país não insere a atividade audiovisual no seu projeto porque inserir significa intervir, e intervir quer dizer enfrentar grandes interesses como o cinema americano, a televisão aberta, as televisões por assinatura. Intervir significava uma ação política; então, o governo prefere pagar a conta, dar lá os 170 milhões (de 2006) por ano e com isso garantir a política de plano de emprego, e fica todo mundo satisfeito. Aquela coisa: quando não é pelo incentivo, é através dos editais, mas não há uma política sistêmica.

Agora está se criando algo interessante: o conceito de cinema pós-mercado, que é o Programa Brasil, os pontos de difusão audiovisual (Cine Mais Cultura). É oferecer o filme gratuitamente porque já que são pagos pela população com o imposto que sejam distribuídos de graça e se aumente a visibilidade, coisa que o mercado não faz. O mercado não dá a visibilidade. E dentro da teoria da cauda longa, na qual os produtos culturais têm nichos que permitem sua exploração no tempo, é que se reordena o audiovisual nacional e mundial.

Ismail Xavier, há 20 anos, dizia o seguinte: "Se não há compromisso com o mercado, deveria haver pelo menos uma revolução da linguagem". Ou seja, se não há comprometimento com o mercado, essa produção deveria ter, no mínimo, um compromisso social de dar à população uma forma de lazer gratuito. É que o Estado subsidia 95% e não conseguiu instalar uma indústria. É como eu disse naquela reunião ao Fernando Henrique: a cultura é nossa força e a indústria nossa fraqueza. A ideia de uma política industrial era exatamente para investir onde há espaço para crescer. O cinema brasileiro está aí para ser descoberto pela população, coisa que o mercado não faz. O mercado sequestra a produção do cinema brasileiro. Não passa porque não é de mercado, e fora dele também não passa porque não se criam mecanismos ou porque há corporativismo. Produtor de cinema acha que um dia vai vender como televisão. Já rolou, o trauma é sempre no passado (o estupro já se deu), mas isso está mudando agora. O MinC começa a ver; começa a se perceber a questão da cultura como serviço social, talvez o mais nobre serviço. E, dentro disso, o audiovisual ganhou uma importância muito grande na civilização (hoje você não entra em um elevador que não tenha uma tela; há no mínimo 3 milhões de telas no mundo). A tela vai ser universalizada, todo habitante do planeta terá uma à disposição. A revolução tecnológica criou novos parâmetros de comportamento e de consumo, sociais. Tem de ver como é que o cinema brasileiro se insere nesse processo.

Uma das coisas que estou fazendo agora é trabalhar em preservação. A preservação dos negativos é uma operação econômica. No entanto, o Brasil, que gasta 170 milhões de reais por ano na produção, não investe 5 milhões na preservação, que é um ativo. Enquanto der para empurrar com a barriga, vamos deixando, isso tanto por parte do governo quanto por parte da atividade.

O processo histórico brasileiro é muito lento. Agora, também a vida não para, uma das coisas que a internet criou é o sistema de avaliação e de recomendação. Então, uma questão interessante para pensar é como o produto do cinema brasileiro vai passar na internet, vai ser visto, ou então como novos produtos feitos diretamente em suporte digital serão vistos. Acho que o tempo real está na frente do tempo institucional.

FICHA TÉCNICA

Publicado por
Observatório Itaú Cultural
Editora Iluminuras

Organização da coleção Rumos Pesquisa
Lia Calabre

Organização do material
Selma Cristina da Silva
Josiane Mozer

Produção editorial
Cybele Fernandes
Lara Daniella Gebrim

Projeto gráfico e diagramação
luorvat design

Capa
Liane Iwahashi

Revisão de texto
Fábio Lucas
Maíra Cammarano